03/26/19

Withdrawn/ABCL

EL PELUQUERO DE LOS BEATLES

Leslie Cavendish

con Eduardo Jáuregui

y

Neil McNaughton

El peluquero de los
Beatles

Una mirada distinta, nunca antes contada, sobre el grupo y su época

indicios

Argentina – Chile – Colombia – España
Estados Unidos – México – Perú – Uruguay

Título original: *The Cutting Edge – The Story of the Beatl'es Hairdresser Who Defined and Era*
Editor original: Alma Books
Traducción: Antonio-Prometeo Moya Valle

1.ª edición Septiembre 2018

ISBN: 978-84-15732-35-8
E-ISBN: 978-84-17312-42-8
Depósito legal: B-20.121-2018

Fotocomposición: Ediciones Urano, S.A.U.

Impreso por: Rodesa, S.A. – Polígono Industrial San Miguel – Parcelas E7-E8
31132 Villatuerta (Navarra)

Impreso en España – *Printed in Spain*

Índice

DEDICADO A LA MEMORIA DE ERNIE,
MI SPANIEL ROCKERO

1
El filo de la navaja y la tijera

Londres, 1961. Siempre he tenido una habilidad especial para estar en el sitio adecuado en el momento idóneo. Los marchosos años sesenta estaban a punto de explotar exactamente allí y entonces, junto con otros acontecimientos de repercusión mundial como la psicodelia, la liberación sexual, las drogas alucinógenas y las utopías de paz. Y yo iba a verme arrastrado a uno de sus enredos centrales, que, por raro que parezca, resultó ser un enredo de pelo.

Digámoslo sin rodeos: la revolución de los años sesenta fue, entre otras cosas, una revolución del peinado. Guedejas largas y enmarañadas. Barbas largas y trenzas tachonadas de flores. Pelo que crecía salvajemente, en contra de las normas establecidas que intentaban peinar, alisar, dividir y, por lo demás, civilizar aquellos millones de hebras potencialmente díscolas. Cabello que pedía a gritos un «corte como es debido», porque ese era su verdadero mensaje: *Lo siento, colega, pero lo que menos me importa es si es o no es «como es debido»*. No es casualidad que el musical emblemático de la época se titulara *Hair*, ni que su tema principal fuera un manifiesto sobre la gloria de la greñas que nos crecen en el cráneo.

Por supuesto, yo no tenía la menor idea de que todo esto fuera a ocurrir. ¿Quién podía tenerla? Si en aquel entonces alguien me hubiera dicho que me vería envuelto en una contracultura que iba a cambiar el mundo, le habría aconsejado que dejara de beber. Yo no era más que un chaval despistado de catorce años que vivía en Burnt Oak, un barrio mediocre de las afueras de Londres. ¿Han oído hablar de él alguna vez? No me extraña.

Mis abuelos eran refugiados judíos que habían huido de los pogromos de Rusia, Polonia y Georgia antes de la Primera Guerra Mundial, en busca de una vida más segura en Inglaterra. Al principio se instalaron en el East End de Londres, el destino favorito de aquellos inmigrantes, ya que era una de las zonas más baratas (y pobres) de la ciudad.

Y allí fue donde nací, en 1947, en Cable Street. Conforme pasaban los años y mejoraban las condiciones de vida, los miembros de esta comunidad se mudaban a los barrios septentrionales de Londres, a Golders Green, Hendon o Edgware. Si no podías permitirte ninguno de estos, terminabas en Burnt Oak. Allí viví desde los dos años, en el seno de una numerosa y ruidosa familia judía: mis abuelos maternos, mis padres, mis tías Gladys y Marilyn, mis primos Lynn y Russell, y yo. Nueve personas en dos casas adyacentes.

Así que puedo asegurar que, en 1961, no me sentía en absoluto cerca del último grito del arte o la moda, y mucho menos relacionado con revoluciones sociales. Desde mi punto de vista, los doce kilómetros que nos separaban de Chelsea eran un golfo tan ancho como el que se abría entre mi jerga coloquial del East End y la elegante pronunciación de los locutores de la BBC. Años de vivir en Burnt Oak me habían dejado claro que lo único relevante que ocurría allí era alguna que otra pelea a la puerta de los bares. Incluso a día de hoy, lo único notable que se dice de aquel barrio en la Wikipedia es que alojó el primer supermercado Tesco, en 1929.

Si yo tenía alguna idea de lo que quería hacer con mi vida, desde luego no tenía nada que ver con la peluquería. A los seis años seguramente me habría gustado integrarme en el negocio familiar, una pequeña zapatería próxima a Elephant and Castle, que había ido creciendo a partir de un puesto que mi abuelo tenía en un mercado, un puesto tirado por caballos. Aquel pequeño mundo de cuero y cajas de cartón me fascinaba cuando era pequeño, y mi abuelo me llevaba los domingos al mercado de East Street. Mi madre, el hijo varón que no llegó a tener, siempre lo ayudó en el puesto, y más tarde en la tienda, aprendiendo todos los trucos del ramo. Conocida localmente como «Betty Botas», le gustaba presumir de que era capaz de vender nieve a los esquimales; y no exageraba. Mi padre se había unido recientemente al negocio, ayudándolos a dirigir la parte económica. Antes había trabajado como contable en la compañía Eros Film, que producía películas que nunca llegaron a ser éxitos de taquilla, como *The man who watched trains go by* («El hombre que veía pasar los trenes») o *El monstruo submarino*. Pero perdió el empleo en 1961, cuando Eros, quizá sin mucha sorpresa, se declaró en bancarrota. Además de ayudar en la zapatería de East Street 98, mi padre también trabajaba por la noche como corredor de apuestas en tres canódromos de Londres, calculando posibilidades y pagando a los ganadores.

Mis padres esperaban que yo mejorase su humilde trayectoria laboral con un trabajo serio de contable. Por desgracia para ellos, no pudieron convencerme. Las aspiraciones de mis padres implicaban que siguiera estudiando después de los quince años, que era la edad tope de la escolarización obligatoria, y luego hiciera estudios superiores. Yo no era muy bueno estudiando ni aprobando exámenes, y mucho menos obedeciendo las normas y la disciplina con que nos controlaban, con la ayuda de algún que otro palmetazo en el trasero cuando hacía falta.

Además, Lawrence Falk y yo éramos los dos únicos judíos de todo el colegio. Lawrence Falk era mi mejor amigo. Nunca nos incluían en las reuniones matutinas en que se recitaban oraciones y cantos cristianos. No nos importaba mucho, ya que nos daba un tiempo extra para preparar los deberes en el último minuto. Sin embargo, no hacía que nos sintiéramos bien tratados, ya que nos metían con disléxicos y otros discapacitados en un aula que llevaba el escalofriante nombre de «Clase Cero». Y esa no era la única forma de hacer que nos sintiéramos diferentes. Los abusones del curso se metían sistemáticamente con nosotros por ser «los judíos», al igual que se metían con el único alumno de color porque era «el negrata». Nunca entendí muy bien de dónde procedía todo este odio. En una ocasión, un tal Ollie me hizo una llave apretándome la cabeza con tanta fuerza que un bolígrafo que llevaba en el bolsillo me hizo una herida en el labio. Los dos puntos que me dieron curaron pronto, pero la sensación de que no era querido en aquel colegio nunca desapareció del todo.

Solo cuando sobresalíamos jugando al fútbol nos sentíamos totalmente aceptados por nuestros compañeros de clase, y quizá eso explique por qué llegamos a ser tan buenos. Durante un tiempo, incluso tuve la fantasía de convertir mi pasión por el fútbol en una carrera profesional. Cierto que Lawrence era el mejor de los dos, y metía los goles como delantero, mientras que yo jugaba de defensa. Pero es que en el colegio anterior me habían nombrado capitán del equipo, así que me aferré durante todo el tiempo posible a la posibilidad de ser defensa profesional. ¿Era mucho pedir al universo? No es que esperase jugar en el Chelsea o el Arsenal. Mi favorito era el Queens Park Rangers, un equipo de tercera división que jugaba en un pequeño campo del oeste de Londres y cuyas bonitas camisetas y cuyo estilo único de juego eran prácticamente desconocidos menos para mí y otros pocos hinchas leales. Yo me habría contentado con eso. Pero, trágicamente, cuando llegué a la adolescencia, vi con creciente claridad que incluso este modesto sueño estaba lejos de mi alcance. Cuando Lawrence, a quien siempre había considerado muy superior a mí, dejó a un lado sus sueños futbolísticos, yo me vi obligado a hacer lo mismo.

Otra de mis pasiones era la música. Mi padre era un director de orquesta frustrado al que le encantaba gesticular frente a nuestro televisor para «dirigir» a la Orquesta Sinfónica de la BBC, imaginando que era sir John Barbirolli. Aunque a mí no me inspiraban tanto Mozart o Beethoven, tenía una influencia musical exactamente en la puerta de al lado, donde vivía mi primo Russell con el resto de nuestra extensa familia. El padre de Russell, mi tío Tony, era más conocido como Tony Crombie, un dotado batería de jazz y líder de banda que tocó nada menos que con Duke Ellington y Ella Fitzgerald. Además, había ido de gira con Annie Ross, cuya canción «I want you to be my baby» fue prohibida en la BBC por la frase «Subamos a hacer el amor». El tío Tony había obedecido las frases de Ross al pie de la letra y mi tía Gladys estaba tan furiosa como la BBC. Y así fue como ella y mi primo Russell vinieron a vivir a nuestra casa doble.

Lo importante para mí fue que el tío Tony había fundado los Rockets, el primer conjunto británico que grabó un disco con el nuevo y excitante estilo que cautivó al mundo en los años cincuenta: el rock and roll. Aunque yo nunca había entendido el jazz como mi primo Russell, el vigoroso ritmo de este nuevo y salvaje sonido americano me gustó en seguida. Desde la primera vez que mis oídos quedaron hechizados, a los once años, por la discordante guitarra y el aplastante piano de «C'mon everybody» de Eddie Cochran, estuve dispuesto a obedecer a la llamada generacional a la fiesta de Eddie.

A quien no estuviera allí le costará imaginar lo radical que sonaba el rock and roll en aquella época. La única música que sonaba en la British Broadcasting Corporation, que tenía el monopolio de la radio, era tan puntillosa y decente como el melifluo acento del secretario privado de la reina. No podías *rock around the clock* («bailar el rock todo el día») con la BBC, como tampoco podías «subir a hacer el amor». Los programadores preferían a inofensivos cantantes melódicos como Frank Sinatra, Perry Como y Frankie Vaughan. Ningún padre ponía objeciones a tonadas como «Moon River» o «Catch a falling star». En cambio, el rock and roll era sexy, impredecible y peligroso. Por eso los padres lo temían... y nosotros lo adorábamos.

Escuchar a Little Richard o a Buddy Holly era casi como consumir drogas: y, desde luego, conseguir una dosis podía ser un reto. Debido a las restricciones del mercado, no podíamos comprar muchos discos de estos en las tiendas. Para la mayor parte de la gente, la única posibilidad era sintonizar en la radio una emisora con muchas interferencias que se llamaba Radio Luxembourg o, poco después, Radio Caroline, una emisora pirata que emitía desde un barco anclado a seis kilómetros de la costa sur inglesa. Pero si tenías contactos en Estados Unidos, podías poner las manos en los últimos discos de las listas de éxitos americanas. Por suerte, yo los tenía. Mis primos del otro lado del Atlántico me proveían de muestras constantes de esta nueva música explosiva y prácticamente ilegal.

En cuanto llegaba el último cargamento de James Brown, Jerry Lee Lewis o Chuck Berry, invitaba a todos mis amigos y poníamos los nuevos ritmos a todo volumen en el plato de mi más preciada posesión: el tocadiscos Decca Gramophone que me regalaron al cumplir los once años. Llegábamos a escuchar el mismo disco hasta cinco veces seguidas, para que las nuevas canciones se nos metieran en los huesos. Mi madre era mucho menos entusiasta y a menudo me peleaba con ella por el volumen más conveniente, pero supongo que prefería mis fiestas musicales a las timbas de ínfima especie que organizaba con otros amigos. También me ayudaba el tener un tío rockero como el tío Tony, por supuesto. De hecho, cuando cumplí los quince años, Tony nos coló a Lawrence y a mí en el infame Flamingo Club, un sótano lleno de sudor y humo donde él y una versión más jazzística de los Rockets tocaban a menudo hasta la madrugada para un batiburrillo de jóvenes a la moda, inmigrantes caribeños y soldados americanos de paso.

Como pueden imaginar, otra de mis fantasías era ser estrella de rock. Por desgracia, había demasiados obstáculos en el camino. No vivía en Estados Unidos, ni en ningún otro lugar con las circunstancias adecuadas. Mis padres habrían considerado las lecciones de música una extravagancia, y los míseros ingresos que percibía por repartir en bicicleta los productos de Bernie's, una charcutería judía del barrio, apenas me alcanzaban para comprar discos. Supongo que podría haber aprendido por mí mismo, tocando de oídas con ayuda de mi colección discográfica. Estoy seguro de que no me faltaba motivación. Pero las pocas veces que me puse a tocar una guitarra, los dedos se me volvían de madera.

Así pues, descartados el fútbol, la contabilidad y la música, ¿qué haría al terminar los estudios? Nunca tuve un consejero laboral. Lo más parecido a los consejeros de esa clase que se veían en mi escuela eran los representantes empresariales que aparecían de vez en cuando para ofrecernos «emocionantes oportunidades laborales», como ser trabajadores del sector siderúrgico o electricistas que reparaban frigoríficos, lo que no me atrajo nunca lo más mínimo. Solo había otra cosa por la que sentía pasión. De hecho, supongo que, si en aquel entonces hubiera tenido un consejero adecuado y me hubiera preguntado si había algo que me gustara *de veras*, mi respuesta habría sido rápida y entusiasta: las chicas. Sí, desde luego. Esa era mi auténtica y genuina vocación en 1961. Biología, si se prefiere, pero de una especie más práctica. Admitámoslo, no era la base más prometedora para tener una profesión. Y sin embargo, iba a ser este genuino y ardiente deseo por el sexo opuesto el que finalmente me conduciría por el camino de la fama, la fortuna y los Cuatro Magníficos, los *Fab Four*.

* * *

Un día, al salir de la escuela, me reuní con mi madre en la peluquería del barrio. En cuanto llegué al local, me fijé en un coche americano que había aparcado fuera. Era un centelleante Buick, algo raro de ver en Londres en aquellos días, y mucho más en un barrio atrasado como Burnt Oak. Desprendía un aura de opulencia y sensualidad. Os aseguro que me quedé impresionado.

Al entrar en el local, me fijé en el propietario del coche y de la peluquería. No era un tipo especialmente atractivo, a pesar de lo cual estaba rodeado por una docena de mujeres, tres de ellas empleadas jóvenes y el resto clientes. Mi primer pensamiento fue: «Este sí que es un buen ambiente de trabajo. ¡Tengo que investigar más!»

En aquella época no había muchos hombres en el sector del estilismo, ya que se veía como una profesión básicamente «femenina», y ya imaginaba lo que Ollie y los otros abusones del curso habrían pensado de mí si me hacía peluquero: una razón más para clavarme un bolígrafo en el labio. Pero a partir de aquel día, empecé a imaginar en secreto un nuevo futuro para mí. Había visto la luz. ¡Chicas! ¡Glamur! ¡Coches eróticos! ¿Qué más podía desear un adolescente?

Pocos meses después, me encontré por casualidad con mi amigo Lawrence Falk, al que hacía algún tiempo que no veía. Como era mayor que yo, había terminado la escuela el año anterior, mientras que a mí aún me quedaban tres meses para conseguir la libertad. Le pregunté cuáles eran sus planes y su respuesta me dejó atónito:

—Voy a ser peluquero de señoras.

—Sí, claro, seguro que sí, Falky... —repliqué, riendo por lo bajo y preguntándome si no me estaría tomando el pelo, y nunca mejor dicho.

—No, hombre, es de verdad —dijo muy serio—. Me han contratado de aprendiz en una peluquería que se llama Eric's, en Baker Street, en Londres. Ser peluquero es bestial, Leslie. ¡Te encantaría!

—¿De veras? —pregunté sin dar crédito a mis oídos. O sea que mi viejo amigo se había sentido atraído por el mismo sector laboral sobre el que yo había estado meditando en secreto.

Lawrence sonrió y me guiño el ojo con aire cómplice.

—No imaginas la cantidad de tías buenas que van a Eric's a que las peinen. Ese lugar es como un desfile de modelos que no se acaba nunca.

¡Vaya con el bueno de Lawrence! No es de extrañar que fuéramos tan amigos. Rompí a reír y le confesé mis planes. Hasta aquel momento, solo había sido una idea vaga e incierta. Pero entonces tomé una decisión. Si mi mejor amigo creía que el estilismo era una profesión brillante, pues adelante con los faroles.

Ahora la cuestión era dónde hacer el aprendizaje. Podría haber ido a Eric's con Lawrence, por supuesto. Otra elección obvia habría sido el extravagante Raymond Bessone. Raymond era el peluquero de los famosos por antonomasia, un personaje singularísimo cuyo fino bigote, falso acento francés y vistosos trajes lo convirtieron en una sensación instantánea desde la primera vez que apareció en televisión, en la que demostró sus habilidades de peluquero cortando *a teasy-weasy bit here, a teasy-weasy bit there*, «un poquitirrín por aquí, un poquitirrín por allá». El señor Teasy-Weasy, como acabó siendo conocido, transformó su peluquería en un espacio barroco, con arañas y grifos de champán incluidos, en donde agitaba sus cigarrillos extralargos con su inimitable estilo amanerado.

Pero cuando terminé el colegio, Lawrence ya había pasado varios meses aprendiendo en Eric's y su conocimiento de los intríngulis del oficio me dio otras ideas. Una tarde subimos a un trolebús que iba al West End. Estos autobuses, que tenían en el techo un trole conectado a un par de cables suspendidos en el aire, eran la mejor forma de moverse por el centro de Londres en aquel entonces. Eran silenciosos y, gracias a sus ruedas de caucho, también bastante cómodos. En un momento dado, pasamos por delante del salón Eric's.

—Ahí es donde estoy aprendiendo —dijo Lawrence, señalándolo con orgullo.

—¡Caray! —exclamé, sinceramente impresionado.

Desde luego, incluso visto desde el trolebús parecía mucho más glamuroso que la peluquería de mi madre, allá en el barrio.

—¿Tú crees que yo podría entrar en un sitio como ese?

—Oh, no vayas ahí —dijo Lawrence, ante mi sorpresa—. Deberías ir a un lugar más de moda.

—¿Más de moda? —Volví a fijarme en Eric's. A mí me parecía bastante moderno.

—Ve a Vidal Sassoon.

—¿Dedal Sansón? ¿Dónde está eso?

A Lawrence le hizo mucha gracia mi interpretación. Saltaba a la vista que yo no estaba al tanto de las últimas tendencias. Tardó un rato en contener la risa para responder.

—*Vidal Sassoon* —dijo, como si hablara con un retrasado—. No es un lugar. Es el nombre del peluquero. ¿Sabes que el señor Teasy-Weasy lo boicoteó en la tele? Vidal aprendió con él, pero ahora se está volviendo mucho más famoso. Hazme caso, Eric pasa la mitad del tiempo imitando las ideas de Sassoon. Su peluquería está en el centro de los centros, un lugar realmente chic.

No imaginaba entonces cuánta razón tenía, ni lo que resultaría después. Lawrence y yo somos buenos amigos a día de hoy y aún le doy las gracias de vez en cuando por su consejo.

Al volver a casa, cuando por fin había aprendido a pronunciar «Vidal Sassoon» y le conté a mi madre que estaba pensando en trabajar para él, las cosas dieron otro giro favorable. Su hermana, mi tía Gladys, se animó de repente.

—Vaya, conozco a Vidal. Íbamos al mismo club del East End, en Whitechapel. Lo veía prácticamente a diario.

Resultó que Vidal Sassoon también procedía de una familia judía del East End. La calle en la que yo había nacido, cerca de Tower Bridge, había sido el escenario de los disturbios de 1936 conocidos como Batalla de Cable Street. Los Camisas Negras de Oswald Mosley trataron de desfilar por el barrio, pero fueron detenidos por una contramanifestación antifascista. Fue un violento episodio de la historia de Londres, y también muy significativo, ya que centró la atención pública en el fascismo y en su auténtico significado. Hacia el final de la Segunda Guerra Mundial, en el mismo distrito, se fundó un grupo judío antifascista, conocido como Grupo 43. Entre sus miembros fundadores había un joven llamado Vidal Sassoon.

Veinte años después de la formación del Grupo 43, Sassoon iba a encontrarse en el mismísimo centro de un movimiento social muy diferente, una revolución de la moda y la cultura que estaba extendiéndose por todo Londres. Supongo que mi tía Gladys no tenía ni idea de que todo esto estuviera en marcha, pero cuando supo que yo quería ir al local de Sassoon para hablar con él, se emocionó mucho.

—Cuando estés allí, saluda a Vidal de parte de Gladys Hamer.

Lleno de confianza, llamé a la peluquería de Vidal, dije que quería ser peluquero y pregunté qué tenía que hacer para conseguir lo que ambicionaba. Me dijeron que lo mejor era concertar una cita con Gordon, el gerente, y eso hice. Pero el día de la entrevista me entró el pánico. ¿Cómo iba a convencer a la gente de Vidal Sassoon de que iba a ser un peluquero excepcional? Sospechaba que mencionar a mi tía Gladys no iba a servir de mucho. Y había una amarga verdad en la que apenas había pensado, pero que empecé a pensar con creciente inquietud que sería muy importante: era un inútil para el arte y un desastre con las manos.

Aquella mañana, mientras daba vueltas en mi cuarto tratando de idear una estrategia, vi algo en un estante que me dio una idea. No era una gran idea, lo admito, pero a mi mente de quince años le pareció un golpe genial en aquel momento de desesperación, justo lo que necesitaba para inclinar la balanza a mi favor. En la escuela había hecho un cuenco de madera con un torno. Era más bien desigual y deforme, pero lo había conservado, quién sabe por qué. Y allí estaba todavía, recogiendo polvo entre mis libros. Antes de la entrevista, limpié un poco el cuenco, lo metí en una bolsa y me fui a la peluquería de Vidal.

Caminar por Bond Street fue una revelación para mí. Al mirar los escaparates de Cartier y Asprey casi me cegó el brillo del oro y las joyas que se exponían allí. Por primera vez en la vida me di cuenta de lo rico que era Londres en realidad. Puede que las calles no estuvieran pavimentadas de oro, pero en aquellos escaparates había muchísimo a la vista. Por fin llegué al número 171, el famoso establecimiento de Vidal Sassoon. Respiré hondo y entré empujando la puerta.

En seguida me quedé fascinado. Por todas partes había parloteo y, por supuesto, mujeres, lo mismo que en la peluquería de mi madre. Pero allí había algo más. El lugar era inmenso, con un entrepiso desde el que se veía todo el salón, donde señoras elegantes se relajaban en tumbonas mientras les hacían la manicura, con la cabeza coronada por relucientes secadores en forma de cohete. El diseño interior era de estilo Bauhaus, sillas negras sobre baldosas blancas, y enormes fotografías de modelos famosas que lucían los radicales peinados de Sassoon, lo cual me produjo la impresión de haber entrado en una galería de arte. En lugar del olor químico a laca y agua oxigenada, percibí el perfume de lilas frescas colocadas en jarrones por toda la zona de recepción. En cuanto a los peluqueros, parecían trabajar mientras se deslizaban por el lugar al compás de una música imaginaria. Lawrence me había dicho que aquello era moderno, pero se había quedado corto. Nunca había visto un ambiente parecido. Sassoon era, literalmente, el último grito. Y ahora más que nunca, quería desesperadamente formar parte de todo aquello.

Una recepcionista me acompañó escaleras abajo hasta el despacho de Gordon. Al igual que los peluqueros del salón, el gerente iba elegantemente vestido con traje negro, camisa blanca y corbata negra. Al saludarme con un flojo apretón de manos e invitarme a sentarme, me impresionó inmediatamente la femenina elegancia con la que se comportaba. En mi ingenuidad infantil, no tenía ni idea de lo que implicaba una conducta tan amanerada. Por el momento solo era algo que se sumaba a aquel mundo extraño. Gordon fue directamente al grano desde el principio mismo.

—Y bien, señor Cavendish, ¿qué le hace pensar que le gustaría ser peluquero?

—Bueno —respondí, esforzándome por disimular lo fuera de lugar que me sentía—. En primer lugar, hágame el favor de decirle a Vidal que Gladys Hamer le envía recuerdos. —Ninguna reacción. Pero yo seguí adelante—. También me gustaría decirle que me siento muy seguro con las mujeres y lo bastante artista para ser peluquero. Verá, he traído algo que se lo demostrará. —Abrí la bolsa, saqué el cuenco de madera y lo puse sobre la mesa con aire satisfecho—. Al igual que tallé este cuenco —presumí—, estoy seguro de que podría tallar el cabello de las personas.

Todavía hago muecas al recordar esta respuesta. ¡Qué ingenuidad! ¿En qué estaba pensando?

El gerente de Sassoon miró mi torcida creación en silencio. Y luego me miró con expresión intrigada. Imagino que estaba reprimiendo una sonrisa. Gordon se desentendió del cuenco y me hizo unas cuantas preguntas frívolas y totalmente predecibles. Respondí lo mejor que pude, esperando todavía salvar la situación o, al menos, mi dignidad. Antes de que quisiera darme cuenta, finalizó la entrevista.

—Muy bien, nos pondremos en contacto con usted.

Fue un alivio.

Cuando salí de la peluquería, todavía tenía una pizca de esperanza. Quizá la reunión no hubiera empezado muy bien, pero cuando repasé las respuestas que le había dado a Gordon me parecieron bastante razonables. Pero, con el paso de los días, me fui volviendo cada vez más pesimista. Ni siquiera soportaba mirar aquel cacho de madera deforme y horrible. ¿Cómo había podido ser tan idiota? La enormidad de mi desastre era tan clara como la superficie de los inmaculados espejos de la elegante peluquería de Sassoon. Un lugar tan glamuroso como aquel nunca admitiría a un muchacho tan torpe como yo.

Pero, ante mi sorpresa, al cabo de una semana recibí una llamada de Gordon.

—Hola, Leslie —dijo—. Si sigue interesado, estaremos encantados de tomarlo como aprendiz.

Casi se me cayó el teléfono. Era como si los Queens Park Rangers me hubieran elegido para jugar de delantero. Todas las nubes negras se despejaron de repente y me sentí bañado por las brillantes luces de aquella celestial atmósfera de Bond Street que tan cariñosamente recordaba.

Durante unos dos segundos.

—Por supuesto, tendrá que pagar una cuota como aprendiz —añadió.

Tragué saliva.

—Por…, por supuesto —balbuceé—. ¿Y cuánto dinero sería?

El trato era que había que pagar a Vidal doscientas guineas por ser su alumno. Era una cantidad muy elevada en comparación con los modestos ingresos de mi familia, más de 3.000 libras en dinero del siglo XXI. Dije que no podía permitírmelo, pero seguimos hablando. Parecía que yo le gustaba y, al final, llegamos a un acuerdo. Mis padres consiguieron reunir cien guineas, que a Gordon le parecieron suficientes y, por lo visto, también a la dirección de Sassoon.

¿Cómo había conseguido el trabajo? ¿Fue por mi cuenco torcido? ¿Fue por el saludo de mi tía Gladys? ¿Fue por mi encanto y mi dinámica personalidad? Una semana más tarde conocí la respuesta. Gordon, ahora mi nuevo gerente, me lo dijo después de mi primer día de trabajo.

—Leslie, obviamente no pude decir nada en aquel momento, pero cuando les conté a los demás que había traído un cuenco de madera para demostrar que podía ser peluquero, bueno..., ¡casi nos partimos de risa!

Parece ser que aquel estúpido paso, medio ingenuo, medio descarado, me había conseguido el empleo que cambiaría mi vida para siempre. Fue el primer pálpito de que, quizá, tenía alguna clase de misterioso talento que ofrecer al mundo.

* * *

Casi al mismo tiempo, a mediados de 1962, cuatro jóvenes de Liverpool, aficionados a la música pop, tuvieron igualmente un golpe de fortuna que impulsó su incipiente carrera. Conocidos como los Blackjacks, los Quarrymen, Johnny y los Moondogs y más tarde, inspirados por Buddy Holly y los Crickets, los Silver Beetles, al final se habían quedado con el nombre de los Beatles, más simple y lúdico. Al igual que yo, estos jóvenes procedían de barrios de clase obrera y llevaban años enganchados a los discos americanos, que llegaban a Liverpool gracias a sus famosos muelles, los del mayor puerto del país. Los Beatles, que tocaban una mezcla de sonidos americanos y un estilo entre folk y jazz conocido como *skiffle,* actuaban en clubes diminutos como el Cavern, un sótano de ladrillo tan sofocante que el sudor chorreaba por las paredes durante los conciertos y causaba cortocircuitos en los enchufes. Aunque había muchos grupos parecidos en Liverpool (tres o cuatro guitarristas cantando armónicamente con una sencilla percusión), un joven aspirante a promotor musical, Brian Epstein, había visto algo especial en estos chicos. Epstein pulió sus actuaciones, los convenció de que vistieran trajes a juego y botas de Chelsea y les consiguió su primer contrato firme de grabación con el sello Parlophone de EMI.

En 1962 los Beatles ya eran famosos en su ciudad y también en Hamburgo, Alemania, donde habían pasado varios meses tocando en garitos de vanguardia del barrio de las putas. Pero seguían siendo desconocidos para el resto del mundo cuando en junio de aquel año llegaron a los estudios EMI de Abbey Road, a solo tres kilómetros de la peluquería de Vidal Sassoon. Quizá se merecían aquel golpe de suerte. Después de verse rechazados por varias compañías discográficas, Brian Epstein había convencido a Decca para que los invitara a una audición en enero, pero fueron rechazados una vez más. Según los ejecutivos que tomaron la decisión, «los grupos de guitarristas están en extinción» y «los Beatles no tienen futuro en el mundo del espectáculo». Más tarde, en abril, Stuart Sutcliffe, uno de los cinco miembros iniciales de la banda, murió trágicamente de una hemorragia cerebral, a consecuencia de la agresión perpetrada por unos matones tras un concierto o, como aseguran otros, a raíz de una mala caída por unas escaleras.

Por lo tanto, el contrato con Parlophone debió de parecerles a los Beatles la última oportunidad para tener éxito. Y también estuvo a punto de convertirse en su último y definitivo desastre. En los estudios EMI tenían que grabar un tema escrito por una joven promesa, Mitch Murray, titulado «How do you do it?», que no les gustaba mucho. Los Beatles no eran los autores y, aunque trataron de adaptar la canción a su estilo, su falta de entusiasmo debió de resultar evidente en la grabación. Ni Murray ni el productor, George Martin, se inmutaron. En aquella época era muy raro que artistas desconocidos grabaran su propia música, pero aquellos atrevidos chicos de Liverpool debían de llevar el descaro en la mochila, porque consiguieron convencer a Martin de que los dejara intentarlo. Un poco como mi cuenco deforme, la canción había sido garabateada en un cuaderno por Paul McCartney cuando aún estaba en la escuela. Se titulaba «Love me do».

Como en mi propio caso, la apuesta pudo haber sido un desastre para los Beatles. «How do you do it?» fue grabada por otra banda de Epstein, Gerry y los Pacemakers, y pasó a ser número uno en las listas de éxitos a principios de 1963, un éxito mucho mayor que la lenta y sencilla tonada de los Beatles —con la pandereta de Ringo Starr contrapunteando la armónica de John Lennon—, que solo llegó al número diecisiete de las listas. Pero su tercer *single*, «From me to you», desplazó del primer puesto a «How do you do it?» en abril de 1963, y a partir de entonces ya no hubo vuelta atrás. Casi todos los sencillos y los álbumes que lanzaron en los años siguientes llegaron al número uno en las listas inglesas.

Como miles y miles de personas, me convertí inmediatamente en fan de este nuevo fenómeno musical. La primera vez que escuché sus canciones en Radio Luxembourg apenas daba crédito a mis oídos. Me entusiasmó tanto como la música envolvente, fresca y divertida que llevaba importando de Estados Unidos desde hacía años. Y eso que aquellos muchachos, no mucho mayores que yo, no hablaban con el conocido acento americano. Tampoco tenían el aristocrático acento británico de la BBC y de sus inofensivos y encantadores cantantes melódicos. Era el habla de la clase obrera de Liverpool. ¿Era posible algo así? ¿Significaba aquello que cualquiera, incluso mis amigos y yo, podíamos empuñar unas guitarras y pergeñar un éxito rockero? A la gente que no andaba por allí en aquella época le cuesta entender la beatlemanía: las fans que chillaban, la histeria, los desmayos. Pero lo que hay que comprender es que nadie había oído antes una música así. Y mucho menos las descaradas ocurrencias que soltaban aquellos cuatro jóvenes para responder a las preguntas de los reporteros:

PRENSA: ¿De dónde ha salido vuestro peinado?
GEORGE: De nuestro cuero cabelludo.

PRENSA: ¿Qué opinan los Beatles de bañarse en monoquini?
PAUL: ¡Hace años que nosotros nos bañamos así!

PRENSA: ¿Qué os pareció el espectáculo benéfico Royal Variety?

GEORGE: ¡Genial! ¡Fabuloso! Sí, entiéndeme, los asistentes fueron mucho mejores de lo que esperábamos.

JOHN: ...Eran más altos de lo habitual.

GEORGE: Eso.

PRENSA: Los Beatles habéis conquistado cinco continentes. ¿Qué os gustaría hacer ahora?

BEATLES *(al unísono)*: ¡Conquistar seis!

Su música contagiosa, sus bromas en el escenario, su insolencia constante y, por supuesto, su cabello largo en forma de hongo... Fue como si se hubiera abierto una grieta en la gran muralla de la formalidad británica y de repente se nos ofreciera una visión tentadora del futuro: psicodelia, rebelión lúdica, cuerpos desnudos bailando en el barro. Ah, sí, había mucho por lo que gritar.

Incluso creo que grité la primera vez que vi el anuncio.

Apareció en la revista menos probable de todas, el semanario *Jewish Chronicle*, que nos traían a casa los viernes, a tiempo para el *sabbat*. Entre artículos sobre política israelí, brotes de antisemitismo y la inauguración de nuevas sinagogas, había anuncios para toda clase de acontecimientos sociales de nuestra comunidad, también llamados «Celebraciones judías», entre ellas unos bailes de caridad que se celebraban los domingos a las nueve de la noche en una pequeña sala cercana a Piccadilly y que se llamaba Pigalle Club. Yo había asistido a unos cuantos con Lawrence, pero los grupos que tocaban allí solían ser grupos consolidados que ya habían tenido algún éxito o nuevos talentos anónimos, que ciertamente no eran lo mejor en música desde Elvis. Y de repente allí estaba, en blanco y negro:

Domingo, 21 de abril, de 08.00 a 11.30 p.m.
El grupo más sensacional de Inglaterra.
Los fabulosos
BEATLES
Además, Dave Anthony y los Druids.
Todo esto en el lujoso Pigalle.
Entrada: doce chelines y seis peniques.

Ya se imaginarán lo poco que tardé en hacerme con aquellas entradas.

¿Cómo fue posible una cosa así? Yo sabía ya que el 21 de abril por la tarde los Beatles iban a tocar en el Concierto de los Músicos más Votados que había organizado aquel año la revista *New Musical Express*. Este gran concierto tendría lugar en el recinto más grande del país, el Empire Pool, que más tarde se llamaría Wembley Arena o Estadio Wembley. Y con todo y con eso, tras tocar delante de 10.000 entusiastas, los Cuatro Magníficos irían corriendo a una diminuta Celebración Judía del West End para actuar ante menos de ciento cincuenta afortunados lectores del *Chronicle*. No tenía ningún sentido.

La noche del concierto se despejó el misterio. Resultó que los promotores habían contratado a los Beatles el año anterior, antes de grabar sus victorioso sencillos en Abbey Road. Brian Epstein era judío, así que seguramente fue uno de los primeros contratos que les consiguió. Nadie podía imaginar a mediados de 1962 la fama que aquel grupo desconocido iba a conseguir unos meses después, cuando mis asombrados amigos y yo entramos en el Pigalle, preguntándonos si aquello no sería un bromazo intempestivo del Día de los Inocentes.

El caso es que aquella noche los Beatles subieron al pequeño escenario, con sus trajes sin cuello, sus botines y aquellos famosos cortes de pelo que seguramente habría podido hacerles yo con mi cuenco de madera. Por primera vez en mi vida me sentí realmente afortunado por ser judío. ¡El pueblo elegido, desde luego! Todos aquellos problemas con los abusones de la escuela habían merecido la pena.

Cuando los tres guitarras se pusieron frente a los micrófonos, se presentaron a sí mismos y al batería que estaba detrás. Supongo que no esperaban que el público conociera ya sus nombres.

—Hola, soy Paul. Estos son John, George y Ringo.

Y con estas palabras comenzaron la actuación: «Love me do», «Please Please Me», «From Me to You», «Long Tall Sally», «Twist and Shout»… Después del gigantesco concierto del Empire Pool, que para los jóvenes debió de ser una experiencia de las que destrozan los nervios, parecían estar totalmente relajados, incluso se mostraron un poco traviesos, y dieron pábulo a nuestro entusiasmo sin límites como si fuera una noche más en el Cavern de Liverpool.

En cuanto a los espectadores, estábamos hechizados. ¡Cómo sacudían los pelos al ritmo de la música! Normalmente, los actos benéficos de Pigalle eran bailes y la música solo era un sonsonete a cuyo compás nos movíamos mientras nos mezclábamos y charlábamos. Pero aquel concierto era harina de otro costal. No *twisteábamos* ni gritábamos. No nos sacudíamos en absoluto. Estábamos allí de pie, tratando de asimilarlo todo. Y al terminar cada canción, nos volvíamos completamente locos y devolvíamos a aquellas cuatro estrellas del pop toda la energía que nos habían transmitido a través de sus instrumentos con amplificador.

Fue una velada que recordaría y de la que presumiría durante años. ¡La verdad es que aquí estoy, todavía presumiendo! Incluso en aquel preciso momento fui consciente de que era un privilegio ver actuar a los Beatles en un entorno tan íntimo. Y resultó que aquella mágica noche solo sería el primer paso de una larga y muy imprevisible relación.

2

Nada de sexo, por favor, somos estilistas

Pero mientras tanto tenía mucho que aprender. Tijeras, cepillos, rulos, horquillas; cortar, lavar, hacer permanentes, teñir; clases de pelo y clases de clientela; cuándo hablar y cuándo sonreír. En la peluquería de Vidal Sassoon de Bond Street había una sala entera solo para el champú, con un increíble surtido de productos para todos los niveles imaginables de brillo, volumen y humedad: champú de crema, champú sin jabón…, ¡incluso champú de huevo! Como aprendiz o «alumno», mi trabajo consistía en observar y aprender de Stephen, el primer estilista al que me asignaron, mientras hacía los trabajos más simples, como preparar los utensilios, barrer pelos y pelusas o recoger los peines que caían al suelo y que ponía inmediatamente en un frasco con desinfectante.

Lo que veía me dejaba estupefacto. Pensaba que ya me había quedado más que sorprendido durante la primera visita, pero cuanto más aprendía, más me sentía como si hubiera aterrizado en otro planeta. No es de extrañar, ya que todo el local había sido diseñado por el propietario para impresionar a las mujeres más modernas de Londres. En los años sesenta, los salones de Vidal Sassoon eran el equivalente de que años después serían las escenografías del Cirque du Soleil para sus espectáculos y de elBulli, el restaurante de Ferran Adrià. Como peluquero de famosos, Sassoon se había hecho famoso por derecho propio y por buenas razones. No era solo que sus radicales peinados «geométricos» aparecieran con frecuencia en la primera plana de los periódicos. Aquel hombre había reinventado la peluquería, transformando cada detalle y elevando la profesión a una forma de arte: para quienes podían permitírselo, claro.

Nada era como se esperaba. El pelo se cortaba en seco, no mojado. Se evitaban los cepillos siempre que era posible sustituirlos por las manos del estilista, que se introducían y subían por la masa del cabello como si fueran garras. A la clientela se le pedía que se cambiara de ropa y se pusiera una bata ajustada, para que allí no hubiera más que pelo y piel desnuda. Los peinados propiamente dichos, que tardaban horas en perfeccionarse, eran a menudo extravagantes: un flequillo cortado con ángulos rectos, un lado más largo que otro, o el famoso «corte de cinco puntas», con puntas descendentes en las orejas y el cuello. Con una actitud que habría escandalizado el instinto vendedor de mi padre, se despedía a las clientes que querían un peinado que el peluquero no estaba preparado para ofrecer.

—¿Peinado hacia atrás, señora? Me temo que eso no le quedaría bien.

—¡Pero yo lo quiero así! —protestaba la cliente.

—Pues entonces lo siento mucho, pero no podemos peinarla, señora. ¿Puedo sugerirle que visite otro establecimiento…?

—¿Cómo? —replicaba inevitablemente la mujer—. Usted no sabe quién soy yo. Soy muy rica, ¿sabe?

—El dinero no tiene nada que ver, señora. Sencillamente, no nos sentimos cómodos enviándola a la calle con el aspecto que usted desea.

Los peluqueros de Vidal eran artistas y tenían unas normas que no se podían transgredir.

Al cabo de unos días sospechaba ya que había cometido un terrible error. ¿Cómo iba a desarrollar la destreza y la sofisticación que necesitaba un buen estilista? Ya lo pasaba bastante mal utilizando mis torpes dedos para juntar los rulos de esponja que los aprendices preparábamos a mano, como los bombones belgas, para evitar las arrugas y las ondas que dejaban los rulos corrientes de plástico. La idea de llegar a hacer uno de los peinados geométricos de Sassoon yo mismo, con una cliente viva, ante el ojo avizor de los estilistas veteranos, me parecía tan fantástica como meter goles para los Queens Park Rangers o tocar la guitarra solista en un grupo famoso.

Stephen, el peluquero al que observaba y ayudaba día tras día, me parecía un artista consumado, pero incluso él cometía errores a veces, y cuando tu arte exige que muevas unas tijeras afiladas a unos milímetros de la piel de tus clientes, la aventura puede teñirse de sangre. Una mañana, Stephen estaba charlando animadamente con una elegante señora de Mayfair cuando, sin darse cuenta, le rebanó un tercio del lóbulo de la oreja. Como es una de las zonas con menos nervios del cuerpo, el trozo de carne, simplemente, voló por los aires y cayó al suelo sin que la cliente parpadease siquiera. Pero nosotros dos vimos inequívocamente el chorro de sangre que caía del lóbulo seccionado. Rápidamente busqué unas toallas húmedas para detener la hemorragia, mientras miraba el semblante pálido de Stephen.

—¿Qué le dirás? —susurré, tratando de que el sorprendido estilista reaccionara.

—Verá..., señora —dijo al fin—, me temo que acabo de cortarle un trozo de lóbulo.

—¡Ay, Dios mío! —gimió la señora.

Pero, antes de que pudiera echarle un vistazo al desastre, yo ya se lo había tapado con paños húmedos y apretaba con fuerza.

—Bueno, solo es un arañazo —dije, sonriendo con toda la dulce inocencia que pude reunir.

Y todos juntos fuimos a la trastienda en busca del botiquín, en medio de una catarata de disculpas. Mientras curábamos la oreja mutilada, lo único que se me ocurría pensar era: «Si Stephen, que es tan hábil y competente, puede cometer un error tan grave, ¿cómo puedo aspirar a ser un buen estilista?»

* * *

A pesar de todas estas dudas, he de admitir que, cuando empecé a cogerle el tranquillo a la rutina de los aprendices, empecé a disfrutar del bullicio que me había atraído durante la primera visita. O sea, allí estaba yo, con quince años y rodeado de todas aquellas elegantes señoras con las que había soñado. Además, el trabajo era más emocionante de lo que esperaba, ya que algunas de aquellas mujeres eran famosas de verdad. Los estilistas de Vidal Sassoon eran responsables de muchos peinados que aparecían en periódicos, revistas, películas y portadas de discos de los sesenta. Por ejemplo, Mia Farrow no tardó en ser una cliente habitual de la peluquería. Fue Vidal quien creó su *look* de «duende», que era una versión más corta y edulcorada del corte a lo paje y que fue ampliamente copiado en la época. Se la puede ver con este peinado en uno de sus papeles más conocidos, el de la desventurada madre de *La semilla del diablo* de Roman Polanski. De hecho, ella misma presumía de su corte de pelo ante un asombrado personaje de la película: «¡Es de Vidal Sassoon! Es muy chic...».

Para ser sincero, la mitad del tiempo no tenía ni idea de quiénes eran aquellas mujeres famosas. ¿La princesa Lee Radziwill? Aunque hubiera sido la hermana de Jackie Kennedy, si vivías en Burnt Oak harías mejor en preguntar por Betty Botas. ¿Y quién había oído hablar de Mary Quant? ¿O de Zandra Rhodes? Mis colegas futboleros no habían mencionado ni una sola vez los nombres de estas diseñadoras de moda. Incluso Jean Shrimpton y otras chicas de portada de *Vogue* eran bellezas anónimas para mí.

El primer verano que pasé en la peluquería me pidieron que fuera una mañana temprano para preparar la visita de dos clientes que iban a testificar en un juicio importante. No las iba a peinar Vidal Sassoon en persona, ya que el maestro tenía otros asuntos más importantes entre manos. Iba a recrear su famoso «corte de cinco puntas» en la testa de Grace Coddington, una destacada modelo que más tarde sería directora creativa de la edición estadounidense de *Vogue*. Así que el trabajo recayó sobre Roger Thompson, el lugarteniente de Sassoon, con el que yo acababa de empezar a trabajar. Una de mis tareas como aprendiz era poner a las clientes la bata y el cinturón y luego invitarlas a sentarse mientras esperaban al estilista. Después de efectuado el corte, las acompañaba a las pilas del fondo para lavarles el pelo.

Roger me ordenó que atendiera a una tal Mandy, mientras el otro aprendiz, Alan, cuidaba de su amiga Christine. Ambas eran guapísimas y elegantes, exactamente la clase de mujeres que esperaba conocer en aquel increíble trabajo. Pero estaba a un millón de kilómetros de ir a alguna parte con Mandy, que aquella mañana no parecía de humor para charlar con Roger, y mucho menos con su humilde subalterno. Como no tenía forma de sonsacarle ninguna pista sobre su identidad, me limité a realizar mi trabajo.

Una vez peinadas, fueron a lo suyo. A través del escaparate de recepción vi cómo salían. Fuera esperaba un Rolls Royce, con los asientos de piel de leopardo claramente visibles y el chófer de uniforme plantado ante la puerta trasera abierta, listo para llevarlas al Old Bailey. Mientras las veía alejarse me pregunté quiénes serían aquellas despampanantes señoras y en qué clase de problemas se habrían metido.

Que no reconociera a Mandy ni a Christine demuestra lo poco que leía los periódicos, al margen de la sección de deportes. Resultó que eran ni más ni menos que Mandy Rice-Davies y Christine Keeler, las dos prostitutas de lujo que se vieron en medio del gran escándalo político de la época, el llamado Caso Profumo, que acabó con la carrera de un prominente ministro y amenazó incluso la supervivencia del gobierno de entonces. En el extraño caso había estado implicado un osteópata de prestigio, Stephen Ward, que había organizado una serie de fiestas para gente importante, a las que asistían también prostitutas. Todo esto no habría pasado de ser la típica historia de trapos sucios de famosos si no hubiera sido porque uno de los participantes era Yevgeny Ivanov, sospechoso de ser espía ruso. En plena Guerra Fría, pocos meses después de la crisis cubana de los misiles que casi acabó en guerra nuclear, pueden imaginar la indignación nacional que se despertó cuando Christine Keeler confesó que se había acostado tanto con Ivanov como con John Profumo, el ministro de Defensa británico. Las consecuencias de este bombazo fueron nefastas. Stephen Ward se tomó una sobredosis antes de emitirse el veredicto y murió sin enterarse de la consiguiente condena. Profumo, el implacable ministro, fue obligado a dimitir. El gobierno sobrevivió, pero solo hasta las siguientes elecciones, que se celebraron al cabo de un año y que perdió, probablemente debido en parte a este escándalo.

Sin embargo, para el inocente Leslie, aprendiz en Vidal Sassoon's, todo aquello no fue más que otro lavado y secado. Cuando vi a mis dos clientes en la primera plana de los periódicos del día siguiente y leí los pormenores del juicio, me sentí un poco avergonzado de mi ignorancia, como poco. Más tarde descubrí que todo el asunto había empezado por una pelea a puñaladas entre dos clientes de Christine Keeler en el mismísimo Club Flamingo en el que yo había pasado tantas noches con Lawrence, invitado por mi tío Tony. Uno de aquellos hombres, conocido como Gordon el Psicópata, tenía un hermano que tocaba en la misma banda de jazz que mi tío, Georgie Fame y los Blue Flames. Y a pesar de todo, para mi vergüenza, no me había enterado de nada de todo aquel drama.

En cambio, he de decir que los peinados de Mandy y Christine quedaron impecables. No sé si tuvieron alguna influencia en el juicio, pero todavía siento un escalofrío cuando miro aquellas fotos de prensa y fantaseo con que desempeñé un pequeño papel en la historia de la Guerra Fría.

* * *

Una famosa a la que reconocí en el momento en que cruzó la puerta fue Shirley Bassey. Aquella primera vez me sentí emocionado, algo comprensible. La gran cantante se estaba convirtiendo ya en una de las grandes divas británicas de la época, sobre todo después de grabar el tema musical de *Goldfinger*, la película de James Bond. Como otras muchas celebridades de la época, era cliente regular de la peluquería, así que la vi en varias ocasiones. Pero por lo que recuerdo a Shirley es porque gracias a ella aprendí una de las enseñanzas más valiosas de Vidal Sassoon's, que no tenía nada que ver con tijeras ni con champú.

Casi todos los famosos con los que entré en contacto en mis días de peluquero eran personas encantadoras y amables con los empleados. He de confesar que Shirley era algo diferente. Desde luego, sabía lo famosa que se estaba volviendo y parecía empeñada en que los demás se enterasen. Por ejemplo, tenía la costumbre de chascar los dedos cada vez que quería algo, como si diera por supuesto que estábamos a su disposición. Sí, puede que yo fuera un simple aprendiz de quince años que había salido de Burnt Oak, pero me parecía que Miss Bassey se estaba pasando de la raya.

A pesar de todo, en ningún momento permití que se diera cuenta de mi disgusto. Como el resto de empleados, y bajo la guía del mismo Vidal Sassoon, me esforzaba por tratar a nuestras «clientes difíciles» con la mayor cortesía, en su presencia e incluso en su ausencia. Estaba prohibido chismorrear con nuestros compañeros sobre el último gesto arrogante de Shirley Bassey. De hecho, resultó que aquella gran cantante, entre todas las famosas que conocí en la peluquería, era la preferida de mi madre. Así que, siempre que se presentaba, luego tenía que mentirle a mi propia madre.

—Hoy he visto a Shirley Bassey.

—Oh, Les, ¡es extraordinario! ¿Verdad que es fabulosa?

—Desde luego, mamá, claro que sí.

Cuando pienso en aquellos primeros días, he de admitir que las clientes más difíciles fueron las que dejaron los recuerdos más interesantes. En este sentido, dos de mis personajes favoritos eran las hermanas Rahvis, Dora y Raemonde, dos diseñadoras de vestuario de varias películas de éxito de los años cuarenta y cincuenta. Eran exóticas, por decirlo de algún modo, con aquel cabello rojo fuego y su colección de terriers de Yorkshire de largo pelaje, a los que Vidal permitía entrar en la peluquería a pesar del desorden que solían causar. Si creía que Shirley Bassey era un problema, estas dos hermanas y sus perros lo eran mucho más. Dora, la más mandona de las dos, solía gritarme con el aire de una aristócrata de la Europa oriental.

—¿¡Te importaría darte un poco de prisa, Leslie!?

En esta fase tan temprana de mi aprendizaje, aquellas imperiosas órdenes solo conseguían dejarme más aturullado y confuso.

Dora utilizaba una gran cantidad de postizos. Un día que estaba empeñada en que se la atendiera rápidamente, como de costumbre, se dirigió al peluquero a cuyas órdenes trabajaba yo en aquella época.

—Ricci —dijo con su habitual brusquedad—, ¿puedes decirle a Leslie que me traiga uno de mis postizos?

Entre el pánico y las prisas, cogí por error uno de los perros. Debería decir que los perros hacían juego con su cabello rojo, así que supongo que no fue una equivocación muy descabellada. El perro, que tenía un temperamento parecido al de su dueña, se puso hecho una furia y sobrevino el caos. De repente volaron perros, postizos, cepillos y peines por todas partes.

Visto retrospectivamente, me doy cuenta de que aquellas clientes exigentes fueron quizá responsables de la parte más valiosa de mi aprendizaje. Teníamos que ser expertos en las sofisticadas técnicas de peluquería, por supuesto. Pero la sola técnica no me habría llevado a los Estudios Abbey Road para peinar las cuatro cabezas más icónicas del mundo. Lo que me enseñó Vidal Sassoon, por encima de todo, fue la anticuada virtud de la discreción, también conocida como «ten la boca cerrada». No es que no pudiéramos hablar con la clientela. Claro que sí. Nos animaban a interesarnos por sus problemas, sus esperanzas y sus miedos al igual que nos interesábamos por su cabello, según su estilo y personalidad: unas veces con toda delicadeza, otras con frívolo abandono o incluso con una violencia radical.

Pero lo decisivo era que en cuanto salían por la puerta se barría todo, hasta el último mechón y rizo, y las blancas baldosas quedaban tan limpias como si allí no hubiera ocurrido nada. Nuestra clientela tenía que confiar totalmente en su peluquero. Solo así podía sentarse cómodamente en nuestros sillones adaptables, frente a las brillantes luces y los espejos, y dejar la cabeza a merced de nuestro sencillo arte.

* * *

En cuanto al señor Sassoon (así es como nos referíamos a él siempre), yo entré a trabajar en su peluquería en el preciso momento en que estaba a punto de crear los peinados que le cosecharían su fama mundial. Inspirado en el Art Déco de los años veinte y treinta y el movimiento alemán llamado Bauhaus, el primer ejemplo de su nuevo estilo fue dado a conocer por Nancy Kwan, la elegante actriz americana nacida en Hong Kong. El peinado, con sus puntas rígidas enmarcando el rostro, causó sensación debido a su severa geometría, en contraste con los estilos anteriores, más suaves y ondulados. Poco después, Sassoon se asociaba con la diseñadora de moda Mary Quant y popularizaba el aspecto femenino de mediados de los años sesenta. Este peinado a lo *garçon* se asociaba con figuras superdelgadas, faldas cortas y una oscura sombra de ojos que destacaba sobre un fondo de maquillaje claro de *pancake*. El ideal de la matrona maciza, representado por Marilyn Monroe y Diana Dors, estaba desapareciendo y era reemplazado por las formas esbeltas de mujeres como Mia Farrow, Twiggy o Cilla Black. Estos cambios reflejaban el nuevo papel de las mujeres en la sociedad, que dejaban de ser simples amas de casa y se convertían en trabajadoras que no podían pasarse las horas haciéndose peinados complicados.

Ver trabajar a Vidal Sassoon era como admirar a un artista de talla mundial. Podía tardar una hora entera en perfeccionar un corte, calculando ángulos en el cráneo, analizando la textura y la forma, utilizando peines y tijeras como si fueran extensiones de sus dedos. Su cuerpo, perfectamente tonificado por sesiones diarias de natación y yoga, se movía alrededor de la cliente con la gracia de un bailarín de *ballet*, mientras su rostro reflejaba la concentración de un artista torturado, haciendo excéntricas muecas que hablaban de su genio, o de su locura, o de ambas cosas. En un momento dado, Vidal podía quitarse la chaqueta y seguir trabajando con su hermoso chaleco blanco, con los gemelos troquelados con las iniciales «VS» que destellaban bajo las brillantes luces mientras sus manos revoloteaban alrededor de la cabeza de la cliente. Con el peculiar susurro que lo caracterizaba, daba órdenes a la cliente para que se sentara o se pusiera en pie en diferentes momentos de su creación. Luego, al final, hacía una última floritura, como un torero tras acuchillar al toro, y retrocedía agotado por el esfuerzo. Aunque sus cortes eran diez veces más caros que los del resto de peluqueros, sus clientes nunca quedaban decepcionados. La experiencia era, sencillamente, fascinante.

Yo sentía un temor religioso por nuestro maestro, y me sentía estrechamente relacionado con él en muchos aspectos. Como yo, era hijo de refugiados judíos, y había abrigado la esperanza de ser estrella del fútbol antes de entrar a trabajar como aprendiz de peluquero. También procedía de una familia del East End, aunque su niñez había sido mucho más dura que la mía. Criado por un único progenitor desde los tres años, de pequeño había pasado ocho años en un orfanato. Incluso tuvo que tomar lecciones de dicción durante tres años solo para conseguir un trabajo en la chillona peluquería de Raymond Bessone. Sospecho que esta era también la razón de su peculiar susurro: disfrazar sus raíces *cockney*.

A pesar de todo, el señor Sassoon era un jefe exigente y tenía normas. Algunas, como cortar el pelo en seco o evitar la laca, eran simples innovaciones estilísticas a las que pronto nos adaptamos. Otras, como la exigencia de utilizar solo rulos de esponja hechos a mano, podían hacer que las vidas de nosotros los aprendices resultaran a veces tediosas. Otras, como mantener una discreción absoluta sobre las revelaciones privadas de nuestras clientes, eran directamente un desafío. Pero había una norma en especial, *la norma*, que convirtió la vida del quinceañero Leslie Cavendish en un infierno en la tierra.

Resultaba que aquellas mujeres divinas que pasaban por la peluquería un día tras otro, la verdadera causa de mi vocación profesional, las modelos y las famosas cuyas formas llenaban nuestras finas batas de peluqueros, estaban totalmente fuera de nuestro alcance. Prohibidas. Intocables. Vidal Sassoon era categórico: nunca debíamos tener relaciones sexuales con las clientes. No porque él fuera un puritano y desaprobara tales cosas. Al contrario, su norma de «nada de sexo» se basaba en sólidas razones empresariales. Unas relaciones así podían poner en apuros a las clientes, hasta el punto de que podían dejar de acudir al salón.

Al principio no podía creer que hablara en serio. De hecho, no creo que entendiera totalmente lo que nuestro gran maestro había querido decir. Seguro que una orden tan draconiana podía tener alguna excepción. Sospechaba que no todos los que me rodeaban eran tan puros, incluido el mismo Vidal Sassoon, que definitivamente parecía muy interesado en algunas de las señoras cuyas cabezas peinaba. Finalmente, vi indicios de que yo tenía razón.

Durante un tiempo trabajé de aprendiz con un estilista llamado Warren. Como ya he dicho, los novatos hacíamos los trabajos más básicos, como recibir y sentar a las clientes y barrer el pelo al final de un corte. Pero mi principal ocupación era mirar de cerca a Warren mientras trabajaba. Y en el caso de Warren, cuando digo «trabajar» no me refiero solo al peinado. Warren tenía una cuenta en la Royal Florist del barrio, que estaba en la cercana Brook Street. A veces me enviaba a buscar una simple rosa. Luego ponía la flor frente a la cliente elegida. Al cabo de un tiempo, la curiosidad me venció y le pregunté para qué era la rosa, y por qué se la daba a unas clientes y a otras no.

—Mira y aprende —fue todo lo que dijo.

Miré y aprendí. Aprendí que la rosa era su forma sutil de decir «Estoy interesado, ¿y usted?» Me sorprendió ver cuántas veces le daba resultado. Y si a Warren le funcionaba, a mí no tenían por qué faltarme esperanzas. Mi nuevo jefe había demostrado, sin sombra de duda, que era posible sortear la horrorosa norma de Vidal Sassoon. Incluso me había proporcionado una estrategia victoriosa.

Pero mi optimismo duró poco. Con el tiempo me di cuenta de que la norma de Vidal era acertada. Al cabo de un año Warren se quedó casi sin clientes. Cuando se cansaban de él, o él de ellas, no podían volver y buscaban otra peluquería. Despojado de clientela, a Warren le pidieron que dejara la peluquería y yo aprendí la lección. Si quería relacionarme con mujeres, descubrí con gran dolor de corazón que el establecimiento de Vidal Sassoon era el sitio menos indicado para intentarlo.

Como pueden imaginar, esta separación de trabajo y placer era un constante desafío. Mis entrañas se revolvían cuando atendía a muchas de las más bellas mujeres de la ciudad, algunas claramente sensibles a los encantos de un aprendiz de peluquero joven, inocente y (¿para qué engañarnos?) no carente de atractivo. Mis dedos se hundían en su cabello mojado día tras día, masajeaba la cabeza y el cuello de aquellas mujeres medio desnudas que abatían la testa sobre la pila y que de vez en cuando me sonreían. Para volverse loco. Y a pesar de todo esto, tenía que permanecer impasible.

La relación entre el peluquero y la cliente puede llegar a ser bastante íntima, sobre todo cuando ella se pone a hablar en serio. Como aprendiz, me sorprendía a menudo lo mucho que llegaban a revelar de su vida privada mientras les mimábamos el pelo. Aunque aquellas revelaciones no fueran una invitación a llevar la relación más allá de las paredes de la peluquería. Surgían precisamente porque éramos extraños y por estar obligados por un juramento tácito de silencio. Dábamos por sentado que todo lo que se dijera frente a nuestros brillantes espejos iluminados debía escucharse con el interés distante del abogado o el psicólogo. ¡Ay! Qué poco recelaba, cuando fui contratado como aprendiz en el establecimiento de Vidal Sassoon, que el paraíso con el que había soñado se convertiría en una pesadilla viviente.

Puede que el ejemplo más claro de este dilema sea la relación *profesional* que tuve con Diana Dors. Diana era la respuesta británica a la típica reina de la belleza americana, representada por Marilyn Monroe, Jane Russell o Jayne Mansfield. Aunque la concepción de la belleza iba a cambiar drásticamente en los años siguientes, las estrellas de Hollywood aún eran las «figuras rellenitas» (una expresión eufemística que describía unos pechos generosos, una caderas muy curvas y una cintura estrecha para compensar los primeros). Las medidas ideales de una mujer eran 91-61-91, expresadas en centímetros, y la talla de sujetador más deseada era la D o más grande. Los concursos de belleza en traje de baño aún eran populares y el movimiento feminista aún no había crecido lo suficiente para plantarles cara seriamente.

Diana Dors, que encajaba perfectamente en este perfil, se convirtió en cliente regular de la peluquería. Su estilista era un personaje maravilloso llamado Ricci Burns, una especie de cómico improvisador que solía replicar con ingenio a las preguntas que le hacían nuestras clientes.

—Ricci, ¿qué vas a hacer con mi pelo? —preguntaba una de las modernas que se instalaban en su sillón.

—Señora —afirmaba él con burlona seriedad—, esto es un peine, no una varita mágica.

Y si Ricci recibía una propina que consideraba ridículamente escasa, devolvía la moneda con aire preocupado.

—Disculpe, señora. Creo que usted la necesita más que yo.

Ricci fue el primero que me habló de las infames fiestas que se celebraban en el Ad Lib Club, un antro para famosos de Leicester Square que empezó a hacerse famoso en 1965. Según Ricci, Brian Epstein y los Beatles eran clientes asiduos, junto con muchos otros grupos famosos de la época, incluidos los Stones y los Yardbirds. En las morbosas anécdotas que contaba sobre las noches del club había mujeres elegantes, música pop americana y, por supuesto, consumo de drogas. Yo estaba desesperado por ir al Ad Lib, pero todavía no tenía dieciocho años, así que, según Ricci, era demasiado joven.

Ricci también asistía a las fiestas que celebraba Diana Dors en su casa de Weybridge, que, por lo que me contaba, era como el Ad Lib de Surrey y por allí desfilaban casi los mismos invitados. Por entonces me estaba haciendo muy amigo de Diana, así que pensé que había llegado mi gran oportunidad. ¿Quién sabe? Quizá incluso conociera a los Beatles...

—¿Podría ir a una de sus fiestas, Diana? —le preguntaba cada vez que entraba en la peluquería.

Pero era como si hubiera llegado a alguna clase de alianza de control parental con Ricci.

—Te lo diré cuando tengas la edad suficiente, Leslie... —respondía guiñándome el ojo.

Francamente, yo no entendía a qué se referían Diana y Ricci. Tras haber pasado noches enteras con mi tío Tony en el sórdido y multirracial Flamingo Club, donde se daban navajazos por putas que habían causado la dimisión de ministros del gobierno, me creía el rey del mambo. Por aquel entonces fumaba no solo tabaco, sino también la potente y prohibida marihuana, la «hierba», que se estaba poniendo de moda. También había visto a mucha gente tomar «anfetas», aunque había preferido no probarlas. Así pues, ¿qué podía pasar en aquellas fiestas que yo no pudiera experimentar?

Me gustaba Diana. No solo estaba buena, también tenía un gran sentido del humor. Esta señora era muy consciente del efecto que causaba en los hombres, que se volvían de mantequilla ante su portentosa figura. Y le gustaba jugar con nosotros, muchachitos adorables a los que se les caía la baba. He de decir que, al menos en mi caso, yo no me quejaba.

—Mañana traeré a una amiga —anunció un día con aire burlón—. Vendrá a que la peinen. Creo que te gustará. Estoy segurísima de que te gustará.

—¿Quién es? —pregunté entusiasmado.

—Ya lo verás —respondió con aire de misterio.

Yo ardía de impaciencia. ¿Hablaba en serio? ¿Podía haber alguien tan atractiva como Diana? Al día siguiente fui a trabajar pletórico de esperanza. Traté de concentrarme en el trabajo, pero no dejaba de mirar la entrada de la peluquería.

Finalmente llegaron. Diana entró la primera y, detrás de ella, irrumpió la prueba de que no se había burlado de mí. Me quedé atónito. Era nada más y nada menos que la maciza y rubia actriz Jayne Mansfield, etiquetada ampliamente como la sucesora natural de Marilyn Monroe. Todos los de la peluquería, hombres y mujeres, nos quedamos mirando la extraordinaria figura que acababa de entrar. Yo me sentí como un colegial. Demasiado joven, claro...

Jayne y Diana querían retocarse las raíces, por lo que tuvieron que subir a la sala de teñido. Me pidieron que las atendiera, así que, una vez que se pusieron las batas, las acompañé en el ascensor. He de recalcar que el ascensor era estrecho, muy estrecho. Así que pueden imaginar cómo me sentí, encajado entre los pechos más gloriosos del hemisferio occidental, con sus propietarias ataviadas solo con unas delgadas batas ceñidas por cintas que les cruzaban los sujetadores de talla D. Apenas podía respirar y no sabía dónde poner los ojos.

Algunos de mis colegas masculinos no sufrían estos dilemas. Descubrí que la norma «nada de sexo» de Vidal no les suponía ningún problema. Ante mi sorpresa, resultó que estos chicos no se interesaban en absoluto por las clientes femeninas. Llámenme ingenuo, pero mis padres me dieron una educación bastante pueblerina en Burnt Oak. Para mí, la idea de la homosexualidad era algo irreal, un chiste de colegiales, un insulto, nada que se relacionase con las personas de carne y hueso. En mi barrio, los hombres eran hombres, las mujeres eran mujeres, y no había mucho más que decir sobre los géneros. Pero las cosas no eran tan simples en la peluquería.

Como es lógico, esto no pasaba solo en Sassoon's. Muchos peluqueros de la época, y por supuesto después, han sido muy amanerados, por lo menos. No quiero decir que sea una profesión en que domine el personal gay. Vidal, desde luego, no lo era, como muchas clientes descubrieron por sí mismas. Lawrence Falk, que trabajaba en Eric's, y yo tampoco lo éramos. Sin embargo, a menudo nos dejábamos contagiar por el ambiente y hablábamos *polari* entre nosotros. Algunos peluqueros gays del salón utilizaban esta forma de hablar, y era divertido imitarlos, por no mencionar que también era útil desde un punto de vista práctico.

El *polari* era una jerga utilizada por la comunidad gay en los años sesenta. Las relaciones homosexuales entre adultos seguían siendo delito en Inglaterra y no se legalizaron hasta 1967. En una atmósfera social tan represiva, este lenguaje en clave era un medio con el que los gays se reconocían entre sí sin arriesgarse a ser descubiertos. Para los que no éramos homosexuales, también era una forma de ocultar a los clientes lo que decíamos. Así que, por ejemplo, si decíamos: *Varder that polone, such a bona eek*, significaba: «Mira esa chica, qué guapa es». De hecho, el verbo *varder*, observar o mirar algo, se había convertido en un término de peluquería por derecho propio. Se refería a la modalidad de nuestro aprendizaje; éramos *varderers*, observadores, porque observábamos el trabajo del maestro y aprendíamos sus técnicas.

Así que al cabo de un par de años había aprendido que había cierta ambigüedad de género en el mundo de la peluquería de famosos, y había acabado por sentirme cómodo con este conocimiento. Mi pícaro colega Ricci Burns, por ejemplo, era el ejemplo perfecto de la ambigüedad sexual. Ninguno de nosotros sabía si era gay o hetero, y él estaba encantado con dejarnos con la duda. Todo formaba parte de su papel de gracioso, y era una fuente de alivio cómico constante durante las atareadas jornadas laborales.

Pero en 1964 descubrí que aún me quedaba mucho por aprender. Una de las clientes más despampanantes de la peluquería era una mujer con muchas curvas llamada Audrey. Era cliente habitual de Sassoon's y yo empezaba a fijarme en sus frecuentes visitas.

Un día, mientras le secaba el pelo, me formuló inesperadamente una pregunta que casi me hizo soltar el secador.

—Leslie, ¿qué te parecen mis tetas?

A aquellas alturas del oficio había oído tantas cosas en boca de las clientes que me creía curado de espanto, pero aquella pregunta me dejó temblando. Noté que me ruborizaba, totalmente desconcertado. Si decía «¡Son estupendas!» o algo parecido, podía tomarme por un impertinente. Pero si decía «Están bien…, no me había fijado», podía ofenderse. No recuerdo qué respondí. Probablemente emití un murmullo incoherente y evasivo, medio ahogado por el zumbido del secador. Pero la experiencia me hizo sospechar que había algo inusual en Audrey, aunque no acertaba a adivinar qué era.

Pasó algún tiempo antes de descubrir la verdadera causa de mi inquietud. Tras unas cuantas visitas, nos habíamos hecho amigos y tomábamos el té juntos en el salón de Grosvenor House. Por aquel entonces Vidal había abierto una sucursal de la peluquería en un hotel pijo, el Park Lane, una zona idónea para sus clientes ricachonas. Se llegaba al salón de té por la parte trasera de la zona de recepción de la peluquería, o sea que estaba a huevo. Las clientes se relajaban a menudo allí tras haberse peinado.

Audrey me había contado que a menudo recibía allí a sus «amistades con pantalones». Yo no estaba muy seguro de a qué se refería con esa categoría en particular, pero cada vez que me invitaba a tomar un té, me sentía más que feliz de estar incluido en ella. Una tarde en que estábamos tomando el té, no parecía tan animada como de costumbre, así que le pregunté qué le pasaba.

—Ay, Leslie, dentro de nada me cortarán y plegarán y estoy muy preocupada.

No supe qué quería decir y no entendí por qué estaba tan nerviosa. Casi todas las mujeres estaban encantadas ante la perspectiva de estrenar una nueva imagen.

—¿Cortar y plegar? —dije—. Nunca he oído hablar de ese peinado. ¿Cómo es?

Se rio con ganas al oírme. Me alegré de haberla animado, aunque no entendía qué le parecía tan gracioso.

—Ay, Leslie —dijo cuando recuperó el aliento—. Qué dulce eres. No es un peinado, tonto. Voy a hacerme una operación, ya sabes, para completar mi cambio..., para ser totalmente mujer. ¡Creí que lo sabías!

Casi se me cayó la taza del plato. Las piernas se me cerraron instintivamente para proteger mis partes pudendas al imaginarme el cortar-y-plegar con todos los sangrientos detalles clínicos. No tenía ni idea de que tal cosa fuera posible, y mucho menos deseable. En este caso no se trataba solo de ingenuidad. En aquella época, tales procedimientos eran muy poco comunes en todas partes, desconocidos en Gran Bretaña y, por añadidura, carísimos. Mientras Audrey me explicaba en qué consistía la operación, yo la escuchaba con creciente incredulidad. Todas las ideas románticas que pudiera haber albergado respecto a ella se desvanecieron al instante. ¡Audrey un hombre! ¡A punto de convertirse en mujer! No me extraña que me preguntara por sus *tetas*... ¿Cómo se las había apañado para que le crecieran? Tardé varios días en recuperarme de la conmoción.

Durante los años que siguieron llegué a conocer a otros famosos que pasaban por Sasson's y que eran de género ambiguo, completando así mi educación en asuntos sexuales. La criatura más notable fue sin duda Amanda Lear, una de las mujeres más celebradas de los marchosos años sesenta. En realidad, nadie ha demostrado todavía de manera concluyente que naciera chico, chica o todo lo contrario, aunque al ver a aquella deslumbrante rubia en 1965, con su voluptuosa melena y una figura a tono con la misma, nunca habrías imaginado que tal duda fuera posible. Como todos los varones que trabajábamos en la peluquería, yo quedé totalmente hechizado desde el primer momento en que pisó las baldosas de Sassoon's con sus tacones de aguja. Con clientes como ella, los cambios de sexo pronto empezaron a parecernos tan normales como los cambios de peinado.

En cuanto a Audrey y yo, seguimos siendo buenos amigos. Ella me pedía a veces que la llevara en mi coche a clubes y fiestas de los alrededores. Siempre que la dejaba en el sitio, le preguntaba si podía entrar con ella. Y, al igual que Ricci y Diana, siempre me decía que era demasiado joven. ¿Qué le pasaba a esta gente? ¿Y qué podían hacer en aquellos lugares que un muchacho de dieciocho años no pudiera experimentar? Al pensarlo ahora, creo que quizá fuera lo mejor. No estoy seguro de que quisiera crecer *tan* aprisa.

Y hablando del tema, al final conseguí saltarme un par de veces la norma «nada de sexo» de la casa. Mientras fui aprendiz, los martes y los miércoles fueron «noches de modelos». El trato era el siguiente: después de cerrar, de seis y media a diez y media, los aprendices teníamos la oportunidad de practicar con cobayas voluntarias lo que habíamos aprendido; estas cobayas eran a menudo jóvenes modelos y actrices en paro que no podían permitirse los precios de la peluquería; así que, si no les importaba que les cortara y las peinara un aprendiz, podían conseguir un peinado gratis. Los martes eran las noches del pelo largo, mientras que los miércoles trabajábamos con pelo corto. Un martes, después de terminar con mi modelo, me formuló lo que parecía una pregunta inocente:

—Leslie, ¿te importaría acompañarme al metro de Bond Street?

Accedí inmediatamente, como es lógico. Una hermosa chica cogida de mi brazo durante unos minutos no era una mala perspectiva. Pero no estaba en absoluto preparado para lo que iba a suceder.

Nada más llegar a New Bond Street hay un callejón que desemboca en Dering Street. Al pasar por delante de la bocacalle, la chica de repente me dio un empujón y me metió en la calleja. Sin decir palabra, empezó a besarme apasionadamente y luego, antes de que me diera cuenta de lo que estaba pasando, me bajó los pantalones y, bueno…, digamos simplemente que Vidal Sassoon no lo habría aprobado.

Yo tenía diecisiete años. Ella, veintitrés.

Mientras volvía al aburrido y viejo Burnt Oak por la Northern Line, con el cuerpo todavía temblando y la cabeza dándome vueltas, me preguntaba… «Jodeeeer, ¿lo he soñado o ha ocurrido de veras?»

Para asegurarme de que había ocurrido, los martes siguientes insistí en cortar el pelo a aquella modelo en particular. Por desgracia, el capataz de los estilistas, Robert, empezó a sospechar. Un día me llevó aparte para decirme cuatro cosas.

—Se supone que tienes que variar de estilo. ¿Por qué te empeñas en cortárselo siempre a la misma chica?

No se me ocurrió ninguna respuesta. Desde luego, no iba a contarle la verdad. Mi juego había terminado, y lo sabía.

Así que, a regañadientes, accedí a cambiar a mi modelo del martes por la noche.

3

Casi el Pete Best de la peluquería

¿Recuerdan a Pete Best?

No mucha gente se acuerda de él. Fue el primer batería de los Beatles, contratado en 1960, cuando la banda viajó a Hamburgo por primera vez. El gallardo muchacho era, según muchos testigos, el miembro más popular de los Beatles, sobre todo entre las chicas. Durante dos años Pete intervino en centenares de conciertos con Paul, John, George y Stuart, tanto en Alemania como en Liverpool, y estaba con los Beatles cuando firmaron el contrato con Parlophone que propulsaría su carrera. También participó en varias aventuras iniciales, entre ellas una pelea que se organizó después de un concierto y en la que Stuart Sutcliffe resultó herido, y el incidente en el que Paul McCartney y él fueron detenidos por pirómanos, por prender fuego a un condón en una velada musical, y expulsados de Alemania.

Pero, por desgracia para Pete, fue expulsado de la banda en 1962, poco antes de que los Beatles grabaran su primer éxito, «Love me do». La razón del despido nunca ha quedado clara del todo. El productor, George Martin, sugirió a Brian Epstein que lo reemplazara en las grabaciones de Parlophone, ya que prefería a un batería más técnico y competente. Sin embargo, Martin siempre ha afirmado que nunca pretendió que la banda expulsara a Pete para siempre. Quizá sus compañeros lo utilizaron como excusa para librarse de él, por razones musicales o de otro tipo. Algunas fuentes han sugerido que nunca congenió del todo con el resto del grupo. Quizá fuera demasiado convencional y se negara a tomar drogas o a adoptar el famoso flequillo que empezaron a llevar en Hamburgo.

Fuera cual fuese la razón, tuvo que ser comprensiblemente duro ser Pete Best desde 1963. Con los años, vería a los Beatles convertirse en números uno de las listas de éxitos, luego en una sensación mundial y, finalmente, en el grupo de pop más legendario de la historia. Deprimido, dejó la música y, a mediados de los sesenta, trató de suicidarse con gas. Por fortuna, lo salvaron su madre y su hermano, y rehízo su vida trabajando de funcionario y, finalmente, en 1988, volviendo a la música con la Pete Best Band. Hoy en día, en las entrevistas de los medios de comunicación, Pete es capaz de reflexionar con generosidad y sabiduría sobre su colosal oportunidad perdida. Pero ha sido un camino largo, complejo y doloroso.

Pienso a menudo en Pete Best cuando recuerdo la mañana de aquel sábado de septiembre de 1966 en que llegó mi oportunidad de ser parte de la historia de los Beatles. Aquel profético día estaba a punto de hacer la prueba para llegar a la posición más alta con la que podía soñar un peluquero en los años sesenta. Y casi la eché a perder estrepitosamente.

* * *

Por entonces llevaba cuatro años trabajando en Vidal Sassoon. Ya habían pasado la torpeza y la ansiedad de los primeros tiempos. Lentamente había ganado seguridad en el arte del estilismo más moderno, primero observando a mis jefes y luego intentándolo y equivocándome con las modelos que venían a cortarse el pelo gratis fuera de horario. Mi graduación llegó cuando fui nombrado aprendiz del mismísimo maestro, el gran Vidal Sassoon, que apenas pronunciaba palabra durante sus sesiones de estilismo, y esperaba que yo entendiera, con un gruñido o un gesto de la mano, exactamente lo que quería. Tras esta prueba de fuego, me convertí en un peluquero cualificado por propio derecho, con un aprendiz a mi servicio.

En aquellos días lo difícil era crearse una clientela propia. Casi todas las clientes que acudían a Sassoon's ya habían concertado cita con su estilista favorito. Así que normalmente me pasaban a las que iban por primera vez o, si la peluquería estaba muy ocupada, a las que no habían podido fijar una cita con su peluquero habitual. He de decir que, en este sentido, mi nombre fue una ventaja inesperada. Cuando entraba una cliente nueva, le decían que había tres peluqueros disponibles: Robert, Howard y Leslie. Muchas mujeres preferían ser atendidas por una peluquera, así que elegían a «Leslie».

—Ah —oía a menudo cuando se sentaban en mi silla—, creía que usted era una mujer.

—Que yo sepa, de momento no lo soy —respondía yo, dedicándoles mi mejor sonrisa.

Y esta pequeña broma era mi primera medida para que una recién llegada ligeramente decepcionada pasase a ser una cliente habitual muy satisfecha. No tanto por mis virtudes como peluquero, pues no podía competir con la habilidad de los estilistas veteranos, como gracias al talento que había descubierto durante mis días de aprendiz: el arte de vender.

Aunque nunca habría imaginado nada parecido, al parecer había heredado parte de la habilidad de Betty Botas para vender nieve a los esquimales. O quizá había sido mi contacto directo con su propio gurú, mi persuasivo abuelo, cuando lo visitaba en el puesto del mercado de East Street. Incluso hoy soy capaz de recordar con claridad meridiana la ocasión en que un caballero alto y con bigotes como cepillos eligió un zapato que le gustaba, un bonito zapato bajo de cuero negro.

—¿Puedo probarme el otro? —preguntó.

—Naturalmente, señor —dijo mi abuelo—. Tenga el par.

Casi se me salieron los ojos de las órbitas, y los del cliente también, cuando el abuelo sacó el otro zapato, igual de brillante y nuevo, pero totalmente blanco.

—Ummm... —dijo el cliente, aplastándose los bigotes—. Pero es blanco.

—Oh, no es ningún problema, señor. Encontrará betún en una tienda que hay a la vuelta de la esquina. Le pone un poquito y tendrá el mejor par de zapatos negros, nadie se dará cuenta, ¡y a qué precio! Los mejores de Londres, señor.

Vi alucinado que aquel hombre pagaba los zapatos y se iba alegremente en busca del betún. Lo que me impresionó no fue tanto la venta como la innegable satisfacción del cliente. Mi abuelo había convencido a aquel caballero de que hacía la mejor inversión del año. Y sin engañarlo. Estoy seguro de que mi abuelo creía lo que estaba diciendo al ciento por ciento. No creo que hubiera podido hacerlo de otra manera.

En la peluquería descubrí un talento similar en mí mismo. Lo que me faltaba de destreza manual lo compensaba con habilidades sociales: el don de escuchar atentamente, de hacer las preguntas oportunas, de hablar cuando se buscaba charla y callar cuando no. Estas son las habilidades que te permiten construir una sólida relación con las clientes, haciendo que se sientan tan cómodas en el sillón de la peluquería como si estuvieran en el sofá de su casa. Cuando has conseguido eso, puedes vender cualquier cosa a cualquiera.

Aunque mis clientes elegantes llegaban en busca de un corte de pelo, a menudo terminaban realizando una serie completa de tratamientos que exigían varias visitas, después de haberles examinado el cabello y hacerles una advertencia, con la seriedad de un médico, sobre las puntas abiertas o la indecorosa sequedad. La verdad es que en el fondo necesitaban esos tratamientos si querían lucir el brillante y lustroso cabello que, de hecho, querían mis clientes sin excepción. Nadie tiene el cabello perfecto, así que siempre hay cuidados adicionales que aplicarle. Y como en el caso del cliente de los «zapatos desparejados» de mi abuelo, mis clientes siempre estaban encantadas de recibir los tratamientos extra y agradecidas por mi experto consejo. Así que, si alguna vez sentía escrúpulos por mi actividad vendedora, era solo cuando pensaba que algunas jóvenes oficinistas que a veces entraban en el salón no podían permitirse la compra de aquellos productos con los magros sueldos que cobraban. En esos casos no siempre era tan estricto con el estado de su cabello.

Yo había descubierto este talento siendo aprendiz y contrastaba con la total falta de habilidad para vender de algunos de mis jefes. Aunque los estilistas recibían una comisión por cada sesión extra de cuidados que conseguían, muchos se sentían incómodos flagelando a sus clientes con tratamientos adicionales. En cambio, a mí sí me gustaba aquella parte del trabajo, y conseguí buenos dineros a mis jefes. No es de sorprender que muchos estuvieran encantados por tenerme como aprendiz y se resistieran a dejarme marchar. De hecho Roger Thompson, el estilista más veterano de la peluquería de Grosvenor House, no quería ni que me graduara y trató de hacer todo lo posible por retrasar el momento de convertirme en peluquero cualificado. Pero al final, ni siquiera él pudo impedir mi ascenso.

Una vez graduado, mis habilidades de vendedor me vinieron muy bien. A los pocos meses había acumulado una clientela respetable y me ganaba bien la vida con el sueldo de peluquero, las comisiones y las propinas. Con este dinero duramente ganado, hice una de las inversiones más afortunadas de toda mi existencia: un Morris Mini negro, con ventanillas ahumadas y preciosos faros que me recordaban los grandes ojos de algunas de las modelos cuyo cabello peinaba. Mi Mini era mi orgullo y mi alegría, pequeño pero con mucho estilo, y tan útil para ir por Londres como cualquier ostentoso deportivo.

Además de cortarles el pelo a las mujeres, había empezado a cortárselo a algunos hombres fuera del horario de la peluquería. Por extraño que parezca hoy, las peluquerías unisex aún eran una idea radical en 1966. ¿Un hombre en una peluquería? ¡Dios nos libre! En principio, los hombres tenían que ir a las barberías, con aquellos cilindros bicolores que daban vueltas en la entrada y sus sencillos y adustos cortes de pelo. Pero no todo el mundo estaba contento con el convencional tratamiento de «corto por detrás y por encima de las orejas». En la misma época en que las mujeres empezaron a llevar el pelo más corto y más masculino, muchos hombres optaron por ser más modernos, por llevar el pelo más largo y, en consecuencia, por necesitar más cuidado.

Una de las razones de este cambio, por supuesto, fue la imparable tormenta mediática que generaron los Beatles, que llevaban mucho tiempo sin visitar a su peluquero tradicional de Penny Lane. Su estilo «flequillo hasta los ojos» llevaba tres años adornando las páginas de los periódicos y las revistas. Como yo, los prometedores músicos que habían subido al estrellato en 1963 se habían graduado ya a otro nivel: giras mundiales, sonidos innovadores y unas letras profundas que se inspiraban en la poesía y la marihuana que Bob Dylan les había dado a conocer. Una de las consecuencias fue que su corte en forma de hongo se había extendido por todo el mundo, incluido, por supuesto, mi propio cuero cabelludo, cada vez más poblado.

Por todas estas razones, las clientes de Vidal Sassoon comenzaron a preguntarnos si el arte del «corte geométrico» podía aplicarse a las crecientes pelambreras de sus maridos o novios. Al principio, estas razonables peticiones tuvieron que ser denegadas. Era inconcebible que los hombres (que no trabajaban con nosotros) penetraran en el privado mundo femenino de nuestro establecimiento. La única excepción que recuerdo fue Peter O'Toole, que entró en busca de unos reflejos artísticos y un teñido cuando estaba rodando *Lawrence de Arabia*. De hecho, en la película se nota el trabajo que le hicimos, ya que el cabello le realzaba aquellos penetrantes ojos azules que tanta fama le dieron. Pero ni siquiera en este caso se le permitió sentarse en uno de los sillones negros de la planta baja, detalle que habría causado un escándalo entre nuestras clientes, tan ligeramente vestidas. Así que lo condujimos a una de las salas de teñido del piso superior, lejos del salón principal. Lo cual ya era bastante escandaloso.

Howard, uno de mis estilistas favoritos, empezó a cambiar todo esto. Consiguió el permiso de Vidal Sassoon para invitar a unos pocos clientes masculinos fuera del horario de la peluquería. Todo comenzó con Chris Stamp, que era mánager de los Who, y poco después apareció el nuevo guitarrista de la banda, la futura estrella del rock Pete Townshend. Los Who acababan de lanzar al mercado su sencillo «I can't explain», que rápidamente se colocó en las listas de éxitos gracias a la emisora pirata Radio Caroline. Su estilo pendenciero se complementaba con las barrabasadas que hacían en el escenario, como romper guitarras o reventar la batería delante de su entusiasmado público. Su pelo era un símbolo de esa irresponsabilidad con que, al igual que los Beatles, se lo dejaban crecer por encima de las orejas. Curiosamente, el grupo pensó llamarse «The Hair», Los Pelos, en cierto momento. Y aunque sus alborotadas cabezas podían parecer descuidadas y sucias, en realidad necesitaban primorosos cuidados.

Howard me dejó entrar en el negocio de las horas extras que había fundado paralelamente e incluso me pasó algunos clientes. Más tarde, Howard anunció que iba a dejar Vidal Sassoon para trabajar en otras casas. Como yo era el único estilista de hombres, heredé de golpe a todos aquellos clientes.

Uno de los casos más vistosos era Keith Moon, el batería de los Who, que más tarde se ganaría la reputación de ser el hombre más salvaje del rock. Aparte de destrozar la batería en el escenario, a menudo arrojaba televisores y otros muebles por las ventanas de los hoteles y, aún más extravagante, solía reventar inodoros tirando cartuchos de dinamita por el desagüe. Sin embargo, he de decir que cuando conocí a Keith me pareció un tipo bastante simpático. Efervescente, eso seguro, pero no una amenaza ni nada parecido. Había nacido en Wembley, que no estaba muy lejos de Burnt Oak. Solo tenía unos meses más que yo y, por supuesto, era un gran admirador de la música americana, así que teníamos mucho en común. Supongo que entonces todavía no había empezado a engullir la gran cantidad de anfetaminas y otras drogas que más tarde exacerbarían sus tendencias destructivas y harían que se desmayara varias veces en el escenario.

Una noche, después de cortarle el pelo, Keith me invitó a ir con él, con Chris Stamp y el resto de los Who al Cromwellian Club, uno de los locales más en boga de la escena londinense. Yo nunca había ido a un lugar tan exclusivo. Mientras me fijaba en las tres plantas que había —un casino arriba, una barra de cócteles en la planta baja y una discoteca en el sótano— recuerdo que pensé: «Vaya, así es como pasan la noche mis clientes». Pero lo que más recuerdo de aquella noche es que probé el champán por primera vez. De hecho, esta dulce y burbujeante bebida fluía tan libremente que apenas recuerdo más cosas de aquella noche. Quizá estaba intentando mantenerme a la altura de Keith. En cualquier caso, fue una buena prueba del intoxicado mundo de la música pop en el que estaba a punto de ser introducido.

* * *

Por desgracia, el día que llegó la invitación, estaba predispuesto a dejarla pasar de forma tan catastrófica como el mismo Pete Best. Y todo por culpa de un partido de fútbol.

Era el 3 de septiembre de 1966, exactamente dos meses después de la primera manifestación contra la guerra de Vietnam delante de la embajada de Estados Unidos, en Grosvenor Square, a la vuelta de la esquina de la peluquería. Ahora las cosas estaban mucho más tranquilas en la calle, pero el salón bullía con las habituales prisas de los sábados por la mañana. El local estaba atestado y había varias mujeres esperando en la zona de recepción, hablando entre sí o leyendo revistas. La única silla vacía era la mía, ya que la cliente de las 11.30 había cancelado la visita. Yo miraba el reloj sin parar: 11.40, 11.55, 12.00... En cuanto el reloj diera la una, correría hacia el Mini para dirigirme al Loftus Road Stadium, en Sepherd's Bush, donde había quedado con un grupo de seguidores de los Queens Park Rangers para ver uno de los primeros partidos de la temporada, contra el Swindon Town. Tras pasar una semana cortando, peinando y charlando con señoras de la alta sociedad, deseaba pasar un rato disfrutando de placeres sencillos con los amigos: beber cerveza, animar y abuchear, sentir la emoción de una buena jugada tradicional. Pero aún faltaba una hora. Suspiré, mirando con resignación la entrada de la peluquería, donde comenzaría mi fin de semana.

De repente entró una joven esbelta por las puertas de cristal que daban a la zona de recepción. La reconocí al momento: era Jane Asher. ¿Quién no iba a reconocerla en aquellos días? Sus fotografías salían en todos los periódicos, en anuncios y en autobuses. No solo había sido la coprotagonista de una de las comedias que más éxito habían tenido aquel verano, *Alfie*, con el galán más apuesto del momento, Michael Caine, sino que desde hacía tres años era la novia del único e inimitable Paul McCartney.

Jane era lo que solíamos llamar una «rosa inglesa», delicadamente formada, de piel clara, sensual pero no abiertamente sexy. Llevaba un moderno vestido corto, pero fue su melena lo que atrajo mi mirada. Era espesa, lujuriante y de un cálido color rubio tirando a fresa. Como aprendiz de Roger, había lavado y secado aquel exuberante cabello. Pero, ahora que ya era estilista, estaba fuera de mi alcance. Mientras hablaba con Joanna, la recepcionista, me fijé en que el pelo le caía por los hombros y luego se dividía, una mitad por delante y el resto por detrás. Llevaba un espeso flequillo, cortado hasta las cejas. Yo no fui el único en darse cuenta. Como atraídos por su aura, todos los miembros del personal levantaron los ojos de lo que estaban haciendo.

Ante mi sorpresa, Joanna echó a andar hacia mí.

—Roger dice que está demasiado ocupado para peinarla hoy —me susurró la recepcionista—. Sé que te has ocupado de su cabello alguna vez. ¿Puedes hacerlo hoy?

—Claro, no hay problema —repuse, con toda la indiferencia que pude.

La verdad es que estaba algo más que inquieto. Desde luego, era un privilegio trabajar aquella magnífica melena, que pertenecía a tan famosa cliente. Pero al mismo tiempo era una gran responsabilidad.

Antes de volver al mostrador, Joanna aumentó mi nerviosismo.

—Está un poco contrariada porque Roger no puede atenderla, ¿entiendes?

Asentí con la cabeza, con confianza, con la sonrisa de labios apretados del peluquero cualificado en que me había convertido, como si dijera: «Déjala en mis manos, yo me ocuparé de ella».

Antes de darme tiempo para planear mi estrategia, Jane ya estaba sentada en el sillón de cuero negro.

—Buenos días —dijo—. ¿Cómo estás, Leslie?

Se expresaba con cordialidad, aunque su desilusión saltaba a la vista. Supongo que me recordaba como al aprendiz que había sido solo un año antes.

—Muy bien, gracias, Jane. ¿Qué puedo hacer por usted esta mañana?

Supongo que debió de notar el esfuerzo que hacía para que se sintiera cómoda. Sonrió y pareció relajarse un poco en el sillón, resignándose a lo que le deparase la suerte.

—Oh, hoy solo quiero lavar y secar, por favor.

Sabía que no era la primera vez que Roger la dejaba plantada o la hacía esperar. Siendo un principiante había aprendido mucho de la impecable técnica de Roger Thompson. Incluso hoy está considerado en la profesión como uno de los mayores artistas del peinado que han empuñado unas tijeras. Pero he de decir que su ojo para el detalle lo hacía horriblemente lento. Esto significaba que, en los días de mucho trabajo, a menudo terminaba con una larga cola de clientes enfadadas.

Sin embargo, cuando empecé a cepillar el cabello de Jane, en busca de nudos, fui consciente de que lo estaba haciendo demasiado rápido. El reloj se acercaba a mi partido de fútbol, pero tenía un pelo tan espeso que había que tratarlo con mucha delicadeza. Si quería que Jane Asher estuviera satisfecha, no podía apresurarme. Así que fui más despacio deliberadamente, recordándome de quién era novia y que los Queens Park Rangers podían esperar. Le pregunté por sus proyectos actuales y empezó a contarme su último trabajo, una producción de *El cuento de invierno* que se había representado por primera vez en el Festival de Edimburgo. Mientras hablaba de su papel de Perdita, una campesina que resulta ser una princesa, me dio la sensación de que su frustración empezaba a remitir. Era una chica encantadora, no mucho mayor que yo, y recuerdo haber pensado que aunaba la sencillez de una campesina con la elegancia de una princesa. Tengo que reconocérselo a McCartney. Tenía muy buen gusto con las mujeres.

Cuando mi aprendiz le hubo lavado el cabello en la parte posterior de la peluquería, se lo sequé con la toalla, dividí la melena y volví a buscar nudos. Acto seguido me puse a secarla con el secador manual, peinándole cuidadosamente la parte de atrás, luego los laterales y, finalmente, la parte de arriba. Me tomé mi tiempo, utilizando los dedos como peine, porque de esa forma manejaba mejor el rico tejido de hebras doradas. Finalmente, me puse tras ella y comprobé en el espejo si ambos lados eran idénticos. Noté que algunas puntas no estaban totalmente igualadas, así que las corté con las tijeras. En total, el trabajo me llevó unos cuarenta y cinco minutos y, al terminar, la rosa inglesa parecía como si acabara de abrirse en ese momento.

Mientras sujetaba el espejo para que se mirara la parte de atrás, se admiró y sonrió con sorpresa infantil.

—Leslie, así es como me gusta —me agasajó.

Me sentí muy aliviado... y orgulloso por haberme resistido a la tentación de apresurarme.

—A propósito —añadió—, ¿aceptas trabajos en casa? Mi novio necesita un buen corte. ¿Estarías libre esta tarde? Él preferiría que vinieras a casa. Está en St John's Wood.

Había dicho «mi novio». Paul McCartney. El Beatle. El Melenudo. Una de las cabezas peludas más famosas del mundo. Con el mismo pelo que agitaba al aire ante millones de seguidoras histéricas. Y quería que se lo cortara *yo*, en la mismísima casa de Macca, en St John's Wood.

Era la mejor oferta de trabajo que podían haberme hecho en la vida. De nuevo me encontraba en el sitio apropiado en el momento oportuno.

Y sin embargo vacilé. Había un problema que me estaba quemando el bolsillo, la entrada para el partido de los Queens Park Rangers contra Swindon. Miré el reloj. Era la hora de saltar al coche, atravesar Londres y reunirme con mis amigos en el estadio. Lo sé, lo sé. Suena a locura que me parase siquiera a pensar algo así. Hoy sigo pensando con consternación que pude haber puesto en peligro una oportunidad única en la vida por culpa de un partido de fútbol de tercera división. Pero, a pesar de todo, he de admitir que también me llena de cierto orgullo.

Deben entender lo que sentía, y siento aún, por los Queens Park Rangers. No era un equipo con el que hubiera nacido, como es el caso de muchos hinchas cuya lealtad les viene de familia. No eran populares, ni famosos, ni ricos, en absoluto. Los QPR eran un equipo que yo había elegido deliberadamente a los trece años, a pesar de que casi nadie lo conocía ni se preocupaba por él. Quizá incluso fuera esa la razón. En mi barrio, la mayoría de la gente apoyaba al Arsenal o al Tottenham, y la rivalidad era amarga, agresiva y violenta. Había algo en ese fanatismo que no me gustaba. Me recordaba el odio irracional y sanguinario que los abusones de la escuela dirigían a «los judíos» y a «los negratas». Así que elegí un equipo al que, simplemente, le gustaba jugar al fútbol, a su original y atractivo estilo de fútbol. Sus camisetas, azules con franjas blancas, me parecían además mucho más chulas.

Así que, en cierto modo, los Queens Park Rangers significaban para mí tanto como los mismos Beatles. Siempre era blanco de bromas por apoyar a aquel puñado de seres anónimos de tercera división. Pero eso solo aumentaba mi lealtad, del mismo modo que las burlas y los desprecios de los padres indignados avivaban las llamas de la beatlemanía. Y para empeorarlo todo (o mejorarlo, según se mire), los QPR estaban pasando por el mejor momento de la historia de sus ochenta años. Su nuevo entrenador, Alec Stock, había dado por completo la vuelta al club, y bajo su dirección los chicos parecían destinados a la gloria. Además, la temporada que acababan de comenzar sería el año más triunfal de los QPR, un año memorable en el que mi querido equipo no solo ganaría la liga de la tercera división, sino que además sería el primer equipo de tercera que ganaría la Copa de la Liga, el 4 de marzo de 1967, derrotando al West Bromwich Albion por 3 a 2. Entonces yo no podía saber nada de esto, por supuesto, pero, por alguna razón, el corazón me decía que aquella tarde tenía que estar con los Rangers.

Hice un rápido cálculo. El partido terminaría poco antes de las cinco. ¿Cuánto tardaría en ir con el coche desde Shpeherd's Bush hasta St John's Wood? Menos de una hora, me dije. En aquella época ya me conocía todos los atajos conocidos hasta por el más astuto de los taxistas londinenses. Así que, con un poco de suerte, podría ver el partido y conocer a mi ídolo musical, y todo en la misma tarde.

—¿Qué le parece a las seis de la tarde? —pregunté a Jane.

En la peluquería había aprendido que las clientes podían ser muy volubles. En un momento te estaban contando una anécdota del escenario, riéndose a carcajadas como si fueras su amigo más querido, y al siguiente te crucificaban por haberles cortado el flequillo más de la cuenta. Así que mi esfuerzo por posponer la cita hasta una hora tan tardía podía haberla hecho desistir. Podía haber hecho que se olvidara de todo. O inducirla a preguntar a Roger si estaría libre a una hora más razonable. Si hubiera ocurrido eso, supongo que habría pasado el resto de mi vida lamentando mi estúpida propuesta, preguntándome cómo habría sido la experiencia de cortar y peinar el pelo de los Beatles, quizá incluso maldiciendo a los Queens Park Rangers por interponerse. Me habría convertido, desde luego, en el Pete Best del mundo de la peluquería.

Pero la suerte estaba de mi parte.

—Muy bien —respondió Jane, rebuscando en su bolso—. Te daré la dirección.

Sacó un cuaderno del bolso y apuntó algo en una página. Cuando me la alargó y vi la dirección, *Cavendish Avenue 7*, exclamé:

—Qué casualidad. Mi apellido es Cavendish.

—Entonces debe de ser el destino, Leslie —comentó con una sonrisa—. ¿No crees? Le diré que pasarás por allí a eso de las seis.

Desde luego, fue el destino.

Mi vida ya no volvería a ser la misma.

* * *

Los Queens Park Rangers vencieron a Swindon Town por 3 a 1, iniciando una serie de quince partidos seguidos en que no sufrieron ninguna derrota. A pesar de lo emocionante que debió de ser el partido, me resultó imposible concentrarme en él. ¿De veras iba a cortarle el pelo a Paul McCartney esa misma tarde? No podía imaginármelo. De hecho, ni siquiera me atreví a contárselo a mis amigos. Cuando me subí al Mini y puse rumbo a St John's Wood, había empezado a dudar de que mi sesión con Jane Asher hubiera sucedido en realidad. Al detenerme en un semáforo, tuve que sacar del bolsillo, para convencerme, la nota escrita a mano: *Cavendish Avenue 7*. Como mi apellido.

Cuando entré en la calle, me di cuenta de que no hacía falta mirar el número de la vivienda. Obviamente, era la casa de tres plantas de estilo Regencia en cuya puerta había un grupo de chicas. Todas parecían llevar el uniforme adolescente de la época: pelo liso y largo, mucho rímel en los ojos, minifaldas y botas. Más tarde me enteraría de que aquellas jóvenes seguidoras eran conocidas como «Apple Scruffs» por los Beatles y otros visitantes habituales. George Harrison les dedicó una dulce cancioncilla de su primer álbum en solitario, de 1970, "All things must pass". Como escribió en aquella canción, todas aquellas seguidoras incondicionales estaban día y noche, con lluvia o con sol, a las puertas de las viviendas, los estudios de grabación y las oficinas de los Beatles, esperando cualquier clase de relación con sus adorados músicos. Su presencia en las puertas de la casa de Paul hizo que me diera cuenta de repente del privilegio que se me había concedido.

Llegaba un poco pronto, así que aparqué el coche y me quedé sentado en silencio, preparándome para la gran reunión. Por supuesto, ya me había acostumbrado a estar cerca de personajes famosos, pero aquella era otra historia. Los Beatles se habían convertido en un fenómeno global sin precedentes. Prácticamente cada sencillo que sacaban se convertía al momento en número uno. Habían protagonizado dos éxitos cinematográficos que, más o menos, inventaron el concepto del videoclip musical. Sus últimos álbumes, *Rubber Soul* y *Revolver*, estaban llevando la música rock a nuevos territorios sin explorar: los exóticos sonidos del sitar, el octeto clásico para cuerdas de «Eleanor Rigby» y las artísticas letras de «In My Life» y «Norwegian Wood». Incluso habían recibido la Orden del Imperio Británico de manos de la reina.

Mientras tanto, el grupo había dado conciertos por todo el mundo en estadios atiborrados de fans que habían agotado las entradas, siendo portada en todos los lugares a los que iban. Aquel verano, la broma mediática de John Lennon de que se habían vuelto «más famosos que Jesucristo» había desatado una tormenta de críticas en Estados Unidos. Pero la verdad era que no había dicho ninguna tontería. Sus seguidores debatían con vehemencia sobre la filosófica letra de «Tomorrow Never Knows» como si fuera un texto sagrado. Fragmentos de sábanas de sus hoteles se vendían como si fueran reliquias de santos. Los gritos histéricos, los llantos y los desmayos que se producían entre su público sobrepasaban la conducta de los más devotos fanáticos religiosos.

El auténtico problema era que yo pertenecía a ese rebaño de fanáticos. Shirley Bassey era una estrella, pero era mi madre quien escuchaba sus canciones. Los Who eran una banda que practicaba el *happening* y su música me gustaba, pero... ¡ah, los Beatles! Había puesto sus discos tantas veces que estaban todos rayados. No había ni una sola letra suya que no me supiera de memoria. Ahora que habían dejado de hacer giras, las especulaciones sobre que nunca más darían otro concierto, o incluso de que podían separarse, me ponían frenético. Hasta mi pelo era una variación ligeramente más larga y alborotada de su primer corte «a lo cuenco», como la de muchos otros jóvenes de la época. De hecho, era tan obvio que era el estilo Beatle que mi foto había salido publicada en un periódico español durante unas vacaciones de verano que había pasado en Mallorca, bajo el titular «JOVEN CON PEINADO DE RINGO STARR».

Todo mi aprendizaje en Sassoon iba a estar en juego allí. Durante tres años había aprendido a portarme con indiferencia ante las grandes estrellas, a charlar de naderías y permitirles relajarse en el espacio privado de la peluquería, lejos de las ansiosas miradas del público. A pesar de todo, seguía siendo humano, y tenía mis momentos de debilidad. De hecho, solo unas pocas semanas antes había hecho el ridículo a tope delante de la mayor estrella que tenía como cliente.

Resultó que Chris Stamp, el mánager de los Who, era hermano de Terence Stamp, el famoso actor que acababa de recibir una nominación al Oscar por su papel en *Billy Budd* («La fragata infernal»). Gracias a la recomendación de Chris, había empezado a cortarle el pelo a Terry cuando la peluquería ya estaba cerrada. Terence Stamp era sin duda el tío más guay de mediados de los sesenta. Era un galán atractivo, rico y famoso y, encima, estaba saliendo con Julie Christie, para muchos la actriz inglesa más guapa de la época. También era un gran hincha del Chelsea, algo que yo sabía bien, dado que el fútbol era el tema de conversación que siempre funcionaba a la hora de entablar una buena charla con mis clientes masculinos.

Un día en que iba yo a ver un partido en Stamford Bridge, el campo del Chelsea, con un grupo de amigos que no eran hinchas de los QPR, observé que Terence Stamp se acercaba a la puerta del parking con su Rolls-Royce.

—¡Eh! —dije a mis amigos, todo ilusionado—. ¡Sé quién es ese!

Las palabras me salieron sin pensar y, para cagarla del todo, eché a correr hacia el coche y golpeé la ventanilla, gritando:

—¡Hola, Terry!

En aquel momento me pareció lo más normal del mundo. Había pasado la última hora bromeando y haciendo el tonto con mis amigos, tan lejos del mundo de Vidal Sassoon como se pueda estar. Probablemente habíamos tomado un par de pintas en el pub, era presa del entusiasmo futbolístico y, supongo que como resultado, me imaginaba tan guay como el mismo Terence Stamp. Por una vez, había querido impresionar a los amiguetes con mis conocidos famosos. ¿Y por qué no? Joder, yo conocía a aquel tipo. A menudo hablábamos de fútbol y alguna vez habíamos tomado champán con su hermano Chris, Pete Townshend y Keith Moon.

Pero el caso es que Terry me miró desde el otro lado de la ventanilla con una expresión atónita que no tardó en degenerar en «La madre que te parió, ¿no será mi peluquero luciéndose ante sus amigos?» Al momento me di cuenta del terrible error que había cometido. En su favor diré que me saludó educadamente antes de largarse con el coche. Mis amigos, desde luego, quedaron impresionados. Pero por dentro yo me sentía como un completo imbécil. En lo único que pude pensar durante todo el partido fue en cómo volver a mirar a la cara a Terry, si es que alguna vez reaparecía en el salón. La verdad es que reapareció y, cuando lo hizo, le pedí disculpas por mi conducta poco profesional. Pero sabía que nuestra relación ya no volvería a ser la misma.

Eran las seis en punto. Hora de mi cita peluquera privada en Cavendish Avenue 7. Cogí la bolsa que utilizaba como caja de herramientas portátil, bajé del Mini y me dirigí a la gran casa de ladrillo. Las Apple Scruffs me miraron con curiosidad cuando me dirigí a la puerta lateral con la actitud más indiferente que pude adoptar. ¿Quién será ese sujeto?, debieron de preguntarse. Yo me estaba preguntando lo mismo. ¿Quién soy yo para pulsar el timbre del telefonillo de Paul McCartney?

—¿Diga?

Era una voz femenina, pero no la de Jane. Sonaba a una mujer de más edad.

—Hola, mmm..., soy... Me llamo Leslie Cavendish —balbuceé—. He venido a...

Sonó un zumbido y las pesadas puertas se abrieron. Mientras atravesaba el patio y me dirigía a la puerta delantera, rodeando un elegante Aston Martin verde oscuro, sentía a mis espaldas las miradas de las *groupies*, atentas a cada paso que daba por el sendero de los coches.

Aguardé bajo el pequeño porche, sostenido por dos columnas blancas, pensando que me abriría el ama de llaves o la criada que había respondido por el interfono. Pero cuando al fin se abrió la puerta, oh, cielos, allí estaba él en persona, con su característico chaleco de lana, con el rostro iluminado por una amplia sonrisa de bienvenida.

—Hola, Leslie. Gracias por venir.

No sé lo que murmuré en ese momento y estreché la mano que había escrito la partitura y la letra de «All My Loving», «Michelle» y «Yesterday». Estaba aturdido: todos mis años jóvenes, toda aquella época coloreada por los Beatles, desfilaron ante mí: la primera vez que escuché «Love Me Do», los esfuerzos de mi madre por bajar el volumen de nuestro tocadiscos Decca mientras oía «Twist and Shout», los doce chelines y seis peniques que pagué para asistir al concierto del Pigalle Club, la tarde en que vi en el cine *Qué noche la de aquel día*, todas las veces que canté «Drive My Car» cuando la oía en la radio de mi Mini, camino del trabajo...

Paul me condujo a la sala de estar, que tenía un mirador que daba al jardín trasero. Lo primero que vi fue el piano y dos guitarras, una acústica y la otra baja. «Buenoooo», me dije, «así que aquí es donde ocurre». La cabeza volvió a darme vueltas.

Por fortuna, Paul acudió en mi rescate.

—Bien, Jane me ha dicho que eres muy bueno cortando lucas...

Lucas. Claro, la típica jerga rimada. La divertida fraseología en clave, característica de la clase obrera británica, que normalmente se asocia con Londres, pero que en realidad se oye en muchas otras ciudades, incluida, al parecer, Liverpool. De acuerdo con su lógica, «mi viejo trigo» quería decir «mi viejo amigo», mientras que «subir por el pavo» era «subir al lavabo». En cuanto a «Lucas», era de cajón. «Lucas, pelucas».

Miré a Paul y me fijé en su ligera sonrisa. De repente caí en la cuenta de quién era en realidad. No era la legendaria estrella de la música que solo existía en las revistas, ni un héroe, un ídolo o un semidiós: era un simpático chico de Liverpool que necesitaba urgentemente un corte de pelo. Y para eso estaba yo allí.

—Bueno, no sé si seré muy bueno —dije—, pero lo haré lo mejor que sepa.

Luego le pregunté si Jane estaba por allí y me dijo que había salido para la función nocturna de *El cuento de invierno*. Luego, acordándose de algo, desapareció escaleras arriba diciendo:

—Vuelvo en un par de minutos. Echa un vistazo por ahí.

No necesité que me lo dijera dos veces. Pasando entre un sofá verde y una mesa baja cubierta con un tapete indio, me acerqué a las ventanas, venciendo la tentación de coger una de aquellas guitarras. El lugar estaba muy desordenado. Papeles, discos, casetes y libros se amontonaban de cualquier manera sobre los muebles y en el suelo. He de decir que no se ajustaba mucho a mi idea de lo que debía ser la casa de una estrella del pop. Había una chimenea con algunos adornos, fotografías familiares en las paredes, un televisor en un rincón. La verdad es que todo era muy sencillo y vulgar.

Por las ventanas vi que el jardín trasero era una selva caótica, llena de hierbajos, césped demasiado crecido y arbustos silvestres. Seguro que casi todos los vecinos de Cavendish Avenue tenían sus propios jardineros, pero el de Paul era tan sencillo y elemental como me estaba pareciendo él. Entre la maleza, de varios metros de altura en algunos puntos, vi surgir una especie de monstruo: era un enorme perro pastor inglés.

—Es *Martha* —me aclaró Paul cuando bajó—. A ella tampoco le vendría mal un corte de pelo.

Abrió las puertas del jardín para que el peludo animal, que más tarde inspiraría la canción «Martha My Dear», pudiera darme un buen lengüetazo.

—¿Te importaría venir arriba? —preguntó—. Creo que allí estaremos más cómodos.

Me llevó hasta un amplio dormitorio, que tenía dos grandes ventanas rectangulares y parecía el lugar más limpio de la casa. Lo achaqué a la influencia de Jane, que se había mudado allí unos meses antes. Ya conocen la historia: un soltero que vive en medio del desorden, hasta que su novia empieza a poner las cosas en su sitio. Es más, unos meses después, también el caótico jardín recuperaría el buen aspecto bajo la supervisión de Jane, que instalaría una pérgola circular techada con una cúpula geodésica. Esta «capilla para la meditación» y su cama circular, donadas según la leyenda por Groucho Marx, serían la única concesión real a la excentricidad de la estrella pop que vivía en Cavendish Avenue 7. Pero, para mí, el baño del dormitorio en el que me hizo entrar Paul ya era suficientemente extravagante. En mi vida había visto nada parecido.

—¿Podríamos trabajar aquí? —sugirió.

Desde luego, parecía el sitio apropiado. Al principio cogimos un taburete del tocador, pero era ridículamente bajo, así que lo cambiamos por un sillón bastante más grande que ocupaba buena parte del cuarto de baño. Aseguraría que aquello era tan insólito para Paul como para mí. Él había estado varios años de gira, casi sin parar, así que nadie sabía quién y cuándo le había cortado el pelo.

Tomó asiento en lo que ahora parecía un trono demasiado grande. Todo este lío de las sillas nos había hecho reír un rato. Cada vez parecía menos una visita profesional y más un encuentro entre amigos.

Desabroché las correas de piel de mi bolsa de herramientas, que había dejado al lado de la pila, y examiné el pelo de Paul como me gustaba hacer siempre con un cliente nuevo, pasando la mano por su frente para encontrar el arranque de la raya natural, la línea por la que el pelo se abre y cae a izquierda y derecha. Entonces le hice una promesa que recordaría muchos años más tarde:

—Tiene el cabello muy espeso, como yo. Puedo asegurarle que *nunca* se quedará calvo.

Se echó a reír.

—Vaya, está bien oír eso.

Satisfecho de la inspección, era hora de hacer la pregunta obligatoria.

—Y bien, Paul, ¿cómo lo quiere?

Lo miré a través del espejo y él me devolvió la mirada, encogiéndose de hombros.

—Hazlo como mejor veas —respondió el Beatle.

Su respuesta me pilló totalmente por sorpresa. Actualmente damos por sentado que las grandes estrellas tienen a su servicio un ejército de asesores que diseñan su imagen meticulosamente, incluyendo ropas y cabello. Supongo que las cosas no se planeaban tanto en aquella época, pero de todos modos yo esperaba que Paul McCartney ejerciera cierto control sobre el pelo de una cabeza que se había convertido en un icono de la rebelión juvenil en todo el mundo.

Lo que no sabía entonces, ni tenía forma de saber, era que los Beatles estaban sufriendo una profunda transformación en su trayectoria profesional. Desde 1962 habían seguido el guión impuesto por su mánager, Brian Epstein, que había adecentado su desaliño inicial, convenciéndolos de que renunciaran a los tejanos y las cazadoras de cuero para ponerse trajes y corbatas idénticos, sincronizar sus reverencias al final de cada canción y reprimir las ganas de fumar, beber y soltar palabrotas en el escenario. En resumen, habían pasado cuatro años representando el papel de Beatles.

Desde el punto de vista de un estilista, en ese papel estaba el famoso corte en forma de cuenco invertido que George Harrison llamaba «Arthur» en *Qué noche la de aquel día,* cuando un periodista le preguntaba cómo se llamaba aquel estilo. Al principio, los Beatles habían llevado el pelo largo echado atrás con brillantina, al estilo de Elvis, pero en 1960 la novia de Stuart Sutcliffe, Astrid Kirchherr, decidió darle un aspecto más moderno, que casualmente tapaba las protuberantes orejas de Stuart. Más tarde, el peinado fue adoptado por los demás Beatles, apareció en las portadas de sus primeros sencillos, rápidamente se convirtió en su marca de fábrica y fue ridiculizado, admirado e imitado en todas partes. Los fabricantes de juguetes vendían pelucas de los Beatles por millares, lo que permitió que cualquiera pudiera llevar temporalmente el conocido corte. Pero en aquel momento me di cuenta de que el pelo de Paul estaba creciendo y se alejaba del aspecto que todos habíamos llegado a asociar con aquellos músicos famosos en todo el mundo. Pronto empecé a entender por qué.

—Bueno —dije, continuando con mi trabajo—. He oído decir que han dejado de dar conciertos por el momento.

Parecía una pregunta inocente. Todo el mundo lo comentaba, así que no me ponía en la casilla de los lameculos.

—Sí, ya sabes lo que pasa —respondió suspirando—. Estamos muy cansados de las giras, los conciertos, los hoteles… Necesitábamos un descanso.

Mientras le trabajaba el pelo, cortándolo «como mejor veía», se puso a esbozar un cuadro de la vida en la carretera que era a la vez sombrío y tan cómico como las gansadas que hacía cuando huía de la multitud en *Qué noche la de aquel día*. Los Beatles habían pasado los últimos tres años básicamente encerrados en habitaciones de hotel, sin salir excepto para ir a los conciertos estrechamente protegidos. Incluso los agentes encargados de protegerlos los acosaban a menudo para que les firmaran autógrafos. Y lo peor de todo era que habían estado interpretando las mismas canciones una y otra vez, como monos adiestrados, para fans que ni siquiera oían la música debido a sus propios gritos.

—Hicimos que Vox nos construyera unos altavoces especiales. Los más grandes que pudieran construirse. Pero no fue suficiente. Así que, bueno, ya no tenía nada que ver con la música. A nadie le importaban las canciones. ¿Qué sentido tenía?

Me contó que se iban a tomar tres meses de vacaciones durante las que cada uno se dedicaría a sus cosas. John estaba rodando una película en Alemania y España, y George estaba en la India con su mujer para recibir clases de sitar.

—A mí solo me interesa pasar un poco de tiempo en casa con Jane y *Martha* —confesó—. Escribir música, cortarme el pelo, cosas así.

Sonreí.

Lo había entendido. Paul y los otros tres Beatles estaban desesperados por tener un poquito de libertad y finalmente habían conseguido ese poquito. Por eso relegaba la responsabilidad de su pelo en mí, un muchacho más joven que él que se había convertido en un estilista cualificado solo unos meses antes. ¿Por qué iba a preocuparle su peinado? La cuestión era sentir que ya no lo controlaba Brian Epstein, ni los millones de seguidoras vociferantes, ni la obligación de representar el papel de Beatle. Seguramente le habría gustado que su pelo estuviera tan revuelto como su jardín, tan enredado como el lanudo pellejo de *Martha*..., si no hubiera sido por Jane. Así que supuse que lo mejor era dejarlo crecer. Estaba ante un hombre que disfrutaba de su libertad, de su cómodo chaleco, de su nuevo amor y de su salvaje y creativo desorden. Lo único que necesitaba era un tijeretazo aquí y otro allá, y quedaría perfecto. Así fue como yo lo vi.

Tras darle un repaso con las tijeras, le lavé el pelo en la pila y fuimos al dormitorio para secárselo. Cuando se sentó en una esquina de la cama, le pregunté finalmente por el fútbol.

—Y bien, Paul. ¿Es usted azul o rojo? —dije, refiriéndome a los dos equipos rivales de su ciudad.

Al principio creí que no había oído mi pregunta. No se me había ocurrido que su reacción pudiera ser tan silenciosa. El Everton (los azules) había ganado en mayo la Copa de Inglaterra, mientras que el Liverpool (los rojos) había ganado la liga. Toda la ciudad estaba loca por el fútbol. Era inconcebible que un liverpooliano como Paul McCartney no sintiera nada por ese deporte.

—Pero ¿cuál es su equipo? ¿El Everton o el Liverpool? —pregunté de nuevo.

Esta vez levantó la voz.

—Bueno, la verdad es que no me interesa el fútbol, Leslie.

He de decir que aquella respuesta me decepcionó, tanto como que mi tema favorito de conversación con los clientes masculinos se encontrara en un callejón sin salida. Con tristeza e incredulidad acabé por descubrir que a ninguno de los Beatles le interesaba el fútbol en absoluto. Cuando hice la misma pregunta a John, George y Ringo, encontré la misma actitud indiferente en los tres. Aquello me dejó estupefacto. Los Cuatro Magníficos, los *Fab Four*..., ¡no creían en el fútbol! Supongo que sería consecuencia, o quizá la causa, de su pasión por la música. Fuera cual fuese el motivo, en el dormitorio de Paul fingí indiferencia ante su actitud y traté de olvidar su respuesta preguntándole si estaba componiendo alguna canción nueva.

Mientras me contaba que estaba escribiendo la banda sonora de una película, *The family way* («Luna de miel en familia»), me concentré en su pelo, levantándoselo con los dedos, como había hecho con el de Jane. Tenía una franja natural en la izquierda, así que le conservé ahí la raya. Ahora tenía el pelo tan largo que le caía sobre la partición, dándole el aspecto bondadoso y aniñado con el que se haría famoso a mediados de los sesenta. En Sassoon's había aprendido un principio básico que consistía en que, cuando habíamos terminado de peinar a un cliente masculino, no debía parecer que acabara de salir de la peluquería. Concentré todo mi arte en que pareciese natural al máximo. Vidal y sus ayudantes me lo habían enseñado así, y así lo hacía siempre. Paul no iba a ser distinto.

Lo llevé al cuarto de baño para que pudiera evaluar el resultado en el espejo. A mí me parecía bien, pero no estaba seguro de su opinión.

El Beatle se volvió a un lado y a otro, examinando mi trabajo. Esperé su veredicto.

—No parece que esté recién cortado —señaló.

Asentí con la cabeza, lleno de orgullo. Las palabras de Paul podían haber salido directamente de la boca de Vidal Sassoon.

—Lo ha pillado, Paul. Esa es la idea.

—¿En serio? —preguntó, revolviéndose las mechas—. Sí, me gusta, Leslie. Gracias.

Contento de mi trabajo, le pedí una escoba para barrer los pelos del suelo.

—Por supuesto, ahora mismo bajo y se la pido a la señora Kelly —respondió. Entonces, añadió—: ¿Te apetece un té? Le diré que prepare una tetera. Y si tienes tiempo podría tocarte algo de lo que hemos hablado...

¿Si tenía tiempo? ¿Para tomar el té con Paul McCartney? ¿Y para oírle tocar unas melodías en su sala de estar? ¿Solos los dos?

—Pues claro que sí, Paul —dije, ocultando mi emoción con la mirada gacha, como si calculara lo que tenía que hacer en el suelo del cuarto de baño—. Sería estupendo.

Pocos minutos después tomábamos el té en la planta baja. Luego se sentó al piano y tocó parte de las melodías que estaba componiendo para la banda sonora de la película. En un momento dado, se interrumpió en mitad de una canción.

—Ahora que lo pienso, Leslie —apuntó con una sonrisa—, aquí hay algo expresamente para ti. Es una de las primeras canciones que escribí, cuando aún iba al instituto. Pero estaba pensando proponerla para nuestro próximo disco.

Las manos de Paul comenzaron a saltar sobre el piano, tocando una especie de ritmo alegre de *music-hall* y, tras una corta introducción, se puso a cantar: «Cuando sea viejo y me quede calvo...»

Creí que se estaba burlando de mí. Aquel *ragtime* pasado de moda no sonaba en absoluto a canción de los Beatles. Podían haberlo tocado en el Show de Perry Como. Así que me reí con ganas ante lo que creía que era una buena broma, sugerida por el comentario que le había hecho arriba.

—Suena genial, Paul —señalé cuando terminó—. Lástima que no esté condenado a quedarse calvo.

—Sí —dijo, pasando la mano por su espeso pelo recién cortado—. Quizá debería cambiar la letra...

Por supuesto, la canción acabó publicándose en el álbum *Sgt. Pepper's* y fue un clásico de los Beatles: «When I'm Sixty Four». Pero ¿quién podía saber entonces que aquella banda de rock and roll estaba a punto de crear un disco tan innovador que cambiaría la música para siempre?

Aquel concierto privado que siguió al corte de pelo fue una experiencia casi onírica. Allí estaba yo, pasando el rato con Paul McCartney como si estuviera con Lawrence y mi tocadiscos Decca, disfrutando de una canción de los Beatles que ni siquiera había salido a la venta. Mientras escuchaba otros fragmentos musicales y daba sorbos al té, se me ocurrió que aquel increíble trabajo de peluquería quizá no fuera el único. Puede que hubiera ganado un nuevo cliente. Tal vez cuatro. Me arrellané en el sofá, escuchando sonidos de un futuro que no habría imaginado ni en mis más disparatados sueños de adolescente.

* * *

Cada vez que cuento esta anécdota y lo que ocurrió después, la gente me hace la misma pregunta:

—¿Y no te quedaste con ninguna mecha de su pelo?

La respuesta es no. Ni un solo cabello.

Admito que la idea me cruzó la mente aquella primera vez que barrí el pelo de Paul del suelo del cuarto de baño. En 2016, un solo rizo de los Beatles (al parecer, uno bastante largo que perteneció a John Lennon) se vendió en subasta por 25.000 libras. Incluso en

1966 este raro y reverenciado material valía mucho más que su peso en oro. Mientras miraba los mechones en el recogedor aquel sábado por la tarde en Cavendish Avenue, y luego mi propio reflejo en el espejo, me vi ante un dilema de difícil solución. ¿Me comportaba como un fan fetichista o trataba a Paul McCartney con cierto respeto básico?

Al final, tiré todo el pelo a el cubo de la basura, como lo que realmente era: desperdicios. Lo hice consciente de mi acto y siempre he sido fiel al principio que me guio. Llámenme loco si quieren. Para mí, era un punto básico de la ética profesional y nunca lo lamenté. La confianza de Paul era más importante que el precio que pudieran pagarme por aquellos mechones muertos. Estoy seguro de que la confianza que empecé a merecer aquella tarde explica que Paul me invitara a tomar el té y siguiera invitándome a compartir muchos otros momentos, grandes y pequeños, durante el periodo más fascinante de la trayectoria profesional de los Beatles. Por el contrario, la señora Kelly, la adorable ama de llaves que nos preparó el té y lo sirvió en tazas de porcelana en el salón, trataría poco después de vender sus anécdotas a un periódico australiano. Unos cuantos cortes de pelo después dejé de verla en la casa.

Aunque yo no fui a la prensa, di a entender a unos cuantos amigos a quién le estaba cortando el pelo. En cuanto llegué al trabajo el lunes por la mañana fui a contárselo al señor Sassoon, que se mostró muy satisfecho. Se trataba de un importante dato publicitario para su negocio, y él lo sabía. Además, la noticia se propagó como un reguero de pólvora entre el personal e incluso entre los clientes: Leslie Cavendish, de aquella misma peluquería, le estaba cortando el pelo a un Beatle...

Pero había una persona que no estaba contenta con mi buena suerte. De hecho, echaba chispas. Y fue el gerente de la peluquería de Grosvenor House, mi jefe Roger Thompson. Jane Asher había sido cliente suya, pero, como hemos visto, por culpa de los muchos compromisos que había tenido el sábado y a causa de su habitual lentitud, la atendí yo aquel profético día. Tal como Roger lo veía, la oportunidad laboral más alucinante que podía imaginarse le había caído por la chimenea al pequeño Leslie, el estilista novato de diecinueve años, apenas cualificado, que había sido su aprendiz hasta unos meses antes. Y lo peor de todo era que la misma Jane Asher, a partir de entonces, me elegía a mí cuando iba a peinarse a Sassoon's. Fue un golpe humillante que Roger se tomó muy mal y yo me di cuenta desde la primera mirada fría y silenciosa que me lanzó. Al final, el Pete Best del mundo de la peluquería fue él, y aquel resentimiento envenenó nuestra relación a partir de entonces. Por primera vez en mi vida, me había creado un enemigo.

4

Cómo cambié la historia del rock and roll con un simple corte de pelo

Está bien. Confieso que en cierta ocasión me quedé con una mecha de pelo de Paul McCartney. Pero antes le pedí permiso. Y, hablando con franqueza, creo que lo merecía. El corte de pelo que lo motivó fue uno de esos acontecimientos aparentemente insignificantes y cotidianos que acaban teniendo consecuencias imprevisibles. Una sugerencia sobre cambiar de aspecto, unos cuantos tijeretazos y la música pop quedó transformada para siempre. Aquella tarde cambié la historia del rock and roll, aunque tuvieron que transcurrir cincuenta años para darme cuenta.

Los antecedentes de la extraña historia tienen que ver con la curiosa vida que llevaban los Beatles en el pináculo de su fama, no por voluntad propia, sino por el carácter extremo de la fama en cuestión. Ya he contado la primera visita que hice a la casa de Paul y en ese breve episodio destacan muchos rasgos del estilo de vida que llevaban, un estilo que podía considerarse por igual un privilegio y una maldición. Jane Asher era una actriz conocida, pero todavía podía ir a cortarse el pelo, con toda normalidad, a salones como el de Vidal Sassoon. Su novio, en cambio, habría causado un alboroto si hubiera tratado de hacer algo parecido. Por eso hubo que organizar una visita privada al refugio de su casa, lejos de las desenfrenadas fans que, como ya he descrito, llegaban al extremo de acampar permanentemente delante de su puerta por si por una improbable casualidad lo veían, y todo con intención de cambiar con él unas palabras o pedirle un autógrafo. En cuanto a mí, el peluquero que daba el callo, necesitaba contenerme y comportarme con normalidad cuando estaba delante de esta superestrella, pues sabía que cualquier indiscreción podía hacer que Paul se sintiera incómodo y diera al traste con mis posibilidades de volver a cortarle el pelo. Tal era el problema que afrontaban todos los que entraban en contacto con un Beatle en aquella época: y era un obstáculo tan sólido y amedrentador como la tapia que rodeaba la residencia de Paul McCartney.

El caso es que pasé la prueba y durante las semanas siguientes fui llamado varias veces para repetir mi pericia con las tijeras. En el curso de aquel otoño de 1966 empecé a relajarme en presencia de Paul. No diré que mis visitas a Cavendish Avenue 7 se convirtieran en simple rutina, pero al cabo de un mes aproximadamente empecé a ser capaz de trabajar con aquella legendaria mata de pelo y de charlar con su propietario como si fuera otro de mis clientes famosos. La única diferencia era que no podía hablar con él de fútbol. Nuestros principales temas de conversación eran la música —Bob Dylan, los Beach Boys, James Brown—, la banda sonora de *Luna de miel en familia* y las anécdotas de peluqueros que contaba yo. La verdad es que a Paul le gustaba saber a quién más le cortaba el pelo.

—Pues el otro día entró Keith Moon —recuerdo haberle contado en cierta ocasión—. Pero no le dio por romper espejos ni ninguna otra cosa. Y tenemos un cliente nuevo: Dave Clark.

—Vaya, vaya, conque Dave Clark, ¿eh? ¿Lo dices en serio, Leslie? —replicó, mirándome con malicia a través del espejo.

Me di cuenta inmediatamente del significado exacto de su sonrisita. Aunque hoy la gente piensa que los principales rivales de los

Beatles eran los Rolling Stones, en la época estaba claro que sus competidores más acérrimos eran los Dave Clark Five. Desde el momento, allá en 1964, en que el sencillo «Glad All Over» desplazó a «I Want to Hold Your Hand» del primer puesto de las listas británicas, los DC5 compitieron con los Beatles en todos los campos posibles. Fueron invitados al famosísimo programa norteamericano de Ed Sullivan solo tres semanas después de que los Beatles hicieran su legendaria aparición y llegaron a ser más célebres en América que los *Fab Four*, con giras apoteósicas y diecisiete primeros puestos en la lista de 40 Principales de la revista *Billboard* entre 1964 y 1967. Cuando los Beatles lanzaron su película *Qué noche la de aquel día*, los Dave Clark Five lanzaron su propia creación, *Catch Us if You Can*. Como es lógico, llevaban el pelo como los Beatles.

—Pues sí, y parecía un tío simpático —conté aquella tarde mientras le secaba el pelo con el secador en el dormitorio—. Y no dejaba de decir que sus chicos eran mejores que los Beatles.

—No fastidies. ¿Es que es músico? —replicó Paul bromeando.

Nuestras conversaciones solían ser así. Guasas inocentes sobre naderías. Luego, al terminar el servicio, y si no tenía prisa, ordenaba a la señora Kelly que nos preparase un té, como en la primera ocasión. A veces se nos unía Jane, si estaba en la casa. Y, como es natural, la perra *Martha* siempre salía al jardín para recibirme.

Yo estaba sorprendido, y también complacido, evidentemente, al ver la rapidez con que me gané la confianza de Paul durante aquellas primeras semanas. Un momento decisivo fue cuando me invitó por primera vez a entrar en lo que él llamaba «sala de música» y que estaba en el piso superior. Fue en este sanctasanctórum de los beatlemaníacos donde Paul compuso muchas de sus canciones más célebres, con su piano vertical Knight, y donde, según los rumores, Mick Jagger fumó el primer porro de su vida. Aunque no sé si lo segundo es cierto, puedo confirmar que Paul siempre tenía en su casa un surtido de canutos, ya liados, de hierba de la mejor calidad. De hecho, no tardaron en añadirse al ritual del té, otra sorprendente muestra de confianza, por no decir otra cosa. Quiero decir que lo conocía desde hacía muy poco tiempo. Y yo no era más que su peluquero. Y sin embargo allí estaba, fumando canutos con el gran hombre en persona, al que le gustaba colocarse *with a little help from his friends*, «con una pequeña ayuda de sus amigos», más o menos cuando estaba escribiendo la canción...

Huelga decir que tengo recuerdos maravillosos de los momentos que pasé con Paul en el salón de música, aunque algunos, por motivos comprensibles, son un poco nebulosos. Un par de meses después de empezar a cortarle el pelo, Paul invitó al trío de pop-art Binder, Edwards y Vaughan a que pintara el piano Knight con los mismos colores psicodélicos que había empleado para decorar el Buick descapotable que había aparecido en la funda de *Sunny Afternoon*, un disco de los Kinks. Influido por los canutos previamente liados de Paul, siempre me daba la impresión de que aquellas dentadas y entrelazadas flechas amarillas, rosadas, azules y verdes atravesaban la madera del piano como si fueran rayos o que eran los relámpagos de la inspiración que se apoderaba de McCartney en el calor de la composición musical. Poco después se añadió a la sala otro detalle decorativo no menos influyente: la brillante manzana verde de Magritte con las palabras *Au revoir* escritas a mano con pintura blanca en la piel de la fruta. A Paul le encantaba el humor surrealista de Magritte, y este regalo de su amigo el marchante Robert Fraser acabó siendo el nombre y el logotipo de Apple Records. Es posible que los lectores hayan visto los famosos LP de los Beatles con la Granny Smith en el sello de la casa discográfica y el interior de la manzana (como si la hubieran partido por la mitad) en la cara B.

Podría decirse que estaba cayendo a plomo, vencido por la ley de la gravedad, hacia el centro de la manzana, el cerrado mundo de los Beatles que solo estaba abierto a unos cuantos colaboradores de confianza, casi todos ellos antiguos amigos de Liverpool, como Neil Aspinall y Mal Evans, que les organizaban los viajes. Una vez que me vi en esta posición, fue casi inevitable que empezara a aceptar encargos que iban más allá de mi papel inicial de cuidador de las permanentes de Paul. Uno de ellos podía muy bien entrar en la categoría de los «traslados clandestinos», y consistía en diseñar planes y estrategias para llevar a un Beatle del punto A al punto B sin despertar las sospechas de las hordas de fans y periodistas ni ocasionar caos totales. En una escena de *Qué noche la de aquel día* puede verse un traslado clandestino: los *Fab Four* llegan a una estación, suben a un vagón por una puerta, bajan por otra del otro lado y acaban abordando otro tren mientras la multitud rodea el primero. Se suele recordar menos el hecho de que la larga barba y las gafas redondas que popularizó John Lennon años más tarde fueron inicialmente el disfraz que utilizó el músico en otro episodio de traslado clandestino que vemos en *Help!*, la continuación de la primera película. Aunque ficticios y caricaturescos, estos momentos cinematográficos reflejaban una parte muy real de las experiencias cotidianas de los Beatles.

Uno de los casos de traslado clandestino en que participé se produjo un par de años después de mi primer encuentro con Paul, en el verano de 1968. La relación de Paul con Jane Asher había terminado ya y había empezado a salir con una guionista de cine estadounidense llamada Francie Schwartz. Aún no se había hecho oficial la ruptura con Jane, pero en la prensa ya se especulaba mucho sobre sus posibles nuevas parejas. Según un rumor que nunca se ha confirmado ni negado del todo, Jane había estado de viaje por el extranjero, había vuelto a Londres antes de lo previsto y había encontrado a Paul en la cama con Francie, en el mismo dormitorio donde yo solía secarle el pelo. Nunca me enteré de si el rumor era cierto y, desde luego, jamás se lo pregunté a Paul: otro ejemplo de mi discreción. Era un momento difícil para mi cliente, que había decidido recluirse por el momento.

Una tarde se me acercó Chris O'Dell, otra chica estadounidense que trabajaba en Apple Records y que era amiga íntima de Francie, de los cuatro músicos y también mía. Si el apellido de esta señorita les suena, tal vez sea porque George Harrison le dedicó una canción titulada «Miss O'Dell».

—Leslie —me dijo Chris aquella tarde—, le he sugerido a Paul que vayamos todos juntos a un club, tú, yo y Francie.

—¿En serio? ¿En cuál has pensado? —pregunté con algo de escepticismo. A mí me sonaba una idea horrible. La prensa andaba por todas partes en busca de noticias. Si Paul no quería salir en los medios, ir a un club londinense sería lo último que le apeteciera.

—Le he sugerido el Club dell'Aretusa, en Chelsea, y está de acuerdo.

—¿Estás segura, Chris? Paul no suele ir a clubes actualmente —respondí. Jane y él preferían fiestas privadas y restaurantes discretos donde llamaran menos la atención de la prensa—. Son demasiado famosos, ahora más que nunca.

—Ahí es donde entras tú —dijo Chris—. Iremos en tu Mini.

Dijo que los cristales ahumados evitarían que reconocieran a los pasajeros. ¿Y quién iba a imaginar que una gran estrella se paseaba en un coche tan diminuto?

—Como quieras, Chris —accedí—. Por mí, estupendo.

Si he de ser sincero, yo no estaba muy convencido de que aquel plan para trasladar clandestinamente al Beatle pudiera funcionar, pero sonaba a escapada divertida y la idea de pasar una noche por ahí con Paul y Francie era demasiado tentadora para resistirse. Chris y yo fuimos en coche hasta Cavendish Avenue 7 y los recogimos tan discretamente como pudimos. Aparqué cerca del club y bajé del coche para hablar con el portero.

—Llevo a Paul McCartney en el coche, junto con un par de amigas. ¿Podría conseguirnos una mesa privada en la planta baja, por favor?

El musculoso gorila me miró de arriba abajo, luego miró mi modesto coche y puso cara de «¿a quién quieres tomarle el pelo?» por la que son tan famosos los porteros londinenses.

—Compruébelo usted mismo —repuse, encogiéndome de hombros e invitándolo a echar un vistazo de cerca.

Hice una seña a Chris, que abrió la ventanilla deslizante del Mini. El portero se acercó refunfuñando y esperando, obviamente, alguna broma.

Pero, de repente, el gigante se puso rígido y pálido mientras Chris cerraba rápidamente la ventanilla.

—Sí, señor. Por supuesto, señor —balbuceó, asintiendo con la cabeza hacia mí, con un respeto recién conquistado—. Claro que puede arreglarse.

Bajaron del vehículo a toda velocidad y el portero nos acompañó a la parte privada del club con la habilidad y la discreción de un profesional. Cuando nos estaba enseñando la mesa, la voz de Arthur Brown bramó por los altavoces: «¡Soy el Dios del infierno y os traigo FUEGO!» Y, desde luego, la pista de baile roja y dorada pareció estallar en llamas mientras los cuerpos jóvenes y bien formados agitaban las caderas al ritmo del órgano Hammond y la batería del último éxito.

—Es el último baile que causa furor —informé a Paul, que parecía divertirse mucho mirando aquellos movimientos sincronizados—. El *hitch-hike* («autostop»).

Nos sentamos a una mesa que nos habían reservado en un abrir y cerrar de ojos. Paul pidió su habitual escocés con hielo. Yo pedí un Bacardí con Coca-Cola y las chicas tomaron martinis, que se estaban poniendo de moda por entonces. A pesar de mi preocupación inicial, todo fluyó tan suavemente como aquellas bebidas por nuestras gargantas. El Club dell'Aretusa era un lugar acostumbrado a los famosos, así que, aunque reconocieron a Paul, nadie nos molestó. Al parecer, el gorila de cara de vinagre hacía un buen trabajo conteniendo a periodistas y fotógrafos. La operación Beatle camuflado que había ideado Chris fue un éxito.

* * *

Sucedió una ventosa tarde de finales de octubre, cuando en Cavendish Avenue las hojas crujían bajo las vistosas botas de vinilo de las Apple Scruffs. John y George todavía no habían vuelto de sus aventuras en España y la India. Jane Asher y Paul aún estaban en el punto más caliente del romance que inspiró canciones como «All My Loving» o «We Can Work It Out».

—Hace tiempo que no veo a Jane —comenté mientras subíamos la escalera hacia el dormitorio.

—La verdad es que yo tampoco —respondió Paul suspirando—. Ha estado muy ocupada con los ensayos y las representaciones, y ahora va a actuar en la versión cinematográfica de *El cuento de invierno*.

—¿Y no puedes visitarla en el plató?

—Supongo que sí, pero no sería buena idea —arguyó con nostalgia—. Si lo hiciera, la prensa, en lugar de hablar de su película, estaría pendiente de mí, como siempre. Es hora de que ella sea el centro de la atención durante un tiempo.

Me sentí impresionado: conocía pocos famosos que fueran tan considerados. Mientras llevábamos el sillón al cuarto de baño, una tarea ya rutinaria, me habló de sus planes.

—Estoy pensando en pasar unas vacaciones en Francia o en España. Mal Evans está allí, ya sabes, nuestro organizador de los viajes. Incluso podríamos reunirnos con John en Almería, donde está rodando una película.

—Suena divertido.

—Sí —dijo, sentándose frente al espejo. Al verse, se atusó el reciente bigote, como suelen hacer los que estrenan uno y aún no están acostumbrados a él—. El único problema es que ya no puedo ir a ningún sitio sin que me acosen. Ser famoso y reconocible al instante puede ser muy molesto, ya sabes.

Señaló su reflejo, puso cara de emoción propia de dibujo animado y saltó en el sillón, como si fuera uno de sus fans y acabara de reconocer al único e inigualable Paul McCartney. Los dos nos echamos a reír y entonces se me ocurrió una idea absurda.

—¿Por qué no vas disfrazado? —dije medio en broma.

—¿Y cómo? —preguntó, mirándome por el espejo—. ¿Qué sugieres?

Como acababa de sacar las tijeras de la caja de herramientas portátil, las levanté, enarqué una ceja con aire de buen entendedor y di unos cortes en el aire: *clic, clic, clic.*

—¿Qué..., cortarme el pelo al rape? —Emitió una risa vacilante mientras se miraba en el espejo con expresión medio preocupada, medio emocionada.

—Bueno, al rape no. Pero podría cortártelo muy corto —expliqué, aún medio en broma. Mientras hablaba, le manoseaba el pelo, bastante largo por entonces—. Nadie te reconocería como Beatle, ¿no? O sea, ¿quién te identificaría como Beatle sin este pelo? Y con ese bigote que te estás dejando crecer...

Se volvió con ojos relampagueantes y propuso:

—Pues venga, hazlo.

—¿Estás seguro, Paul? —pregunté.

—Sí, adelante, ¿por qué no?

Me quedé mirando su famosa mata de pelo. Cada una de aquellas mechas era como una reliquia para millones de fans. Y allí estaba su propietario, Paul McCartney, diciéndome que se las cortara todas. Parecía una insensatez total, casi un sacrilegio. Pero, él mismo lo había dicho: ¿por qué no? Pues claro, ¿por qué no? Su peinado era un icono, el símbolo de toda una generación. Pero como tal, se había convertido en un estorbo para llevar una vida normal y corriente, en un rasgo inmediatamente reconocible que causaba gritos histéricos, desorden público y un fastidio constante. Si le cortaba el pelo, volvería a ser alguien que hacía mucho, muchísimo tiempo que no era: un muchacho de Liverpool con una sonrisa ligeramente tonta. No un Beatle.

—Pues muy bien —exclamé riendo, como si aceptara una especie de apuesta ofensiva.

Así un buen puñado de pelo y lo levanté en el aire. Con la otra mano empuñé las tijeras, abrí las afiladas hojas y las acerqué al grueso mechón.

—Última oportunidad de cambiar de opinión... —advertí.

—Adelante —me autorizó, moviendo la mano con indiferencia.

Así que acerqué el mechón a las fauces abiertas y las tijeras hicieron su trabajo. Ya estaba. No había vuelta atrás.

Miré a Paul. Tenía la expresión de un colegial travieso que ha hecho novillos, como solía hacer con John Lennon para escribir canciones toda la tarde. Le encantaba aquello.

Dejé caer al suelo el mechón de cabello y seguí trabajando. Quería volver irreconocible a Paul, pero haciéndole un corte elegante. Obviamente, y a pesar de lo que aseguraron algunos periódicos más tarde, no iba a convertirlo en un cabeza rapada. Solo sería un corte normal por detrás y por los lados, al estilo de las barberías de Penny Lane, el típico aspecto para acudir a una entrevista de trabajo en la *city*. Además del bigote.

Mientras las baldosas del suelo se llenaban de pelo, Paul se miraba constantemente en el espejo, sin dejar de sonreír. Yo trataba de concentrarme en mi trabajo, pero he de decir que de vez en cuando también tenía que detenerme para mirar. Era escandaloso. El final de una era para los Beatles, para la música pop, para la cultura juvenil, se estaba gestando en aquel cuarto de baño, y yo no solo era el testigo de este cambio, sino también el causante.

—¿Sabes cuántas veces me han preguntado si me cortaría el pelo alguna vez? —me preguntó en cierto momento.

Le dio tanta risa que tuve que detenerme. Creo que no le respondí. En aquel momento estaba concentrado en mi trabajo, solo quería terminar cuanto antes.

Al poco rato revisé mi obra. Desde un punto de vista técnico era impecable. Allí había un joven con un elegante corte de pelo. Cono la brillante manzana verde de Magritte, su perfección era innegable. Pero fue inevitable sentir un pinchazo de culpa. ¿Qué había hecho con la famosa *lucas* de Paul? *Au revoir*. Se había esfumado. Y nada podía ser más irreal que aquello.

Cuando puse el espejo portátil detrás de él para que se mirara el cogote, se volvió a un lado y a otro.

—Y... —pregunté nervioso—. ¿Qué te parece?

—Perfecto —dijo—. Tal como dijiste, Leslie, ¡ya no soy un Beatle! Incluso podría añadir unas gafas y nadie me reconocería. Ni siquiera yo me reconozco.

Ver a mi cliente tan feliz hizo que me calmara un poco.

—Disculpe, joven —bromeé, exagerando el acento *cockney*—, pero ¿qué hace usted en la casa de Paul McCartney?

Paul se puso en pie, se quitó la toalla que llevaba al cuello y me dio un golpe en el hombro sin dejar de mirarse al espejo.

—¡Es genial, Leslie! Ahora sí que puedo irme de vacaciones. ¡Quizá incluso pueda reunirme con Jane cuando termine de rodar su película! Gracias, muchas gracias, de verdad.

Nos reímos como un par de colegiales traviesos. Aunque yo aún seguía un poco nervioso por lo que había hecho, que Paul se mostrara tan satisfecho y agradecido hizo que respirase de alivio.

—¡Ah! —exclamó entonces—. ¡Vamos a darle un buen susto a la señora Kelly!

* * *

El disfraz funcionó a la perfección. De hecho, durante sus viajes por Francia con Mal Evans, el camuflaje fue tan efectivo que al

Beatle le negaron la entrada en un club de Burdeos. Tuvo que deshacer el engaño y confesar quién era para poder entrar.

Y lo que fue más importante: Paul pudo irse de vacaciones con Jane Asher. Junto con Mal, estuvieron unos días de safari en los Parques Nacionales de Tsavo y Amboseli, persiguiendo elefantes, cocodrilos y cebras en un *jeep*. Hasta que los tres volvieron juntos de Nairobi el 19 de noviembre, nadie reconoció a Paul McCartney. Hasta después de su vuelta a Londres no salieron en la prensa fotos del sorprendente y nuevo aspecto de Paul, junto con la noticia de que había pasado unas vacaciones con Jane en Kenia. Gracias a mi corte de pelo, el viaje había permanecido totalmente en secreto.

Recibí mucha atención de la prensa gracias a aquel pelo «corto por detrás y por los lados». De hecho, fue la primera vez que salí en la prensa como el peluquero de un Beatle. «¡EL BARBERO QUE CONVIRTIÓ A PAUL EN UN CABEZA RAPADA!», rezaba uno de los titulares. Así que, irónicamente, al querer apartar a Paul McCartney de la atención pública, la había atraído sobre mi persona. Todo el mundo quería saber cómo había convencido al Beatle para que cambiara tan radicalmente de peinado. Pero yo guardé silencio y conté que las razones estaban sometidas al secreto profesional. Por muy buena que fuera la noticia, pensé que mi lealtad hacia Paul era más importante, y estoy seguro de que mi famoso cliente captó el mensaje: podía confiar en Leslie Cavendish.

Como mencioné al principio del capítulo, hubo algo más en aquel corte de pelo tan especial: un mechón de pelo de Paul. Aunque yo era reacio a pedirlo, y nunca lo habría hecho para mí, no era el único beatlemaníaco en mi familia. Desde mi primera visita a Cavendish Avenue 7, había recibido muchas presiones en casa.

—Escucha, Paul... —dije, manteniendo la mirada baja mientras barría las mechas inusualmente grandes desparramadas sobre las baldosas del baño adjunto al dormitorio. Mientras empuñaba la escoba y la movía torpemente de un lado a otro, notaba la mirada de Paul desde la puerta y desde el espejo—. Me da vergüenza incluso tocar el tema... No es para mí, ya sabes... Ni siquiera se me ocurriría una cosa así, pero mi prima Lynn, verás, está perdidamente enamorada de ti y de los Beatles... —Finalmente lo solté—: ¿Te importaría que cogiera un mechón de tu pelo? Uno pequeñito... La haría muy feliz...

—Pues claro, Leslie. —Sonrió de oreja a oreja y me dio un golpecito en el hombro—. Lo entiendo. Coge lo que quieras. Y además le firmaré un disco.

Tras guardar unos mechones, Paul me llevó a la sala de música y sacó una edición limitada de *Revolver*, que más tarde sería reemplazada por otra destinada a la distribución general. Ni siquiera hoy estoy seguro del todo, pero creo que era su ejemplar personal. Luego sacó la funda blanca del estuche y garabateó con su esbelta y descuidada caligrafía:

Para Lynn, con los mejores deseos de Paul McCartney

Luego, cuando estaba a punto de dármelo, pareció cambiar de idea y añadió algo debajo de su nombre:

(de los Dave Clark Five)

Reí la broma, aunque en aquel momento no tenía mucho sentido para mí, aparte de ser un típico rasgo de su sentido del humor poco convencional. Era obvio que se trataba de un pequeño reproche contra mí por haberle cortado el pelo a su gran rival, pero quizá había algo más. Ahora me pregunto si no se habría inspirado en aquella conversación que sostuvimos sobre abandonar su aspecto de Beatle para convertirse en otra persona. Con el pelo más corto, podía jugar con la idea de convertirse en alguien más..., quizá incluso en uno de los miembros más «anónimos» de los Dave Clark Five.

Lynn aún conserva el disco, que considera su más preciada posesión. Aunque probablemente valga una pequeña fortuna, sobre todo por la críptica muestra del humor de Paul McCartney, mi prima me ha asegurado que nunca jamás lo venderá.

* * *

Sé que se estarán preguntando cómo fue que este corte de pelo, por muy particular que fuera, cambió la historia del rock and roll.

Esta parte de la historia la he descubierto hace poco. Durante años he contado esta anécdota, aduciendo que fue el cambio más radical que hice en Paul McCartney, y la única vez en mi vida que me quedé con pelo de los Beatles y la ocasión en que mi prima Lynn consiguió el ejemplar firmado de *Revolver*.

Pero hace poco me sorprendió saber que la sugerencia que hice a Paul tuvo consecuencias más profundas para el mundo de los Beatles y la música pop en general. Concretamente, puedo asegurar que mi corte de pelo llevó directamente a la creación de uno de los discos más legendarios de todos los tiempos: *Sgt. Pepper's Lonely Hearts Club Band*.

Para aquellos lectores que no vivieron la época, hay que decir un par de cosas sobre el *Sgt. Pepper's*. Actualmente damos por sentado que este álbum es un hito fundamental en la historia de la música pop. La portada, en la que salen los Beatles vestidos como una banda militar de la época eduardiana, rodeados por un extraño surtido de siluetas de cartón de famosos, es una imagen icónica de los años sesenta, así como un símbolo de la paz. Es uno de los discos más vendidos de la historia y es casi imposible crecer en la sociedad occidental, incluso cincuenta años después, sin conocer sus canciones, entre las cuales figuran «With a Little Help from My Friends», «Lucy in the Sky with Diamonds», «When I'm Sixty-Four» y «A Day in the Life», así como la que da título al álbum. La revista *Rolling Stone* ha situado a *Sgt. Pepper's* en el número uno de su lista de «500 mejores discos de todos los tiempos», y la *Oxford Encyclopedia of British Literature* lo considera «el álbum de rock and roll más importante e influyente que se haya grabado».

Ya en el momento que salió se consideró una obra innovadora. Por primera vez se publicaba un LP, no como una simple colección

La familia Cavendish en un *bar mitzvá* de fines de los años cincuenta
(de izquierda a derecha): el tío Cyril y su esposa, la tía Blanche; mis padres,
Alan y Betty; mis abuelos Alec y Debbie; y mis tías maternas Marilyn y Gladys.

Mi *bar mitzvá* (ceremonia judía
de entrada en la adolescencia)
en 1960, a los trece años.

Nuestra casa de The Chase,
donde crecí.

El orgulloso capitán Cavendish con el balón del equipo de la Chandos School
en 1958-1959, deseando la victoria de los Queens Park Rangers.

De aprendiz de Mark Hilliard en el nuevo salón de Vidal Sassoon
en el Grosvenor House Hotel de Park Lane, Londres.

Los Cuatro «Mosqueteros» (de izquierda a derecha):
Vidal Sassoon, Roger Thompson, Lawrence Falk y yo.

El último grito en peinados (de izquierda a derecha):
Suzanna Leigh, Jane Asher y Britt Eckland con su hermano Carl.

Extractos de mi columna semanal en la revista *Disc* y algunas cabezas famosas que arreglé en los años sesenta: Keith Moon, batería de los Who (izquierda) y Robin Gibb, de los Bee Gees (derecha).

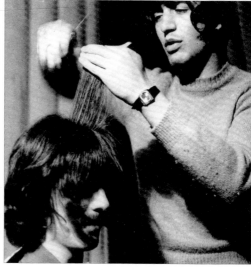

Paul de safari con mi corte de «cabeza rapada» (1966).

Con George Harrison en un descanso mientras grababa en Abbey Road Studios.

Arriba, el artículo que me convirtió en estilista oficial de los Beatles. Debajo, dos artículos que hablaban de mí en la época en que les cortaba el pelo a los Beatles.

Los viajeros del Magical Mystery Tour. Yo estoy sentado en primera fila, con un cigarrillo en la boca. Fue antes de dejar de fumar.

Esperando el autobús del Magical Mystery Tour en Allsop Place.
Yo, de pie, hablando con Daniel Lacambre, un cámara de la película (arriba).
¿Y quién es el quinto Beatle (abajo) que quiere coger algo del mostrador,
entre Ringo Starr y Paul McCartney?

Invitación a la fiesta que con motivo del estreno de la película *Magical Mystery
Tour* se celebró en el Royal Lancaster Hotel de Londres (21 de diciembre de 1967).

de *singles*, sino como una unidad coherente de canciones que se fundían entre sí sin cortes, desde la presentación de Paul de la banda ficticia de Pepper hasta el acorde final de piano que concluye «A Day in the Life». De hecho, no se había publicado ninguna de las canciones del álbum antes de su lanzamiento, un hecho sin precedentes que solo los Beatles podían concebir. La revista *Time* lo describió como «una innovación histórica en el progreso de la música», lo que desde luego resultó ser. Su innovadora instrumentación, los asombrosos efectos de sonido y la lujosa producción provocó una tormenta en el mundo de la música, preparando el escenario para futuros experimentos de sonido que darían paso a otros géneros como el rock duro, el punk y la *new wave*. Elogiado igualmente por críticos y fans, fue el primer disco de rock que recibió un premio Grammy como disco del año, junto con otros galardones. Se considera que *Sgt. Pepper's* señaló el principio de la era de los álbumes, del rock artístico y de los estudios de grabación como un instrumento de composición en sí mismos.

Pero quizá el rasgo que más sobresale en *Sgt. Pepper's* sea el concepto temático que lo cohesiona. Se considera el primer «álbum conceptual» que se grabó, y la idea que subyace en él es la vistosa banda militar que los Beatles imitan en la portada y con la propia música. La idea era radical: olvidar todo lo que hemos sido antes: los Beatles, el sonido Mersey, los flequillos; olvidar a John, Paul, George y Ringo; ahora, en este álbum, somos totalmente diferentes. Somos «la Banda del Club de Corazones Solitarios del Sargento Pimienta». De hecho, fue este conjunto de *alter egos*, dirigidos por el líder de banda Billy Shears («Billy Tijeras», interpretado por Ringo en «With a Little Help from My Friends»), lo que justificaba el experimento estilístico que caracterizaba el álbum. A partir de entonces, los Beatles ya no serían los chicos de Liverpool que todos habíamos oído en el escenario y en sus primeros sencillos de tres minutos de rock and roll. De hecho, los Beatles ya no volverían a ir de gira, porque, entre otras razones, sus nuevas canciones creadas en estudio eran imposibles de interpretar en vivo. En cierto sentido, el viejo grupo pop había desaparecido para siempre.

En cuanto al corte de pelo de Paul en aquella ventosa tarde de otoño, había sido lo bastante radical para merecer unos cuantos artículos en los periódicos, pero en aquella época yo no tenía ni idea de que tuviera consecuencias más profundas. Sabía que los Beatles estaban planeando un nuevo álbum, y Paul ya había interpretado para mí algunas de las primeras versiones de sus canciones. Durante las sesiones de grabación a las que asistí más tarde, y en mis conversaciones en casa con mi cliente, quedó claro que aquel proyecto representaba una transformación total del grupo. Y a lo largo de las décadas siguientes me enteré de cómo había surgido originalmente la idea de hacer *Sgt. Pepper's*. Pero nunca sospeché mi involuntario papel en todo el asunto.

La anécdota se ha contado en varios sitios, entre ellos la biografía oficial de Paul McCartney que escribió Barry Miles. Al parecer, Paul estaba comiendo en un avión, junto con Mal Evans, el organizador de los viajes de los Beatles, y se pusieron a hacer retruécanos y juegos de palabras, un pasatiempo al que eran aficionados. Mal cogió los sobres de sal y pimienta de su bandeja y los levantó en el aire.

—S y P. ¿Qué significan? Sal y Pimienta.

Entonces a McCartney, jugando con los sonidos, concibió una variante.

—Sargento Pimienta. Sergeant Pepper.

Más tarde fundieron el Sargento Pimienta con un Club de Corazones Solitarios, una forma primitiva de agencia de contactos, y así fue como nació el grupo *alter ego* de los Beatles.

Pero solo cuando me puse a preparar estas memorias y releí aquel pasaje del libro de Barry Miles reparé en los detalles de aquel vuelo concreto en el que a Paul y a Mal se les ocurrió la idea: de Nairobi a Londres, el 19 de noviembre de 1966. Si no hubiera sido por la sugerencia que hice a Paul, nunca habría ido de vacaciones a África con Jane, nunca habría estado en aquel avión con Mal Evans, y todo aquel juego con los sobres de la sal y la pimienta nunca habría tenido lugar.

Como es lógico, el octavo álbum de los Beatles habría sido una obra maestra con o sin mi corte de pelo. Yo ya había visto a Paul eligiendo y componiendo algunas de las canciones del álbum antes incluso de que se le ocurriera la idea de «Sergeant Pepper». El grupo se había tomado tres meses libres, para descansar y encontrar nuevas fuentes de creatividad, como los escarceos de George Harrison con la música clásica india. Encontraron inspiración en *Pet sounds* de los Beach Boys y en *Freak Out!* de los Mothers of Invention. Gracias a sus anteriores éxitos, tenían prácticamente tiempo ilimitado en el estudio y recursos para experimentar, y estaban dispuestos a crear algo realmente pionero, construyendo sobre sus anteriores innovaciones en *Rubber Soul* y *Revolver*. Yo no tenía nada que ver con todo aquello.

En cualquier caso, a semejanza de la proverbial mariposa que influye en un futuro huracán con un simple aleteo, mis humildes tijeretazos y mis cortes habían contribuido a dar forma al futuro de la música. Si no hubiera sido por mi corte de pelo, el álbum habría tenido un título diferente y, ciertamente, un concepto diferente para cohesionar las canciones..., sin olvidarnos de la icónica portada pop-art.

Dándole vueltas en la cabeza, he llegado a preguntarme si el concepto en sí mismo, la idea de adoptar otra identidad, de deshacerse de «los Beatles» para ser otra cosa, no habría encontrado inspiración o un punto de apoyo en aquella conversación en el cuarto de baño de Paul y en sus largas miradas al espejo. «Tal como dijiste, Leslie, ¡ya no soy un Beatle!» No sé. Incluso a mí me suena a locura. Quizá fumé demasiados porros, y ahora solo estoy imaginando porteros de plastilina, mandarinos y una chica con ojos caleidoscópicos. ¿De veras quiero que se me atribuya el mérito del álbum más aclamado de los Beatles? ¿No fue suficiente cortarle el famoso pelo al famoso Paul McCartney? Perdónenme por insistir, pero es que nadie ha llegado a dar una respuesta definitiva a la pregunta: ¿quién fue Billy Shears, o sea, Billy Tijeras?

Clic, clic, clic.

5

Pros y contras de salir
con una estrella de cine

Hasta entonces había cumplido escrupulosamente la norma de Vidal Sassoon. Exceptuando la singular aventura con las modelos de los martes por la noche —que, después de todo, no eran clientes de pago—, había resistido triunfalmente toda tentación de liarme con clientes. Pero aquel otoño de 1966 decidí que Bob Dylan tenía razón, que los tiempos estaban cambiando, sobre todo para mí. Contra todo pronóstico, ya era un estilista cualificado que trabajaba en uno de los locales más modernos de Londres, y con clientes famosos entre los que estaba Paul McCartney. ¿Quién iba a detenerme? Tendrían que haberme visto bajar del Mini por la mañana, tan elegante con mi traje y mi corbata como Michael Caine en *Un trabajo en Italia*, y entrar en la peluquería de Grosvenor House silbando melodías del próximo disco de los Beatles que nadie había oído aún. Oh, sí, me sentía como el Hombre de los Sesenta. Vidal Sassoon podía meterse su norma donde le cupiera.

Suzanna Leigh era por entonces la primera actriz británica que triunfaba en Hollywood. Su primer papel importante había sido el de una de las tres azafatas que Tony Curtis intenta ligarse en *Boeing Boeing*, una comedia americana de enredos presentada como «la gran comedia de mil novecientos sexenta y sex». También acababa de coprotagonizar una película con Elvis Presley: *Paraíso hawaiano*. Para ser sincero, las dos películas eran espantosas, pero Suzanna se estaba haciendo un nombre por sí misma. Y había una razón para que los directores de cásting del otro lado del océano reparasen en ella, algo que me atrapó desde el primer momento en que se instaló en mi sillón para que peinara su dorado cabello y me miró con sus ojos verdes a través del espejo brillantemente iluminado.

Creo que lo que me atrajo de Suzanna fue la mezcla de elegancia natural y determinación implacable con que pateaba, machacaba y dejaba inválidos con el canto de la mano a tres musculosos adversarios en un episodio de *Los persuasores* (serie también llamada *Dos tipos audaces*). Una vez le pregunté cómo había llegado a hacer su primer papel en Estados Unidos y su historia confirmó mi impresión de que había un espíritu batallador e independiente que animaba sus ojos. Al parecer, estaba trabajando en París cuando se enteró de que un importante productor de Hollywood, Hal Wallis, estaba haciendo un cásting en Londres. Suzanna no perdió el tiempo. Le dijo al director del programa de televisión que se encontraba mal, salió corriendo del plató, cogió el primer avión a Londres, pilló un taxi hasta el hotel Dorchester, averiguó en qué habitación se alojaba el productor y llamó a su puerta. Cuando esta se abrió, la chica anunció: «¡Soy la que está buscando!» Y desde luego que lo era.

Comprensiblemente, me sentí algo intimidado por esta mujer sorprendente. Mientras le trabajaba el pelo, Suzanna me hablaba de las emocionantes noches que pasaba con sus amigas Charlotte Rampling, Susan Hampshire y Susan George. Las tres llegarían a ser rutilantes estrellas de cine. Solían pasar por Annabel's, el club más de moda en la época, y allí se reunían con gente como Joel Lerner, heredero del imperio Mark & Spencer, y Alan Sievewright, el famoso productor de ópera. Yo apenas conocía a la mitad de las personas que mencionaba, pero estaba alucinado con ella, y el

hecho de que no dejara de decir nombres no hacía sino engrande-
cer su aura.

En aquel entonces mi rival en la peluquería era Jean-Claude,
un estilista francés que era muy mujeriego. Los dos pasábamos
largos ratos comparando las gracias y las desgracias de las mujeres
que nos visitaban, pero desde que empecé a trabajar en el pelo de
Suzanna solo tuve ojos para ella. Finalmente, que hablara sin parar de esta única cliente exasperó a mi amigo.

—¿Por qué no le pides que salga contigo, si tanto te gusta? —me
propuso un día.

—No seas tonto —me quejé—. ¡Solo soy su peluquero! ¿Por
qué iba a salir conmigo? Tendrías que oírla hablar de sus salidas
nocturnas por la ciudad. Solo se codea con ricos y famosos. Además, tiene más años que yo. ¿Cómo voy a pedirle que salga conmigo?

—En Francia tenemos una palabra para la gente como tú, Leslie. Es *lâche*.

—¿Qué significa?

—Cobarde —explicó, alargando la «r» con una mueca—. Venga, pídeselo. El «no» ya lo tienes.

Al principio no hice caso de la sugerencia de Jean-Claude, pero
al final ganó la fuerte atracción que sentía y me propuse pasar a
la acción. Pero en lugar de utilizar el método francés, que es poner
la directa, decidí adoptar una táctica más sutil. Comencé la campaña preguntando a Suzanna, cada vez que acudía, dónde iba a ir
esa semana. Tenía la esperanza de que la pregunta pareciera totalmente desinteresada, y de que en un momento dado se presentara
la oportunidad de sugerir una cita como quien no quiere la cosa.
Por desgracia, sus respuestas no parecían dejar ningún resquicio
para que pasara yo.

—Oh, voy a ir al estreno de *Kaleidoscope* («Magnífico bribón»)
—me decía moviendo elegantemente la mano—. ¿Has oído hablar
de ella? Es la última película de Warren Beatty y Susannah York.

Estaba a punto de rendirme cuando un día se presentó mi esperadísima oportunidad.

—Y bien, Suzanna —dije cuando empecé a cortarle el pelo—, ¿qué planes tienes para esta noche?

—Oh, poca cosa, Leslie —dije—. Esta noche me quedo en casa.

—En ese caso —dije, escondiéndome tras su cabeza—, ¿te gustaría salir a tomar algo?

—¿En qué sitio estás pensando?

—No estoy seguro —dije con indiferencia—. ¿Dónde vives?

—No muy lejos. Al lado de la embajada de España, en Belgravia.

—Ah, conozco muy bien esa zona —dije, mintiendo—. Pasaré a buscarte más tarde. ¿A las siete?

Ella accedió y me dio su dirección. Cuando se fue, pasé el resto de la tarde informándome sobre locales posibles y finalmente me decidí por un tradicional pub inglés. Más tarde descubrí que no era la clase de sitio al que Suzanna iría normalmente, pero fue suficientemente amable para no quejarse. Cuando me senté a la misma mesa que aquella glamurosa mujer, me sentí como si yo mismo fuera un galán de cine, y vi que algunos parroquianos habían reconocido a Suzanna y estaban pendientes de todas las palabras que decíamos.

—Así que..., bueno, ¿cómo fue trabajar con Elvis? —pregunté, dando un sorbo a la bebida.

Me contó todo lo que había vivido en Hawái, lo genial que fue trabajar en una auténtica película de Hollywood y lo encantador que era Elvis en persona. Durante un rato conseguí mantener el interés alejado de mí y me limité a disfrutar de su burbujeante personalidad, pero luego Suzanna cambió de tema y dijo:

—Bueno, Leslie, ya está bien de Elvis..., háblame de Paul McCartney. ¿Cómo es en realidad?

—¿Paul? —dije, como si fuera uno de mis amigos—. Es un buen tipo. No es de los presumidos, ¿sabes?

—¿No tan presumido como yo, quieres decir? —se burló Suzanna.

—¡No he querido decir eso, en absoluto!

Entonces se echó a reír y de alguna manera aquello pareció poner su sello en el resto de la velada. Cuando la acompañé a su casa, pasando bajo el arco que hay en la entrada de la elegante Belgravia Mews South, y llegamos a su puerta, me dio su número de teléfono y yo le di un beso en la mejilla.

Así que, cuando volví a pedirle una cita, me sentía bastante confiado... y, como era de esperar, dijo que sí.

—¿Por qué no vamos a un restaurante? —sugirió.

—Sí, por mí de acuerdo.

—Bueno. Iremos a San Lorenzo, en Knightsbridge. Voy a menudo allí. Mi amiga Mara es la propietaria. ¿Conoces el lugar?

—Sí, por supuesto —mentí—. Gran elección.

La segunda cita fue tan sobre ruedas como la primera. Me sentí algo menos cómodo en aquel restaurante de postín donde ella parecía conocer a todo el mundo, y le encantaba que se notara. Pero ¿quién era yo para quejarme? Cuando me di cuenta, éramos clientes habituales del San Lorenzo. Y, ¿me atreveré a decirlo? Ella se portaba como si fuera mi novia. Y no una novia cualquiera. Era preciosa, conocía a Elvis, había besado a Elvis. Y me besó a mí.

* * *

En términos cinematográficos, supongo que podría decirse que el corto romance de Leslie Cavendish y Suzanna Leigh se inició como un lozano romance adolescente, se convirtió rápidamente en comedia y terminó de manera trágica..., como suele pasar con estas cosas.

Una cosa es segura: a Suzanna le gustaba que todo se hiciese a su manera. De hecho, mi relación con ella fue como un indicio de los tiempos que corrían. En los años sesenta, la condición de la mujer experimentó un profundo cambio en Gran Bretaña y Estados Unidos. Los cortes de pelo a lo *garçon* que hacíamos en Vidal Sassoon eran fáciles de peinar, estaban diseñados para una nueva generación de mujeres independientes que empezaban a trabajar fuera de casa y querían ser tratadas en igualdad de condiciones con los hombres. La píldora anticonceptiva estaba disponible para las mujeres casadas desde 1961 y en 1967 empezó a recetarse también a mujeres solteras. La Ley del Aborto se debatía ya abiertamente y al final fue aprobada el 27 de octubre de 1967. Las mujeres estaban adquiriendo más control que nunca sobre su vida sexual y el movimiento feminista, estimulado por la publicación de *La mística femenina* de Betty Friedan, se estaba convirtiendo en una fuerza política considerable.

Así que no es sorprendente que yo empezara a conocer muchas mujeres seguras de sí mismas que entendían que no necesitaban al hombre para definir su vida. En aquella época, tuve una conversación con Pat Booth, una de las modelos de David Bailey, que más tarde se convertiría también en fotógrafa. Nos habíamos conocido en el piso de un amigo común, en una fiesta a la que habíamos acudido unos cuantos a tomar unas copas. Aunque Pat era una devota católica, su lenguaje podía ser muy vulgar. En un momento dado nos dijo:

—¿Sabéis qué? No soporto que la gente diga que un hombre se tiró a una mujer. ¿Por qué nunca se dice que una mujer se tiró a un hombre?

Una de las mejores amigas de Pat Booth, Suzy Kendall, estaba saliendo con Dudley Moore, un cómico extraordinario, aunque bajito, y Suzy lo superaba tanto en estatura como en determinación. Pat, Suzy y la misma Suzanna eran mujeres de su tiempo: seguras de sí mismas y de su sexualidad, y con mentalidad independiente.

A pesar de todo, Suzanna llevó las cosas demasiado lejos. Al cabo de un tiempo, empecé a sentir que mi novia no solo estaba reafirmando su independencia, sino que controlaba todas las situaciones. Peor aún, a menudo parecía prescindir de mí, sobre todo en público, como si se avergonzara de salir con un joven peluquero. Siempre teníamos que ir al San Lorenzo, su restaurante favorito, donde no paraba de saludarla gente y a mí no me hacían ni caso.

—¡Hola, querida! —decía un productor de teatro, y Suzanna le respondía y hablaba un rato con él, olvidándose de presentarme y dejándome solo en la mesa.

—¡Hola, querida! —decía algún otro, y ella se alejaba otra vez. Al principio, estos momentos incómodos eran una simple molestia que yo sobrellevaba sin protestar. Pero con el tiempo me sentí cada vez más humillado. Por haber sido educado dentro de una concepción tradicional de las relaciones hombre-mujer, me dije que ya había soportado bastantes tonterías sobre la «liberación de la mujer». Era hora de tomar el control.

«Tengo que ser el *hombre* en esta relación —pensé—. No voy a permitir que me traten como un juguete.»

La siguiente vez que fuimos al San Lorenzo, me sentía mucho más seguro. Hasta aquel momento, el camarero siempre le había dado la carta a Suzanna, preguntándole qué quería y pasando olímpicamente de mí. Pero esta vez me impuse desde el principio:

—Disculpe —dije, cogiendo la carta—. Ya elijo yo.

Por desgracia, resultó que era la carta de vinos, no el menú. Esto creó un problema. Podía apañármelas con la comida, pero el vino no era lo mío.

—¿Quiere botella o jarra, señor? —preguntó el camarero.

Creo que no lo oí bien y respondí:

—Yo..., bueno, creo que pediré una botella de jarra, por favor.

—Sí, señor —dijo el camarero, lanzándome una mirada desdeñosa—. Pero ¿qué prefiere? ¿Botella o jarra?

—Oh, botella, naturalmente.

—¿Y qué vino desea el señor?

—¿Cuál me recomienda?

—¿Podría sugerirle el Beaujolais Nouveau, señor? Recién llegado de Francia.

—Muy bien.

Cuando el camarero volvió con el vino, primero le ofreció catarlo a Suzanna…, como de costumbre. Pero yo no iba a aguantar la humillación, así que volví a intervenir:

—Disculpe —dije, acercándole la copa—. Lo probaré yo, gracias.

Sirvió un poco de vino en mi copa. Tomé un sorbo, lo paladeé dándole vueltas en la boca, como había visto hacer a otras personas, y luego dije, lleno de confianza:

—Lo siento, pero está un poco frío.

—Pero, señor —dijo el camarero—, el Beaujolais Nouveau siempre se sirve ligeramente frío.

—Disculpe —dije—. He bebido mucho vino en mis tiempos y le aseguro que el tinto siempre debe servirse a temperatura ambiente.

En aquel momento sentí un puntapié por debajo de la mesa. Me volví hacia Suzanna, desconcertado. Me estaba fulminando con la mirada.

—Está bien… —dije al final, cediendo.

Mis planes de tomar el mando se habían vuelto contra mí. Había estropeado el buen ambiente de la velada… y a partir de entonces decidí dejar que fuese mi dama la que pidiera la comida, por el bien de todos.

Aunque mi autoestima siguió sufriendo a veces, nuestra relación se suavizó mucho. Para ser justos, Suzanna y yo nos llevábamos muy bien cuando estábamos solos. Disfrutábamos mucho de la compañía del otro y fuimos juntos a varias fiestas. Pero me fastidiaba que nunca me reconociera en público como a su novio. Por ejemplo, nunca me llevó a un estreno. Prefería ser vista del brazo de algún amigo famoso. En lo más profundo de mi corazón, yo siempre buscaba pruebas de que era realmente mía.

Una tarde en que estábamos juntos en la cama, le pregunté si había tenido relaciones sexuales con el legendario Elvis «Pelvis». Estaba seguro de cuál iba a ser la respuesta, pero me llevé una sorpresa.

—La verdad es que no, nunca.

—Oh, vamos, Suzanna. —Me volví hacia ella, tratando de evaluar su expresión—. ¡Tienes que estar de broma! Todo el mundo sabe cómo es él. ¡Se ha acostado con todas sus compañeras de reparto!

—Bueno, pues conmigo no —insistió, con una sonrisa enigmática. ¿Se estaría burlando de mí?—. No digo que no lo intentara, pero te juro que nunca accedí.

—¿Te resististe a Elvis Presley?

—Me resistí a sus encantos, sí. —Me dejé caer sobre la almohada—. No habría tenido tiempo para Elvis —añadió—, aunque hubiera querido.

—¿Qué quieres decir? —pregunté, apoyándome en un codo.

—Estaba saliendo con otro hombre... —Entonces bajó la voz, como si pudieran oírla otras personas en la intimidad del dormitorio—. Richard Harris.

—¿Richard Harris? —dije—. ¿Sabes quién es cliente de Vidal Sassoon?

—¿Quién?

—Su mujer.

—¿Qué? —Suzanna dio un salto en la cama, muy agitada—. ¿Elizabeth?

Sentí un desagradable escalofrío al verla reaccionar así.

—Sí. ¿Sabe ella que tú y...?

—¡Lo sabe! Ay, Señor, Leslie..., tú... ¡Tienes que procurar que nunca coincidamos las dos en la peluquería!

No se me ocurrió otra cosa que dejarme caer de espaldas en la almohada y echarme a reír. De mí mismo, de Suzanna, de Richard Harris e incluso de su pobre esposa, Elizabeth. Nuestra relación se estaba convirtiendo en una especie de comedia de enredo al estilo de *Boeing Boeing*, aunque yo hacía el papel de Jerry Lewis y no el de Tony Curtis. A partir de entonces, además de otras humillaciones, tuve que estar ojo avizor en la peluquería para que Elizabeth Harris y Suzanna Leigh no coincidieran…, o las cosas se pondrían feas.

* * *

Aparte de algunas cenas en su casa, solo hubo una ocasión en que Suzanna me invitó a salir con sus amigos de clase alta… y resultó ser otro cómico desastre. En el verano de 1968 estaba actuando en una película de la Hammer, no de las habituales de terror, sino una estrambótica aventura fantástica que tenía lugar en un «infierno viviente olvidado por el tiempo» en el que salían crustáceos mutantes, una secta fanática de conquistadores españoles y latas de contrabando de productos químicos altamente explosivos. Se titulaba *El continente perdido*. Uno de los protagonistas era Tony Beckley, que empezaba a ser cliente habitual mío gracias a la recomendación de Suzanna. Un día estaban filmando en una piscina con capacidad para seiscientas toneladas de agua, que se había construido para la película. A Suzanna no le gustaba que yo la viera durante una filmación, pero en aquella ocasión hizo una excepción para que yo pudiese ver qué era trabajar en un inmenso plató medio inundado.

No le habría faltado razón a cualquiera que pensase que los gigantescos cangrejos y escorpiones de caucho, las algas antropófagas y el barco condenado lleno de pasajeros gritando eran alicientes de sobra para creer que la visita a los estudios de la productora iba a ser una experiencia memorable. Pero la acción real tuvo lugar cuando las cámaras dejaron de filmar. Tony y Suzanna habían decidido celebrar todos aquellos chapuzones con una cena en un restaurante caro de Belgravia. Todo el mundo fue invitado a llevar amigos. Tony llevó a su compañero Barry Krost, que también era cliente mío. Yo llamé a Lawrence Falk, mi viejo amigo del colegio, que para entonces se había establecido como uno de los mejores peluqueros de Londres. Lawrence estaba a punto de inaugurar su propia peluquería, Crimpers, que llegaría a rivalizar con Vidal Sasson's. Vino con su novia, Gillian, que también era amiga de Suzanna y estaba empezando a ser muy conocida por su agencia de modelos. La lista de invitados se completó con el director de cine Peter Collinson y con Jeremy Lloyd, un escritor que pronto se labraría un nombre como guionista de una serie de comedias televisivas de gran éxito. Así que fue una fiesta de auténticas celebridades, y a mí me hacía muy feliz que Suzanna empezara a relajarse cuando salía conmigo. Fue una cena alegre y el vino fluyó con generosidad. Luego, las cosas empezaron a salirse de madre.

Tony, que ya estaba bastante desinhibido por entonces, nos estaba hablando de la producción de *Funny girl*, la comedia musical que daban en el West End con Barbara Streisand de protagonista. La obra había tenido mucho éxito en Estados Unidos y ahora había cruzado el Atlántico y desembarcado en Londres, donde las entradas se agotaban de manera habitual.

—Unos amigos míos fueron a ver la función la otra noche —dijo alegremente—. Pero cuando llegaron, les dijeron que Streissand no iba a actuar ese día y que en su lugar saldría una suplente. Así que, cuando terminó, fueron directamente a la taquilla a pedir que les devolvieran el dinero. Yo no los culpo, ¿verdad? Yo habría hecho lo mismo. Si pagas para ver a Streisand, ¿por qué tienen que obligarte a ver a una maldita suplente?

Normalmente, el comentario habría pasado sin pena ni gloria. De lo que Tony no se había dado cuenta era de que la maldita suplente era una prometedora cantante y actriz llamada Lisa Shane, que estaba casada con Peter Collinson, el director de cine sentado a la mesa enfrente de Tony. De súbito, la amistosa cena londinense pareció volar a un retorcido y violento Continente Perdido. Peter se puso en pie, lenta y deliberadamente, como un conquistador español encolerizado que se preparase para lanzar su parlamento más melodramático:

—¿Y qué sabrá del mundo del espectáculo un carroza maricón que sale en películas de serie B?

Tony, con la cara más roja y aterradora que un cangrejo mutante, se puso en pie de un salto, cogió su plato y se lo tiró a Peter. Peter se agachó y casi todo el *bœuf bourguignon* cayó sobre Lawrence y sobre mí. Siguió una auténtica guerra de comida y nuestra elegante mesa se convirtió en un campo de batalla encharcado con vino tinto y salpicado de trozos de buey. Los camareros desaparecieron como extras bien entrenados, los demás clientes de la casa nos miraban con incredulidad y Suzanna gritaba tan fuerte como si estuviera atrapada por una docena de algas antropófagas.

Antes de que todo terminara tan explosivamente como en la película (ojo que va un *spoiler*: el cargamento ilegal de productos químicos peligrosos hace *bum*), Barry se contuvo y gradualmente calmó a su compañero. Los actores no sacan ningún beneficio atacando a los directores de cine, y Barry lo sabía. Mientras tanto, en el otro extremo de la mesa, vi a Jeremy Lloyd tranquilamente sentado mientras comía sin inmutarse. Lo miré, sorprendido de su sangre fría.

—Tenía hambre —dijo, encogiéndose de hombros al advertir mi expresión.

No me sorprende que acabara siendo uno de los autores de guiones cómicos más famosos de Gran Bretaña.

Barry se acercó el director del establecimiento, se disculpó profusamente, abonó la factura total y se ofreció a pagar los desperfectos. También me enteré de que más tarde compraría a Peter Collinson un reloj Cartier como compensación por la conducta de su compañero. La estrategia debió de funcionar, ya que la siguiente película de Collinson sería una película llena de Minis Morris,

Un trabajo en Italia. ¿Y adivinan quién tuvo un papel secundario? Tony Beckley.

* * *

Aquel tumultuoso momento de película de monstruos quizá fuese una prefiguración del giro final que daría muy pronto mi comedia romántica con Suzanna... hacia un territorio más dramático. El cambio de tono comenzó, de hecho, cuando Suzanna fue elegida para actuar en una película de espías titulada *Subterfugio*, con Joan Collins. Cuando empezó a rodar la película, prácticamente desapareció de mi vida, en teoría debido a su apretada agenda de trabajo. Yo la llamaba por teléfono una y otra vez, incluso le dejaba mensajes en el buzón, pero no sirvió de nada. Por primera vez, los gusanos de la sospecha empezaron a invadir mi cabeza. «¡Una alucinante pesadilla de engaños!», gritaban los carteles de *Subterfugio*, reflejando a la perfección mi inquieto estado de ánimo. Las historias de Suzanna sobre Elvis y Richard Harris envenenaban mi corazón con sospechas y celos. En *Subterfugio*, Suzanna hacía el papel de mujer fatal que trabajaba para los malos. ¿Cuál estaba representando en la vida real?

Finalmente, una fría tarde de invierno, después de no saber nada de ella durante mucho tiempo, me volví definitivamente paranoico. Estaba convencido de que salía con otro. Y decidí hacer algo al respecto... inmediatamente.

Lleno de furia, corrí a su casa en Belgravia, resuelto a pillarla con las manos en la masa. Sí, estaba seguro de que estaría con el otro en ese momento, en la misma cama que tantas veces habíamos compartido. Entré zumbando en Mews, aparqué delante de su puerta y llamé al timbre. No hubo respuesta. Pero cuando levanté la pestaña del buzón, oí voces de un hombre y una mujer. Y, desde luego, no estaban hablando del tiempo.

Consumido por los celos, golpeé la puerta como un loco, sin dejar de pulsar el timbre con el dedo. Ocurriera lo que ocurriese allí, iba a ponerle fin de inmediato. Finalmente se abrió una ventana del piso de arriba.

—¡Ja! —exclamé, preparándome para la escena.

Pero la cabeza femenina que asomó por la ventana no era la de Suzanna. Su pelo, largo y revuelto, era moreno. Su indignado rostro no tenía nada que ver con el que yo había esperado. Tarde unos momentos en reconocerla, pero cuando lo hice, no me quedó ninguna duda. ¡Aquella mujer era Joan Collins! Y me fulminó con la mirada como solo Joan Collins sabía hacer.

—¿Está…, ejem…, está Suzanna, por favor? —balbucí, dando un paso atrás y deseando que la tierra me tragase.

—¡No! No está —respondió Joan—. ¡Y ahora, largo de aquí!

—Pero…, pero… —protesté débilmente.

—¡Piérdete, seas quien seas!

Miré a mi alrededor, totalmente conmocionado. ¿Qué estaba haciendo Joan Collins allí? ¿Y dónde estaba Suzanna?

Cuando por fin me puse en contacto con mi novia perdida, descubrí que había dejado la casa a Joan mientras hacían la película. La morena protagonista, otra mujer liberada de los sesenta, se estaba viendo en secreto con uno de los miembros del equipo de rodaje. ¡Siento haberte molestado, Joan!

Mi lamentable arranque de celos fue la escena final de *Paraíso belgraviano*, el tragicómico romance de Leslie Cavendish y Suzanna Leigh, el peluquero de Londres Norte y la glamurosa superestrella. Cuando Suzanna se enteró de mi grosero comportamiento con Joan, se sintió tan ofendida que rompió conmigo y, como habría predicho Vidal Sassoon, nunca más volvió por la peluquería.

En aquella etapa me resultó difícil aceptarlo, aunque la relación estaba condenada desde el principio. Haber entrado en aquel ambiente de moda de actores extravagantes fue una experiencia que me abrió los ojos. Aunque en el fondo había sabido la verdad desde la primera conversación que sostuve con Jean-Claude a propósito de Suzanna: pertenecíamos a mundos muy diferentes. No pasó mucho tiempo hasta que pude verlo con filosofía e incluso apreciar la parte divertida de nuestra desequilibrada relación. Finalmente, también aprendí la diferencia entre una botella y una jarra, los puntos más importantes a la hora de tratar a una señora y, oh sí, que el Beaujolais Nouveau debe tomarse ligeramente frío.

* * *

Mi aventura con Suzanna no cayó en saco roto. Gracias a sus conexiones en el cine, había conseguido varios clientes nuevos e interesantes, incluidos los dos grandes cómicos Dudley Moore y Peter Cook, que estaban en la cumbre de su éxito con la teleserie de gags *Not Only... But Also*. Por aquella época iba a los estudios de la BBC para cortarles el pelo y peinarlos para la función, un trabajo a la vez maravilloso y desafiante, ya que aquella pareja de chiflados siempre andaba con bromas divertidísimas, obligándome a apartar las tijeras cuando me reía, o cuando se reía mi cliente, o cuando ambos estallábamos en carcajadas. Creo que Moore y Cook estaban entre los tipos más divertidos que he conocido nunca.

Pero más significativo para mí fue la llamada que recibí, unos meses después de la ruptura con Suzanna, de su antiguo coprotagonista Tony Curtis, que estaba en Londres para asistir al estreno de su película *El estrangulador de Boston*. Gracias a la recomendación de Suzanna, terminé cortándole el pelo a Curtis en su habitación del Dorchester Hotel, con espectaculares vistas a Hyde Park. Nunca había estado en la suite presidencial de un hotel y me quedé atónito al ver los lujos de que disfrutaban las estrellas de cine como Curtis. Mientras le cortaba el pelo, reflexioné sobre las extrañas ironías de la historia. Durante los años cincuenta, cuando Curtis estaba en la cumbre de su fama, el peinado que había adoptado era conocido como «Cola de pato» en Estados Unidos y como «Culo de pato» en Gran Bretaña, porque sobresalía de la frente como una visera. También era conocido, más sencillamente, como «estilo Tony Curtis». Este peinado hacia atrás con brillantina se puso de moda entre rebeldes e inconformistas, incluidos Elvis Presley y otros rockeros de entonces. La cuestión es que el primer peinado que llevaron los Beatles en Liverpool no era otro que el de Tony Curtis. Y ahora tenía delante al responsable de todo aquello...

Como Diana Dors y Jayne Mansfield, Tony representaba una época pasada. Su cincelado aspecto de ídolo de sesión de tarde y su cabello repeinado estaban pasando de moda a favor de un estilo más femenino y relajado. A mí no solían llamarme para hacer trabajos de barbería de barrio. Y sin embargo, hasta cierto punto me emocionó trabajar el pelo de Tony, como si de alguna manera estuviera cerrando el círculo. Y además conseguí impresionar a mi madre. Olvidaos de Paul McCartney. Para mi madre, Tony Curtis era otra cosa, una estrella de cine como Dios manda.

6

Estilista oficial de los Beatles

Al mismo tiempo que una glamurosa actriz me introducía en la revolución sexual de los sesenta, mi relación con los Beatles tomó un nuevo e inesperado rumbo. Por extraño que parezca, fue mi abuela quien dio la noticia.

Como ya he dicho, mi abuela materna, Debbie, vivía con nosotros en casa. Era una encantadora anciana que parecía totalmente ajena a los asuntos del mundo. Hasta el día de su fallecimiento, nunca preguntó a su marido ni a su hija si habían pasado un buen día en la tienda.

—¿Qué habéis comido hoy? —solía ser su pregunta, seguida inevitablemente por un gesto de negación con la cabeza y unas palabras de consejo dietético, basado en la filosofía de «cuanto más, mejor».

En cuanto a su fuerte acento ruso, procedía de su familia y sus amigos del East End de Londres, adonde llegó siendo solo una niña, a principios del siglo xx.

Una tarde volví de la peluquería y encontré a mi abuela en el sillón abatible que mis padres habían comprado especialmente para ella. Estaba a punto de darle un beso cuando dijo:

—Te han samado por seléfono. Creo que era ese Bísel, Paul Mcnosesé.

—¿Paul McCartney?

—¡Ese es el nombre!

Me sorprendió bastante. ¿Por qué mi famoso cliente me llamaba a casa? ¿Cómo es que tenía mi número? Normalmente, era Neil Aspinall el que concertaba nuestras citas por teléfono. Además, el viejo amigo del colegio y organizador de los viajes de los Beatles siempre me llamaba a la peluquería, no a mi casa de Burnt Oak. ¿Habría alguna urgencia?

—¿Y qué dijo? —pregunté a mi abuela.

—Quería saber si essabas aquí —explicó—. Le dije que sodavía no habías llegado. Me pregunsó quién era so, así que le dije que era su abuela y suvimos una bonita sarla. ¡Qué soven más simpásico! Luego dijo: «¿Fodría decirle a Leslie que lo he llamado?»

La imagen de mi abuela, que había nacido en el siglo pasado, sosteniendo una «bonita charla» con Paul McCartney era casi imposible de concebir. Le di las gracias y corrí al teléfono para llamar a Neil Aspinall a las oficinas de los Beatles, esperando que no hubiera ningún problema con mi cliente favorito.

—Ah, gracias por llamar, Leslie —dijo Neil. Al fondo podía oír varias voces, como si estuviera en medio de una reunión concurrida—. Escucha, ¿podrías venir mañana al despacho?

Neil dijo que quería pagarme por los servicios de peluquería que había prestado a Paul. El hecho era que yo nunca le había pedido dinero a Paul. Siempre di por sentado que al final cobraría, pero, francamente, en eso era en lo último que pensaba cuando trabajaba en Cavendish Avenue 7. Neil y yo acordamos una hora y me dio la dirección de NEMS, la compañía que Brian Epstein había fundado para representar a sus grupos y que por entonces se había convertido en un imperio musical. Luego añadió, como si se le acabara de ocurrir:

—Ah, y tráete las tijeras.

Ya muy aliviado y no poco intrigado por la incógnita de a quién le iba a cortar el pelo en las oficinas de los Beatles, volví a la sala, donde mi abuela seguía descansando en el sillón abatible.

—¿Te das cuenta —le dije— de que hoy has hablado con el hombre más famoso de Gran Bretaña?

—¿Quién? —preguntó sorprendida—. Ah, ¿se refieres a ese Bísel, Paul Mcalgo? Qué hombre san simpásico, Leslie...

Cabeceé maravillado. Había intentado explicarle unas cuantas veces que Paul McCartney era cliente mío, pero no estoy seguro de que le hubiera entrado en la sesera. Si le hubiera contado que un viernes me invitó a cenar sopa, tallarines judíos y pollo cocido con cebollas, me habría hecho más caso.

—Bueno, me gussan algunas cansiones suyas —añadió—. Lo único que no entiendo es... ¿por qué no se corchan el pelo?

No me molesté en explicárselo.

* * *

Al día siguiente entré por primera vez en las oficinas de los Beatles, en el quinto piso de Sutherland House, en el número 5 de Argyll Street. Eran unas oficinas pasadas de moda con muchas habitaciones llenas de archivadores y muchos empleados con aspecto de estar ocupados. Ocuparse del grupo más importante del mundo requería, obviamente, una gran cantidad de papeleo.

Cuando Laurie, una recepcionista de pelo corto, me acompañó a través de los despachos, yo miraba a un lado y a otro en busca de mis ídolos melenudos, o del gran Epstein en persona, pero no vi a nadie por ningún lado. Laurie me llevó a la sala de prensa, que estaba abarrotada de gente hablando por teléfono. Neil me estaba esperando en la mesa del jefe de prensa Tony Barrow, que aquella mañana no estaba allí. El viejo amigo y colaborador de los Beatles repasó todas las veces que le había cortado el pelo a Paul y luego me preguntó:

—Y bien, Leslie, ¿cuánto te debemos?

Finalmente tuve que enfrentarme a la delicada pregunta que había estado evitando: *¿Cuánto debía cobrarle a un Beatle?*

Mi tarifa habitual por cortar, secar y peinar era de dos guineas (2,10 libras). Para contextualizar esta cantidad recordaré que el sueldo semanal medio de la época era de unas 14 libras, así que mis servicios no eran baratos. También era obvio que por las cuentas corrientes de los Beatles fluía el dinero a espuertas y que podía haber cobrado lo que hubiera querido. De hecho, más tarde me daría cuenta de que había mucha gente que les robaba. Eran un objetivo fácil, no solo porque no les interesaba el dinero, sino porque el timón de su creciente imperio no estaba en las manos más expertas.

Al final decidí que la honradez era la mejor política. Podía haber conseguido más dinero, seguro, pero no me habría sentido cómodo aumentando el precio. Así que cobré mi tarifa normal y no exageré la cantidad de servicios prestados. Con los años pude haber amasado una pequeña fortuna a costa de los Beatles, pero, ahora que lo pienso, me alegro de no haberlo hecho. La verdad es que les habría cortado el pelo gratis.

Cuando terminamos, Neil me pidió inesperadamente que le cortara el pelo a él. Si he de ser sincero, me sentí un poco decepcionado. Neil era un hombre encantador, además de un ardiente hincha del Liverpool con el que podía hablar de fútbol, pero, como pueden imaginar, yo había esperado que la petición de que llevara las tijeras tuviera que ver con las necesidades peluqueras de John, George o Ringo. De lo que no me percaté fue de que mi primera visita a las oficinas de NEMS tendría una repercusión más amplia. Aquel día me dieron la bienvenida formalmente a un mundo cerrado al que muy poca gente tenía acceso. De repente, ya no solo era el peluquero de McCartney. Estaba trabajando para los Beatles.

El cambio fue perceptible la siguiente vez que visité a Paul. Parecía muy complacido de que hubiera estado en las oficinas, y me contó que Neil me había puesto por las nubes. Como siempre, le pregunté si aquella tarde iba a grabar. Los Beatles habían estado trabajando intensamente en su nuevo álbum, pasando muchas noches en los estudios EMI de Abbey Road para crear lo que más tarde sería *Sgt. Pepper's Lonely Hearts Club Band*. Yo ya me había dado cuenta de que iba a ser un disco muy diferente.

—Sí, esta noche tenemos una sesión muy interesante, Leslie —me informó Paul. Y de repente su rostro se iluminó con una idea—. Oye, en lugar de contártelo, ¿por qué no vienes?

—Ah…, yo…, ¿a los estudios EMI?

—Sí. Será divertido, ya verás —prometió—. Le diré a Neil que estarás a mano, por si alguien necesita que lo peinen.

—A mano… —repetí, apartando de su cabeza las afiladas tijeras por si me desmayaba—. Mmm…, es estupendo, Paul, gracias… Será genial verte trabajar y… cortar el pelo de quien sea… o cualquier otra cosa que se tercie.

* * *

La primera vez que fui a los estudios de grabación, una fría noche de febrero, me sentí como si estuviera a punto de entrar en Fort Knox. Uno de los musculosos guardias de la zona de recepción me detuvo en la puerta tras subir los peldaños de la calle. Parecía muy acostumbrado a deshacerse de los molestos seguidores de los Beatles.

—¿Desea algo, señor? —preguntó con voz monótona.

—Oh…, sí… —balbucí—. Me ha invitado el señor McCartney. Me llamo Leslie Cavendish. Soy su… peluquero.

Me lanzó una mirada que sugería que algo así era imposible. Luego, sin decir palabra, se acercó a un teléfono y marcó un número.

—¿Hola? ¿Neil? —preguntó—. Aquí hay un tipo que dice que es el peluquero de Paul y que lo estáis esperando. Leslie Cavendish.

Me dejaron pasar. El guarda me acompañó por un laberinto de pasillos y patios. Todo estaba en completo silencio. Paul me había dicho que fuera a las seis de la tarde, así que todo el lugar parecía desierto. Finalmente, el guarda abrió una gruesa puerta de metal y allí, en una nube de humo de cigarrillos mentolados, vi gente inclinada sobre una enorme mesa llena de interruptores y botones.

—Hola, Leslie —me saludó Neil Aspinall, levantándose para estrecharme la mano.

Cuando me presentó al resto de los presentes en la cabina —el productor George Martin, el organizador de viajes Mal Evans, el ingeniero de sonido Geoff Emerick, que era el que fumaba los cigarrillos mentolados, y su ayudante—, por el rabillo del ojo me fijé en el enorme y brillantemente iluminado estudio que había al otro lado del cristal. Ante mi sorpresa, había unos diez músicos allí, con instrumentos de cuerda clásicos: violines, violas, violonchelos y un arpa gigantesca. ¿Qué diablos hacían allí? ¿Me habría equivocado de estudio? ¿Dónde estaban los Beatles?

Finalizadas las presentaciones, los cuatro volvieron a la conversación que sostenían con la arpista, Sheila Bromberg, y con el primer violinista, Erich Gruenberg. Yo tenía curiosidad por saber más, pero no me pareció bien interrumpir el trabajo con preguntas. Mi sexto sentido profesional me aconsejaba que me quedara en un rincón alejado y me limitara a observar.

De repente entró en el estudio Paul McCartney con aspecto de estar muy contento. Y detrás de él iba John Lennon, con bigote, gafas redondas y camisa de flores. Fue un momento eléctrico. Me sentía como si George Martin me hubiera enchufado en su maquinaria.

Aunque ya había visto a John Lennon en el club Pigalle, tres años después era otro hombre, el que causó un escándalo mundial al decir que los Beatles eran «más populares que Jesucristo». Los estribillos *yeah-yeah-yeah* habían dado paso a obras maestras conmovedoras y espirituales como «In My Life» o «Norwegian Wood».

Y ahora lo estaba espiando entre bambalinas, con su socio de creaciones y amigo, mientras los dos genios trabajaban. Pero ¿en qué trabajaban? ¿Se estaban pasando a la música clásica? Al repasar toda su discografía, recordé los violines, las violas y los violonchelos de «Eleanor Rigby». *Pues claro, si esto lo habían hecho antes.*

Vi que Paul y John agitaban los brazos con emoción mientras hablaban con la sección de cuerdas. Me recordaron las payasadas que hacía mi padre frente a la tele durante los conciertos de música clásica de la BBC. Y los músicos sonreían de oreja a oreja. Por supuesto…, estaban tan acojonados por estar allí, tocando *(playing)* con los famosos Beatles, como yo. La verdad es que *playing* era la palabra justa, porque los dos directores de orquesta en ciernes estaban de un humor juguetón *(playful)*, interrumpiéndose y contradiciéndose entre sí todo el rato.

Al poco rato, los dos Beatles salieron del estudio y entraron en nuestra pequeña cabina.

—Ah, hola, Leslie —saludó Paul—. John, este es Leslie, mi peluquero. Vamos, John, deja que te corte el pelo, ¿quieres?

Mis manos volaron instintivamente a mi caja de herramientas portátil, pero resultó que solo era una broma de McCartney. John me saludó sin prestarme atención y luego ambos se sentaron ante los controles mientras enviaban a George Martin al estudio de abajo.

—No hagáis nada que yo no haría —advirtió George al salir de la cabina.

Paul y John se rieron histéricamente y clavaron las zarpas sobre la mesa de mezclas con burlona actitud de amenaza.

Durante la grabación, fue George Martin el que realmente dirigió la orquesta. La música que salía por los altavoces me dejó pasmado. Nunca había oído unas notas tan melancólicas. Si aquel era el nuevo sonido de los Beatles, lo firmaba ya mismo.

Los músicos clásicos parecían muy pacientes, repitieron la partitura durante horas, mientras Paul y John les daban instrucciones desde la cabina y probaban diferentes efectos. Pero a Erich Gruenberg se le acabó la paciencia al final. Tras la enésima repetición, dejó a un lado el violín, levanto la vista hacia la cabina y declaró con su acento austriaco:

—Son las doce y tenemos que irnos a casa, porque tenemos que trabajar mañana por la mañana.

La respuesta de Paul fue lacónica, como siempre:

—Bien, supongo que entonces ya está.

Nadie podía permitirse el lujo de quedarse en pie toda la noche como los Beatles. De hecho, yo me fui con Erich, Sheila y los demás.

Si os gusta el *Sgt. Pepper's* —y, si estás leyendo este libro, apostaría a que sí—, ya os habréis figurado lo que oí aquella primera noche en Abbey Road: la sección de cuerdas de «She's Leaving Home», una de las canciones más tristes y conmovedoras que grabaron los Beatles en su vida, y también una de las pocas en las que ninguno de los *Fab Four* tocaba un instrumento.

* * *

Paul me dejó pensando cómo encajaría todo aquello en su nuevo disco. Tuve que esperar hasta junio para escuchar «She's Leaving Home» en toda su gloria. Mientras tanto, mis visitas a las oficinas del grupo y a los estudios de grabación se volvieron más habituales. Leslie Cavendish pronto fue un rostro conocido en aquellos sitios, listo para dar inmediatamente al pelo de cualquiera un aire más moderno con los instrumentos que llevaba en el bolso de tejido de alfombra. Si tenemos en cuenta la atención mediática a que estaba expuesto cotidianamente el entorno de los Beatles, y lo caluroso y sudado que podía estar el estudio tras unas horas de trabajo, tener a mano a un estilista de confianza resultaba muy práctico. Como pueden imaginar, yo estaba encantado de satisfacer aquella necesidad.

Si he de ser sincero, aquel primer año hice casi todo el trabajo en las oficinas, primero en Argyll Street y unos meses después en el 94 de Baker Street, el cuartel general de la nueva compañía de los Beatles, Apple Corps. De vez en cuando llevaba las tijeras y el secador a una de las salas verdes de Abbey Road, pero mi papel de peluquero era principalmente una buena excusa para colarme allí y echar un vistazo a lo que hacían.

A diferencia de lo que vi en mi primera visita, casi todas las sesiones a las que asistí fueron un poco más convencionales, con uno o más Beatles con los auriculares puestos y cantando canciones que sonaban propiamente como canciones pop, o tocando los instrumentos típicos de los grupos rockeros. No era tan convencional el hecho de que John Lennon y Paul McCartney tontearan con los controles, tal vez imaginando que el estudio de grabación era un instrumento por sí solo.

—No queréis eso —protestaba George Martin.

—Sólo queremos oír cómo suena, entiéndenos —explicaba John.

—Sonará fatal —decía George.

—¡Pues claro! —respondía John con malicia—. Solo queremos oír lo mal que suena.

* * *

El segundo Beatle al que le corté el pelo fue George Harrison. Recuerdo que la primera vez me sentí algo intimidado, por varias razones. Como ya he descrito, mis sesiones con Paul eran trabajos informales que hacía en su casa, tras los que venía un momento de relajación para tocar música y compartir una infusión o un cigarrillo de hierba. Y a Paul le encantaba charlar y bromear mientras le cortaba el pelo. Era su forma de ser. Pero cuando me llamaron para cortarle el pelo a George Harrison, en medio del barullo y el caos de las oficinas de los Beatles, la ocasión fue mucho más seria, profesional y práctica. De hecho, hice el trabajo en la sala donde se celebraban las reuniones importantes. Rápidamente entendí que aquel Beatle era un tipo más bien callado que contrastaba con la campechanía extrovertida de McCartney. De hecho, después de presentarnos, se sentó en uno de los sillones que rodeaban la gran mesa, sin pronunciar apenas palabra, cerró los ojos y se perdió en sus propios pensamientos. Traté de no tomármelo como algo personal.

Pero en el nuevo cometido había además otro aspecto intimidante: la naturaleza del cabello de George. En el momento en que puse los dedos en él, me quedé alucinado. Era al menos dos veces más espeso que el de Paul. «Este sí que es un pelo Beatle», pensé, abrumado otra vez por la responsabilidad que me había caído encima. Por suerte, estaba en un despacho vacío, mi cliente tenía los ojos cerrados y no había ningún espejo para que pudiera supervisar mi trabajo. Así que reuní todo mi valor, empuñé las tijeras y me lancé a la tarea.

Aunque me resultó difícil calcular la opinión de George sobre el resultado final —poco más que un educado «gracias»—, parece que quedó muy satisfecho. La verdad es que, al igual que Paul, terminó por convertirse en un cliente habitual y tuve el privilegio de ocuparme del espeso cabello de los dos Beatles durante varios años. Su conducta durante aquella primera sesión y las siguientes reflejaba el lado soñador que lo había atraído a la mística oriental. No hubo nada personal en el silencio que guardó conmigo. Sencillamente, le encantaba sumergirse en la profunda relajación que mucha gente experimenta cuando alguien le está cuidando el cabello.

Fue en aquella época cuando George escribió la música y la letra de «Within You without You», su contribución más importante al *Sgt. Pepper's*. Este himno espiritual para el Verano del Amor, con sus exóticos sonidos de sitar, tenía sus raíces en la filosofía hindú que George había encontrado en la India mientras estudiaba con Ravi Shankar. Si el guitarrista de los Beatles esperaba introducir estas enseñanzas en Occidente con su hipnótica melodía, desde luego lo consiguió. «Within You whitout You» consiguió casi en solitario que saltara la chispa de la afición de los sesenta por la música, el arte y la espiritualidad de la India, incitando a ejércitos de mochileros melenudos a buscar hombres barbudos en las orillas del Ganges, o al menos en centros locales de meditación. De hecho, si alguno de los lectores ha tomado una clase de yoga, es probable que tenga que dar las gracias a este Beatle.

Es posible que George estuviera explorando estados más profundos de la conciencia durante mis sesiones de peluquería, alejándose de una realidad que había empezado a entender como ilusoria y buscando la paz mental de la que hablaba en las letras de sus canciones. En cualquier caso, estaba claro que se las tomaba como una oportunidad para desconectar de las complicaciones del trabajo cotidiano. ¿Quién sabe? Quizá, mientras le estuve cortando y peinando el pelo aquella primera vez de 1967, recibiera la visita de Sarasvati, la diosa hindú de la música y las artes, y algunas ideas para su influyente canción.

* * *

Cortarle el pelo a John Lennon fue también una experiencia radicalmente distinta. La primera vez tuvo lugar cuando estaban terminando la grabación del *Sgt. Pepper's*. Para entonces John ya sabía perfectamente quién era yo, aunque todavía, ay, no se había sentido tentado por mis servicios. Hasta que un día, cuando menos lo esperaba, el más legendario de los Cuatro Magníficos entró en la sala de reuniones cuando terminaba de cortarle el pelo a Mal Evans. Se paseó alrededor del nuevo aspecto de la cabeza de Mal, admiró la estratificación y las patillas limpiamente cortadas, y me dijo:

—Muy bien, Leslie, pero que muy bien. ¿Podrías venir a mi despacho y cortármelo a mí, por favor?

Como pueden imaginar, liberé mi agenda para aprovechar aquella oportunidad largo tiempo esperada.

El despacho de John era tan grande e impresionante como la sala de juntas. Cuando entré, estaba sentado en un sillón de cuero, hablando por teléfono con mucha seriedad. Me quedé discretamente al lado de la puerta, pero me hizo una seña para que entrara, sin dejar de hablar. Si no hubiera sabido que aquel joven era una despreocupada estrella del pop al que le encantaba colocarse y vivir sobre todo de noche, habría podido confundirlo fácilmente con un empresario estresado. De hecho, como si estuviera demasiado ocupado para abandonar la conversación y dedicarse a su pelo, me indicó por señas que comenzara a trabajar. John Lennon era lo que hoy llamaríamos un hombre multitarea.

Realmente sudé con aquel corte de pelo. No porque estuviera en presencia de John Lennon o porque temiera su opinión. El corte no fue particularmente difícil. Aunque cada vez tenía el pelo más largo, su aspecto era relativamente convencional para aquella época, así que mi trabajo fue muy sencillo.

El problema fue más bien de los de vida o muerte. Como ya he descrito en un capítulo anterior, cortar el pelo incluye el hábil manejo de las tijeras cerca de partes vitales de la anatomía humana. Pinchar la piel es algo bastante habitual, e incluso el peluquero más experto puede causar un corte serio..., como cuando Stephen le cortó el lóbulo a un cliente delante de mí, durante su etapa inicial en Sassoon's. Lo que hay que evitar a toda costa es cortarle la yugular con las tijeras.

Así que una de las mayores pesadillas de un estilista es tratar con un cliente que no deja la cabeza quieta. John Lennon, como supe aquella tarde, era el peor cliente con el que habría de lidiar. Mientras seguía hablando alegremente con un interlocutor que luego supe que era un conocido periodista que lo estaba entrevistando, me concentré en no segarle el cuello y privar al mundo de uno de sus mejores músicos. Cuando veía un hueco en la conversación, trataba de convencerlo de que se estuviera quieto:

—Por favor, John, ¿podrías no mover tanto la cabeza? —le preguntaba una y otra vez con toda la paciencia de que era capaz.

John parecía darse cuenta de lo que pasaba y asentía como si me entendiera, pero el mero hecho de asentir agitando la testa demostraba que no había captado el mensaje. En cualquier caso, se olvidaba al momento de que yo estaba allí y seguía con lo suyo, cabeceando y discutiendo con vehemencia sin dejar de mover los brazos. Yo no dejaba de fantasear con las escenas más sangrientas imaginables encima de aquel escritorio lleno de papeles, con los titulares de la prensa del día siguiente: ¡EL PELUQUERO DE LOS BEATLES DECAPITA A LENNON!

Pero así era John. Ambos sobrevivimos a la prueba y yo seguiría haciendo trabajos a vida o muerte durante dos años. Siempre pareció contento con mi trabajo. O quizá no le daba demasiada importancia, por lo menos no el significado transcendental que le otorgaban sus legiones de fanáticas... En cualquier caso, nunca abandonó el curso normal de su ajetreado ritmo de vida para hacerme un hueco a mí y a mi trabajo. En cierto modo tenía que arreglármelas para trabajar mientras él estaba haciendo otras cosas, un desafío que me obligó a convertirme en un peluquero temerario digno del circo ambulante del que lo había oído cantar en el estudio, con hombres y caballos, aros y guirnaldas, y un tonel de fuego real.

En una de las sesiones más memorables intervino una japonesa muy carismática que John conoció en su despacho mientras le estaba cortando el pelo. En aquel momento yo no tenía ni idea de quién era, aunque Yoko Ono llegaría a convertirse en la amante de Lennon, su musa, su esposa y compañera inseparable, que fue causa de que el Beatle rompiera su matrimonio con Cynthia Lennon y, según muchas personas, de la separación de los mismos Beatles.

A mí me produjo una gran impresión aquella pequeña pero guerrera señora desde el momento en que entró por la puerta, vestida de negro. No era atractiva al modo convencional, pero tenía algo que llamaba la atención, lo que en mi caso no fue beneficioso, teniendo en cuenta las vueltas y revueltas que estaba haciendo con las tijeras alrededor de la inquieta cabeza de John.

Incluso en aquel momento me di cuenta de que estaba siendo testigo de un encuentro memorable. Por primera vez desde que lo conocía, John Lennon no hablaba de los Beatles ni de música. Su conversación tocaba temas más sólidos: el arte, la vida, la verdad. Más tarde sabría que John había ido a una exposición de la señora Ono en la Galería Indica y se había sentido intrigado por sus extravagantes obras interactivas. Una de ellas exigía que el visitante subiera por una escalera de mano y mirara a través de un catalejo un punto lejano en el que aparecía escrita la palabra «yes». Otra era un madero blanco en el que se invitaba a la gente a clavar clavos para crear colectivamente la obra. Cuando Yoko y John se conocieron, parece que ella le dio una tarjeta en la que se leía «respira». Según parece, la experiencia lo dejó sin respiración.

Cuando los vi juntos aquella primera vez, él no dejaba de preguntarle sobre el significado de sus extrañas creaciones, y ella hizo todo lo posible por explicárselo. Francamente, yo no entendía ni la mitad de lo que hacía Yoko, ni tampoco John. En realidad, cada vez se exasperaba más con ella:

—¡No entiendo qué quieres decir! —se quejaba el Beatle, sacudiendo peligrosamente la cabeza—. ¡No entiendo nada!

—No entiendes porque no escuchas —respondía Yoko alegremente, como si su interlocutor fuera un niño mimado…, y quizá lo fuera. Sorprendentemente, esto solo conseguía aumentar su interés.

John, por lo general, era el carácter dominante en cualquier conversación. Pero allí, por primera vez, vi que aquella temible mujercilla se hacía con el control del diálogo. Era como si finalmente hubiera conocido a una mujer que no babeaba ante un Beatle, sino que lo trataba, simplemente, como a una persona. Ser testigo de la escena fue tan fascinante que tuve que frenar mi ritmo de trabajo. Un trabajo que habría tardado media hora duró el doble. No estaban hablando solamente. Su interacción fue como una *performance*, desconcertante y, al mismo tiempo, poderosamente fascinante. Estaban clavándose clavos delante de mis narices. Estaban respirando el aire del otro. Mirando a través de un catalejo y encontrando la palabra «yes» escrita en el corazón de su interlocutor.

Tengo que admitirlo: me sentí incómodo por estar allí. Como en muchas *performances*, me sentí intranquilo. Y al mismo tiempo estaba hechizado. Fue una de esas situaciones en las que el peluquero se vuelve invisible para el cliente, que termina revelando mucho más de lo que habría deseado. Un año después, cuando John dejó a su mujer, Cynthia, y se lió con Yoko, no me sorprendió en absoluto. John Lennon había encontrado a su alma gemela.

* * *

A Ringo lo peiné menos veces que a los demás. Su mujer, Maureen, era peluquera, así que era ella la que se ocupaba habitualmente de su melena, cada vez más larga. Además, Ringo no estaba tan presente durante las sesiones de grabación. Exceptuando el hecho de que fue el vocalista principal de «With a Little Help from My Friends», apenas se le dio protagonismo en *Sgt. Pepper's*. La innovadora visión de Paul y John estaba alejando a los Beatles del sonido de un típico grupo rockero, y la tradicional batería brilló por su ausencia en muchas canciones. Así que, cuando lo veía por allí, tenía la impresión de que se sentía un poco excluido.

En comparación con otros grandes baterías del pop, Ringo Starr siempre había tenido un papel muy modesto en el grupo. Sus ritmos básicos y sólidos son la espina dorsal de muchas canciones clásicas de los Beatles, y a menudo una firma reconocible al instante, pero él nunca se puso en primera línea. ¿Alguien lo recuerda tocando un solo de batería? Era todo lo contrario del «salvaje del pop», Keith Moon, de los Who, y de Charlie Watts, de los Rolling Stones, cuyos ritmos eran uno de los principales rasgos de todos los temas de sus respectivas bandas. Cuando los Beatles dejaron de dar conciertos para experimentar en el estudio con las cuerdas, los órganos de vapor y los sitares, Ringo fue arrinconado por las figuras principales de la banda.

Ante el público, por supuesto, era «el bueno de Ringo», el alegre, ocurrente y divertido liverpooliano que sale en las dos películas de los Beatles y que parece el más cómodo durante sus interminables entrevistas mediáticas. Pero todo esto era una ilusión. Desde luego que podía ser divertido y frívolo, y a mí me parecía el más agudo de los cuatro, pero también era algo distante, quizá como reacción a su papel cada vez más marginal en el grupo. Era el único Beatle, o al menos esa era mi impresión, que no quería que se olvidara que era un *Beatle*. Por eso, aunque nos conocimos mejor tras la descomposición del grupo, en la época de *Sgt. Pepper's* me pareció el más difícil de abordar.

Recuerdo una anécdota muy ilustrativa de aquel periodo. Estaba yo sentado en la sala de control de Abbey Road una noche en que Ringo estaba en una cabina tocando la batería. En un momento dado, Paul McCartney, que estaba en la sala con George Martin y el resto de nosotros, se quitó los auriculares, corrió hacia la cabina de Ringo y le quitó las baquetas.

—Mira, así no me gusta —le dijo a su compañero, echándolo del asiento—. ¡Lo quiero así!

Y Paul le dio a entender lo que quería, demostrando de pasada que era un músico brillante y sólido.

Pero mientras Paul tocaba la batería, vi que a Ringo le bullía la sangre.

—¡Salid! —ordenó, con la cara roja y señalándonos con el dedo a los que estábamos en la sala de control—. ¡Fuera del estudio!

Todos, menos George Martin y los otros tres Beatles, salimos a toda prisa de la sala de control. Personalmente, decidí que era hora de volver a casa.

No sé qué hicieron los otros, pero lo sentí de veras por Ringo. Mientras volvía en coche a casa, recordé las ocasiones en que mi jefe, Roger, se acercaba a mi sillón de la peluquería cuando estaba terminando un trabajo, sacaba las tijeras y me corregía con mucho alarde delante de mi cliente y mis compañeros. No me cabe duda de que aquellos pequeños episodios de avergonzamiento público tenían una finalidad. Yo había sido el aprendiz de Roger hasta unos meses antes, solo tenía diecinueve años, y ya estaba recibiendo más atención de la prensa que él. Y lo peor de todo, le había «robado» a su cliente, Jane Asher, y de rebote a Paul McCartney. Roger Thompson debería haber sido el peluquero oficial de los Beatles, y no el advenedizo de Leslie Cavendish. Así que, cada vez que me corregía un peinado, era porque trataba de ponerme en mi sitio al mismo tiempo que se vengaba.

En el caso de Ringo, estoy totalmente seguro de que aquella noche Paul no quería herir sus sentimientos. Ocupar el sitio de su compañero en la batería y marcar un ritmo fue, sencillamente, la forma más sencilla de indicarle a Ringo lo que quería. A pesar de todo, tuvo que ser humillante para Ringo que lo trataran así delante de los demás. No me imagino a Mick Jagger acercándose a Charlie Watts para decirle: «Charlie, muchacho, dame las baquetas… Voy a enseñarte cómo se hace». Este vistazo involuntario a la vida privada de los Beatles me ayudó a entender por qué Ringo tenía una espinita clavada en su relación con los extraños.

* * *

En cuanto a mí, he de admitir que mi temprano éxito se me estaba subiendo a la cabeza. ¿Cómo podía resistirme? Trabajar en una de las peluquerías más de moda de Londres, ver mi nombre en los periódicos, salir por ahí con las mayores estrellas del mundo... era demasiado para un adolescente de Burnt Oak. Es verdad que aún vivía con mis padres, pero esa era la única mancha en mi, por otro lado, perfecta imagen de los marchosos años sesenta, y desde luego no impidió que me volviera un poco chulo, sobre todo cuando iba al volante de mi Morris. Su brillante carrocería negra me hacía invencible y me convencía, por ejemplo, de que ciertas maniobras de tráfico ilegales eran excepciones permisibles en el código ético de los Leslie Cavendish.

Una mañana lluviosa conducía por las calles mojadas de Londres Norte, camino de una cita temprana en la peluquería, rociando la acera con salpicaduras de lluvia. Cuando llegué a Staples Corner Junction, una abarrotada travesía de Edgware Road, me encontré con una hilera de diez coches que esperaban para doblar por el cruce. Yo no iba a permitir que aquella nimiedad me hiciera llegar tarde al trabajo. Así que procedí a saltarme la columna, adelantándola por el lado prohibido de la calzada.

Pero quiso la suerte que el segundo coche de la hilera fuese de la policía metropolitana. Cuando pasé junto a él, activó las luces parpadeantes y la sirena, y me quedé helado. Apretando los dientes, aparqué y esperé a que el agente se acercara a mi ventanilla. Cuando bajé el cristal, el rumor de la lluvia llenó el interior del Mini y volví a subirla para que las gruesas gotas que se estrellaban en la carrocería no salpicaran mi elegante traje de Sassoon. El policía bajó lentamente la cabeza para mirarme. No parecía muy contento bajo aquella lluvia.

—Buenos días, señor —dijo con mucha educación—. ¿Se ha dado cuenta de que ha adelantado una hilera de coches yendo en dirección prohibida?

—Lo siento mucho —dije, confiado totalmente en que una disculpa y una explicación bastarían para seguir mi camino—. Verá, es que llegaba tarde al trabajo. Tengo una cita muy importante...

—¿Le importaría bajar del coche, señor? —me interrumpió bruscamente.

Estaba claro que aquel agente no entendía lo moderno que era mi coche, la condición de casi famoso de su dueño ni la importancia de mi misión.

—Pues la verdad es que sí me importa —dije, empezando a sentir calor bajo el cuello de mi bonita, seca y planchada camisa—. Está lloviendo a cántaros. Llevo un traje. Trabajo de peluquero en Vidal Sassoon's, donde tengo una cita con un cliente muy importante. Si bajo del coche ahora, tendré que cortarle el pelo empapado.

El policía se quitó la máscara de los buenos modales.

—Si yo me estoy empapando bajo la puta lluvia —gruñó—, ¡también usted puede mojarse, joder!

Ese fue el problema. No me importaba lo que ocurriera. No iba a consentir que me trataran así.

—No pienso bajar del coche —declaré.

Hasta que sus manos asieron con fuerza el borde de la ventanilla no me había dado cuenta de lo grandes y gruesas que eran. Por un momento imaginé que me cogía por las solapas del traje y me sacaba a rastras del vehículo. Pero respiré de alivio cuando relajó la presión de sus musculosas zarpas, se apartó, rellenó el formulario de la multa y me entregó el papel empapado. Sin embargo, antes de alejarse refunfuñando bajo la lluvia, agachó nuevamente la cabeza hasta la ventanilla y me dio un anticipo de su venganza.

—Se te va caer el pelo por esto, hijo —vaticinó, echándome unas gotas en el traje. Para que aprendiera.

Pero no estaba bromeando, aunque cuando recibí la citación de los juzgados de Hendon y vi la fecha, me pregunté si no habría en ella otra broma velada: 1 de abril. Llamé a la Asociación del Automóvil en busca de consejo y me dijeron que no necesitaría abogado, ya que nunca me habían puesto multas de tráfico.

—Probablemente le pondrán una multa y perderá tres puntos en su permiso de conducir, nada más —me aseguraron.

Pero, cuando fui al juzgado, comprobé que el agente había cargado las tintas: había tergiversado los hechos, exagerado mi comportamiento, que confieso que fue insolente, y me había puesto como ejemplo de todo lo que iba mal con los jóvenes de entonces, un ejemplo que exigía un castigo ejemplar. Me pareció que todos los presentes en la sala, desde el juez hasta el mozo de limpieza apoyado en su escoba en un rincón, miraban mi larga melena y me condenaban con un severo veredicto para toda mi generación, rebelde, fumadora de marihuana e inútil.

Probablemente habría sido una buena ocasión para demostrar que estaban equivocados, haciendo gala de un comportamiento sumiso y de una exquisita educación. Si hubiera tenido un abogado, estoy seguro de que me lo habría aconsejado. Pero no lo tenía, así que mi engreimiento y mi jactancia de los diecinueve años salían a borbotones, demostrando fehacientemente las acusaciones del policía.

—¡No fue así! —protesté una vez, interrumpiendo su declaración.

Recibí una advertencia del juez. Ya llegaría mi turno, me explicó. Cuando finalmente subí al estrado de los testigos, traté de ponerlo todo en orden de inmediato.

—Lo que el agente acaba de decir… ¡es un montón de mentiras!

Desacato al tribunal, me dijeron. *Limítese a responder a las preguntas*. Así que las respondí, mordiéndome la lengua todo lo que pude. *¿Iba conduciendo en dirección prohibida?* Sí. *¿Me negué a bajar del coche?* (Pero… la lluvia…, ¡mi traje!) Sí.

El juez abatió el martillo de madera.

—Tres meses de retirada del permiso de conducir.

—¡No puede hacer eso!

—Si dice una palabra más, joven —me advirtió el juez, sin darme el menor indicio de que aquello fuera una broma del Día de los Inocentes—, se lo retiraré seis meses. Ay, cómo me dolió. ¡Tres meses sin mi elegante Mini negro! ¿Cómo iba a ir y venir del trabajo, a las oficinas de los Beatles o a Abbey Road? ¿En trolebús? Pero lo peor aún estaba por llegar. Al salir de la sala, envuelto en una nube de incredulidad, el agente de policía se puso a mi lado, bajó la voz y sacudió los dedos en mi dirección, como si me echara más agua en el traje.

—Ya te dije que te jodería —murmuró.

* * *

La retirada del permiso durante tres meses fue un golpe trágico: para mi imagen de tío guay, por supuesto; para mi relación personal con mi preciado buga; pero también para mi rutina cotidiana. La perspectiva de ir del West End a Burnt Oak sin coche, sobre todo de noche, se me aparecía como un castigo insoportable. Así que, por primera vez, empecé a considerar seriamente dejar la casa de mis padres para ir a un piso más cercano a la peluquería.

Los locales de Sassoon estaban en Mayfair, una zona exclusiva que estaba muy por encima de mis posibilidades y demasiado tranquila para mi gusto. Donde realmente quería vivir, donde cualquier chico de los sesenta *tenía* que vivir, era en Chelsea. El viejo barrio bohemio, en otra época hogar de pintores como Turner y John Singer Sargent, se estaba convirtiendo ahora en el corazón rebelde, utópico y pacifista de la naciente cultura pop que estaba arrasando en todo el mundo. King's Road y sus alrededores estaban atestados de bares geniales y tiendas de ropa como Granny Takes a Trip, con sus cortinas de cuentas de vidrio en la entrada, gramolas Wurlitzer y fachadas decoradas con murales pop-art.

Decir que estaban de moda no es suficiente para describir estas calles. Chelsea era la tierra sagrada de la que emanaba el *Flower Power* británico.

Imagínense: en un espacio de un kilómetro cuadrado podías llamar a la puerta de David Bowie en Oakley Street, saludar a Mick Jagger y Keith Richards en Cheyne Walk, ver a Eric Clapton recoger la leche en Old Church Street y tomar el té con Marianne Faithfull en Danvers Street. Todo esto era hipotético, desde luego, pero no tan descabellado como podría parecer, teniendo en cuenta que ya había fumado hierba con Paul McCartney. Cuanto más lo pensaba, más deseaba tener un apartamento en el barrio en el que todo estaba pasando. Chelsea era mi hábitat natural.

Buscando en los anuncios de alquileres de *The Sunday Times*, encontré un apartamento en Meriden Court por el que pedían 12 libras a la semana. Hoy sería el precio de tres cervezas en un pub de Sloane Square, pero en 1967 era dinero. A pesar de todo, vi que con las propinas podía llegar a pagar el alquiler.

Era un diminuto estudio de una habitación. Pero en el momento en que firmé el contrato, me di cuenta de que la inocentada del policía había sido en realidad una bendición. Por fin vivía solo, y en el sitio más moderno de la ciudad, del país, ¡del mundo! Ya nada podría detenerme… cuando recuperase el Mini.

7

Verano de amor, verano de guerra

A principios de 1967, el *San Francisco Oracle*, un periódico *underground* con un llamativo diseño psicodélico, convocó una «reunión de tribus» que tendría lugar en Golden Gate Park. La finalidad de aquella reunión sin precedentes era nada más y nada menos que propiciar un nuevo orden mundial:

> Del subsuelo humano debe surgir un nuevo concepto de celebración, hacerse consciente y compartirse para que se produzca una revolución con el renacimiento de la solidaridad, la conciencia y el amor, y la revelación del sentido unitario de toda la humanidad.

Esta llamada idealista tuvo un éxito espectacular. Unos 30.000 jóvenes, entre hippies, militantes antibelicistas, activistas de la igualdad de derechos, pioneros de la pureza ecologista, artistas experimentales, poetas armados con guitarras, buscadores de la verdad con drogas y holgazanes boquiabiertos, se dieron cita en la ciudad para celebrar el primer *Human Be-In*. No se trataba de un simple festival de rock, aunque actuaron los Grateful Dead y Jefferson Airplane. Fue concebido como un ritual comunitario tendente a una transformación de la conciencia humana, que debía pasar del materialismo a la sencillez, del conformismo a la rebelión, de la violencia a la paz y el amor. ¿Acabar con la guerra de Vietnam? ¿Convertir los misiles nucleares en rejas de arado? Eso era solo el principio. Para facilitar este despertar espiritual, el poeta *beat* Allen Ginsberg entonaba mantras, el químico clandestino Owsley Stanley distribuyó unos 300.000 sellos de LSD y el antiguo psicólogo de Harvard Timothy Leary dirigió el viaje colectivo como un moderno chamán, vestido con una túnica flotante y flores en el pelo. Fue aquí donde instó a las masas a «conectar, sintonizar y marginarse», que fue la nueva consigna de nuestra generación.

Pero aquel *Human Be-In* fue solo el preludio de un movimiento más amplio que se extendió por el mundo como hongos alucinógenos, culminando unos meses después en lo que sería conocido como «Verano del Amor». La mayor reunión de hippies tuvo lugar en el barrio Haight-Ashbury de San Francisco, que fue invadido por 100.000 personas en la onda que participaron en conciertos masivos al aire libre. Nunca se había visto nada parecido. Aunque Londres le iba a la zaga, con acontecimientos como «14 Horas de Sueño en Technicolor» en el Alexandra Palace, una manifestación por la «legalización de la hierba» en Hyde Park y noches en el UFO Club, donde se hicieron famosos los Pink Floyd. En cuanto a los Beatles, se las arreglaron para poner la banda sonora al Verano del Amor sin una sola aparición en público. El álbum en el que habían trabajado durante tanto tiempo, *Sgt. Pepper's Lonely Hearts Club Band*, salió a la venta el primero de junio y se emitió a partir de entonces sin parar en las emisoras de radio de todo el mundo. Pocas semanas después, el grupo lanzó un mantra adicional de la revolución espiritual con una actuación en directo en la televisión para un público internacional de 400 millones de personas: «All You Need is Love».

Yo estaba más que dispuesto a aceptar la revolución del «poder de las flores». Cada chupada que daba a los porros que compartía en un círculo de cojines de colores sabía a esa utopía que todo el mundo aprobaba, sin distinción de raza, sexo, religión o clase.

—Paz, hermano —decía al desconocido que me pasaba el porro, como si todas las barreras entre nosotros hubieran desaparecido para siempre.

—Claro —respondía él con una generosa sonrisa, mirándome con total sinceridad con ojos soñolientos y enrojecidos—. Tú lo has dicho, paz.

¡Así de fácil era! Tras miles de años de imperialismo, explotación, violencia y avaricia, mi generación iba a poner punto final a toda aquella locura de una vez para siempre.

Pero el cinco de junio de 1967, cuatro días después de la publicación de *Sgt. Pepper's*, mi inocente mundo hippy sufrió un descalabro. Recuerdo haber entrado en la peluquería temprano, silbando alegremente la melodía de «Lucy in the Sky with Diamonds», cuando me llamaron la atención los titulares del periódico que había en la zona de recepción: GUERRA EN ORIENTE PRÓXIMO. Los mandarinos y los cielos de mermelada estallaron en llamas y desaparecieron en una nube de humo. Como todos mis parientes y amigos judíos, había seguido durante las últimas semanas la tensión creciente entre Israel y sus vecinos árabes. Las fuerzas egipcias se habían estado concentrando en la frontera del Sinaí, y cuando el presidente Nasser decidió cerrar los Estrechos de Tirán a los barcos israelíes, la situación llegó al límite... Israel llevaba años advirtiendo que un movimiento así constituiría una declaración de guerra.

Y cuando abrí aquel periódico, vi que había ocurrido lo inevitable. El mapa de Israel que aparecía en primera plana estaba señalado con flechas que mostraban al pequeño país atacado desde todos los ángulos, por Egipto, Jordania, Siria y Líbano. Cuando asimilé la situación, los sonidos y los olores cotidianos del deslumbrante local de Vidal Sassoon parecieron desvanecerse y algo se rompió en mi interior.

En la actualidad sigo sin poder explicarlo. Aunque siempre me he sentido orgulloso de ser judío, desde luego no era sionista, ni mi familia había practicado regularmente los rituales de «nuestro» pueblo. Aparte de mi abuela, que encendía un par de velas antes de la cena del viernes por la noche, no celebrábamos el *sabbat*. Mi padre, que era comunista, me citaba más *El capital* de Marx que la *Torá*. Como mucho, nos llevaba a la sinagoga en la festividad del Yom Kippur, haciéndonos merecedores de la etiqueta de «judíos un día al año». Naturalmente, no eludí la celebración de mi *bar mitzvá* a los trece años, que era lo mínimo que se requería en nuestra comunidad. Por otra parte, me expulsaron de las clases de hebreo por no concentrarme y, cuando me puse delante de toda la sinagoga para recitar varios versículos de la *Torá*, pasé uno de los momentos más horrorosos de mi juventud. Años después, en mi nueva etapa de tío superguay de Chelsea, mis raíces judías fueron prácticamente irrelevantes para mi existencia cotidiana.

A pesar de todo, aquella mañana en la peluquería de Grosvenor House, cuando vi aquellas gruesas, negras y agresivas flechas que rodeaban el mapa de Israel por todas partes, me sentí como si me estuvieran apuntando directamente a mí. Toda la vergüenza, la ira y los sentimientos de injusticia que ardieron dentro de mí durante mis tiempos de colegial, cuando los abusones nos molestaban a Falky y a mí por ser «los judíos», despertaron de golpe. La cicatriz que tenía en el labio, donde aquel bruto de Ollie me había clavado el bolígrafo que llevaba en el bolsillo de la camisa mientras me tenía sujeto por la cabeza, pareció revivir con un dolor renovado. Con cada línea que leía, mi judaísmo latente bullía con más fuerza, hasta que finalmente explotó. De repente, Israel ya no era un país lejano. Mi pueblo estaba en peligro mortal y yo tenía que hacer algo al respecto. Algo más que repetir consignas pacifistas delante de una embajada o esperar a que llegara el despertar espiritual de la humanidad mientras hacía circular canutos.

Así que unos días más tarde fui a la oficina de reclutamiento que habían abierto en Russell Square, junto con varios amigos futboleros que también eran de origen judío. Nos dijeron que no podíamos alistarnos como soldados, pero que se necesitaban voluntarios para reemplazar a los reservistas que trabajaban en los *kibbutzim* que habían ido a la guerra. Fue en aquella oficina, cuando cogí el bolígrafo para firmar como voluntario, donde me di cuenta de lo insensato de mi plan. Aparte del peligro físico al que iba a arriesgarme, irme a Israel significaba poner en peligro todo lo que había construido hasta entonces en Londres. Significaba dejar la peluquería y a todos los clientes de un día para otro, sin tener ni idea de cuándo iba a regresar. Y peor aún, significaba cortar durante un tiempo indeterminado mi conexión con Paul McCartney y los Beatles. Años de trabajo para construir una reputación y una lista de clientes, y ahora estaba planeando tirarlo todo por la borda. ¿De veras estaba preparado para hacer algo así?

Sí, lo estaba. Mi mente se rebeló ante la idea, pero para entonces estaba aprendiendo a desconectarme, a relajarme y dejarme llevar por la corriente, como John Lennon había cantado en «Tomorrow Never Knows». Mi vida en Chelsea, mi nuevo piso, mi Morris, mis clientes famosos..., ¿importaba algo todo eso, en última instancia? ¿No era solo broza materialista, el mismo muro de falsedades contra el que luchaba mi generación? Era hora de lanzarse al vacío y descubrir si realmente brillaba. Así que, con mano temblorosa, rellené el formulario lo más rápido que pude y firmé al final.

* * *

No me molesté en preguntarle a mi jefe, Roger. Sabía que no iba a gustarle. Aunque también era posible que le gustara más de la cuenta, al ver mi deserción como una oportunidad de quedarse con todos mis clientes, sobre todo con Paul McCartney. Así que fui directamente al señor Sassoon. Vidal no solo era judío también, como ya he señalado más arriba, sino que sabía que cuando tenía mi edad se había alistado en las Fuerzas de Defensa de Israel durante la guerra árabe-israelí de 1948. Cuando le conté mi decisión, el gran estilista estuvo encantado de darme un permiso indefinido. Y además fue un momento emocionante. Me estrechó la mano, me deseó suerte y me miró como un padre orgulloso.

Esa fue la parte fácil. El auténtico reto era seguir en contacto con Paul McCartney a pesar de mi ausencia. De los cuatro Beatles, él era el único al que le cortaba el pelo regularmente. ¿Quién iba a ocuparse de ese trabajo? Apenas soportaba la idea de que otra persona introdujera los dedos en su melena, en su dormitorio. Y mucho menos que fuera Roger Thompson. Pero alguien tendría que hacerlo y, obviamente, no podía proponer a una persona mediocre. Yo quedaría fatal, y además podría inducir a que Paul buscara su estilista él mismo. Podía elegir a varios peluqueros consumados, desde luego, y naturalmente mucho más consumados que yo. El problema era que un sustituto hábil podía terminar por quedarse con mi puesto para siempre.

Al final se me ocurrió un plan retorcido que afectaba a un colega que tenía el extraño nombre de Harley Muse. Harley era sin duda un peluquero excelente, pero carecía de personalidad. Conociendo a Paul, supuse que estaría satisfecho con el trabajo de Harley, pero que se aburriría soberanamente durante las sesiones de trabajo. Con un poco de suerte, eso sería suficiente para que me echara de menos mientras yo no estuviera. Hablé con Paul para recomendarle a Harley, crucé los dedos y esperé lo mejor.

Mi llegada a Israel supuso una auténtica conmoción para un tipo sensible como yo. Cuando llegué, la Guerra de los Seis Días ya había terminado e Israel había vencido. A pesar de todo, cuando a otros voluntarios y a mí nos llevaron en autobús al Kibutz Mahanayim, en el norte de Israel, las atroces secuelas de la guerra moderna se veían por todas partes. El lugar estaba cerca de Nazareth y los Altos del Golán, una zona fronteriza con Siria donde se habían librado los combates más duros. Mientras pasábamos ante los tanques bombardeados y ennegrecidos, y los restos retorcidos de otros vehículos militares, tuvimos pruebas más que suficientes de los horrores de la guerra. Pero lo que más impacto me causó fue el olor de aquel lugar: el olor dulzón a carne quemada.

Durante todo el verano de 1967 estuve alejado de mi anterior existencia. El Kibutz Mahanayim, una granja colectiva con unas instalaciones espartanas, estaba tan lejos de la efervescente vida de Chelsea como se pueda imaginar. Muy lejos estaban las elegantes casas de piedra, los modernos restaurantes, las chillonas cortinas de abalorios, los Minis y los Aston Martin. Si había una revolución hippy en el resto del mundo, yo vivía totalmente ajeno a ella. ¿LSD? Olvídalo. Ni siquiera había un porro a la vista. En cuanto a la música pop, que se había convertido en la banda sonora de mi vida, se desvaneció de la noche a la mañana. Las radios locales no emitían *Sgt. Pepper's* y nosotros cantábamos nuestras propias canciones por la noche alrededor de una hoguera.

Sin embargo, ante mi creciente sorpresa, acabé percatándome de que había llegado al punto que los hippies colocados habían intentado recrear en sus *Human Be-Ins*. Mientras trabajaba en el campo, fregaba platos y conocía a mis compañeros de kibutz, cada uno contribuyendo con su propio esfuerzo al bienestar colectivo, empecé a sentirme parte de algo más grande que yo mismo. No era una fiesta, eso seguro. Mientras los juerguistas del «poder de las flores» que habían acudido al Festival de Monterey corrían de un lado para otro cogiditos de la mano en un zumbado reino de las hadas, yo estaba recogiendo naranjas bajo el tórrido sol mediterráneo durante doce horas al día. En el kibbutz Mahanayim, la igualdad, la sencillez y compartir no eran simples conceptos filosóficos o letras de canciones sobre una era futura. Llevaban décadas poniéndolos en práctica. Las decisiones se tomaban en grupo, las comidas se hacían en grupo e incluso los niños eran criados entre todos. Los hombres y las mujeres tenían las mismas tareas de cocina y limpieza, y a todos se nos trataba igual, fuera cual fuese nuestra nacionalidad y color. Nadie poseía nada individualmente, ni siquiera la ropa. Y todo parecía tan simple, tan natural y tan obvio que te obligaba a preguntarte cómo podían las cosas ser de otra forma. Así que no tuve ninguna necesidad de viajar a Haight-Ashbury o al UFO Club. Había encontrado mi propio Verano del Amor.

Con el tiempo pasé a ser el peluquero residente y trabajé en la peluquería al aire libre más hermosa imaginable, exactamente al lado de la piscina. Bajo el brillante cielo azul israelí, rodeado de una vegetación lujuriante, cortaba y peinaba a mis compañeros del kibutz como si hubiera abierto una franquicia de Sassoon's en aquel paraíso. Si necesitaba que el pelo estuviera mojado para cortarlo, les pedía que saltaran a la piscina y aquello bastaba. Y por supuesto, no había necesidad de secadores bajo el calor de Oriente Próximo. Nunca he tenido unas instalaciones mejores.

Tras pasar un par de meses en el kibutz, volvieron muchos soldados reservistas, así que ya no necesitaban a los voluntarios. Antes de volver a casa, fui a visitar el sur del país con mi amigo Leon, que había viajado conmigo desde Londres. Terminamos en la ciudad turística de Eilat, que aún no era el sitio lujoso que es hoy, aunque sí muy interesante, con las luces de la ciudad jordana de Áqaba reflejándose en el golfo. Era extraño pensar que los que habían sido enemigos de Israel en los últimos meses estaban a tan escasa distancia. La pintoresca escena solo nos hizo pensar en lo absurdo de la guerra.

Leon y yo lo pasamos estupendamente explorando la ciudad y buceando en los arrecifes de coral por los que Eilat es famosa. Pero el recuerdo que permanece de ese viaje es de naturaleza musical. Una mañana en que paseaba por detrás de la sala de conciertos local, llegó a mis oídos el sonido de un violín. Al principio era una simple melodía, compuesta por notas limpias como el cielo. Después, una maravillosa pieza musical, tan variada y llena de color como los peces que corrían entre los rincones y los recovecos de los brillantes arrecifes de coral.

Me quedé clavado en el suelo. Nunca había oído nada parecido. ¿Quién podía tocar una música tan maravillosa? Levanté los ojos y encontré el origen: un cuarentón vestido con informalidad, con unas gafas de montura de concha sujetas en lo alto de la cabeza, y que movía el arco con destreza sobre las cuerdas del instrumento. Era evidente que estaba ensayando para un concierto. Escuché todo el tiempo que me fue posible sin molestarlo y luego me alejé aturdido, sintiéndome como si mi conciencia se hubiera dilatado gracias a un poderoso alucinógeno. Tenía que averiguar quién era aquel hombre.

Encontré la respuesta en la fachada del teatro. Allí, en un cartel que anunciaba un concierto benéfico para los soldados de la Guerra de los Seis Días, estaba el hombre de rostro redondo que acababa de ver, fotografiado con una elegante americana: Isaac Stern. Aquella misma noche iba a interpretar el concierto para violín de Mendelssohn con la Filarmónica de Israel, bajo la dirección de Leonard Bernstein. Aunque las entradas estaban agotadas, decidí que tenía que volver a ver tocar a aquel hombre y que necesitaba buscar a aquel Mendelssohn en la colección de discos de mi padre. Por primera vez en la vida entendí la pasión con la que mi padre agitaba los brazos para «dirigir» las orquestas de la tele. Había todo un mundo de música asombrosa que no tenía nada que ver con guitarras eléctricas... ¿Cómo no me había dado cuenta antes? ¿Acaso mi experiencia con la sección de cuerdas en Abbey Road me había vuelto receptivo a aquellos sonidos? ¿Era posible que los Beatles hubieran ampliado mis límites musicales? En la actualidad no tengo respuesta para esa pregunta. Pero, fuera como fuese, mi encuentro casual con Isaac Stern fue la chispa que encendió una pasión por la música clásica que dura todavía.

* * *

Cuando volví a Londres, a finales de agosto, me invadió la preocupación. Durante el tiempo que pasé en Israel había bombardeado a Paul con postales, con la esperanza de que mi cliente no se olvidara de su *auténtico* peluquero. Le enviaba noticias del kibutz y de la posguerra, del buceo en Eilat y de mi encuentro con el famoso violinista. En mi paraíso mediterráneo esperaba ingenuamente que Paul McCartney leyera todas y cada una de mis postales, y que las pusiera sobre la chimenea de su salón. Pero en cuanto aterricé en Heathrow, se impuso la realidad. ¿Cuántas cartas de fans me había dicho una vez que recibían los Beatles cada día? ¿Cientos? ¿Miles?

Lo primero que hice fue ir a la peluquería de Harley Muse.

—¿Qué tal te ha ido con Paul? —pregunté con cierto temor. A pesar de no ser el compañero más entretenido del mundo, era un buen peluquero. ¿Y si Paul había decidido quedarse con el estilo de Muse?

—Ah, lo he visto un par de veces —respondió Harley con su habitual monotonía—. Fue bien, creo.

Aunque su respuesta parecía prometedora, no podía estar seguro. Harley no era dado a entusiasmos, así que quizá estuviera ocultando algo. Llamé a Neil Aspinall para comunicarle que había vuelto y que, si Paul quería un corte de pelo, que, por favor, me lo dijera.

—Gracias, Leslie, sí, se lo diré a Paul —respondió con aire distraído. Como de costumbre, se oían voces a su alrededor—. Bienvenido. Oye..., ya hablamos más tarde.

Ahí fue cuando realmente empecé a sudar.

Durante aquella semana creo que escuché un centenar de veces *Sgt. Pepper's Lonely Hearts Club Band* y el sencillo extra «All You Need is Love». Yo mismo lo interpretaba de manera obsesiva, estupefacto por la rica estratificación de los sonidos, la excéntrica instrumentación y las desmadradas y soñadoras letras. Cada vez que llegaba el chirriante crescendo orquestal y el piano apocalíptico del final de «A Day in the Life», lo único que podía hacer era darle la vuelta al vinilo para poner la cara A y volver a escucharlo entero. Pero no solo era yo. Billy Shears, Lovely Rita y Mr Kite se cantaban por todas partes: en tiendas, cafeterías y en cualquier casa que visitara. Por no mencionar la escandalosa y alucinógena «Lucy in the Sky with Diamonds». Los Beatles parecían haber invadido el mundo. Y lo único en que yo podía pensar era: «¿La habré cagado precisamente en la cumbre de su fama?»

Por fin recibí una llamada de Neil.

—Hola, Leslie —dijo con indiferencia—. Paul necesita un corte de pelo. ¿Estás libre esta semana?

Ya lo creo que sí. Nervioso y todavía inseguro de si habría recuperado mi trabajo, programé la visita para unos días después. Cuando llegué a la casa de Cavendish Avenue, miré a ver si había alguna de mis postales en la chimenea. No fue una sorpresa que no hubiera ninguna.

Más tarde, en cuanto reuní el valor necesario, pregunté a Paul si Harley lo había hecho bien.

—Lo hizo bien —dijo Paul, encogiéndose de hombros—. Pero no era muy hablador. En realidad, se limitaba a hacer su trabajo y nada más.

Qué alivio. Por lo visto, mi plan había funcionado a la perfección. Cuando empecé a cortarle el pelo, y nos contamos yo mis aventuras en Israel y él sus vacaciones en Grecia, ambos nos relajamos y volvimos a la antigua rutina. El único e incomparable Billy Shears había vuelto.

* * *

Poco después de mi regreso de Israel, Paul, John, George y Ringo se fueron a Gales a pasar una semana de meditación con el yogui

Maharishi Mahesh, un sabio diminuto y de barba blanca que George Harrison había conocido durante sus viajes por la India. Pero mientras realizaban los ejercicios espirituales, su expansión mental fue interrumpida bruscamente por una llamada de su amigo Mal Evans: Brian Epstein, su veterano mánager, había muerto por culpa de una sobredosis de alcohol y somníferos. Impresionados, los cuatro músicos volvieron de inmediato a Londres.

Epstein había lanzado a los Beatles cuando empezaban, puliendo sus actuaciones y consiguiéndoles los primeros conciertos y grabaciones. Durante los años de la beatlemanía había gestionado aquella locura mientras los *Fab Four* hacían giras por todo el mundo, acosados por adolescentes histéricas, periodistas y fotógrafos. Él mismo se había hecho famoso. Sin embargo, tras el último concierto de los Beatles en Candlestick Park, a Epstein le costó adaptarse a su papel cada vez menos importante, lo que tal vez contribuyera a su creciente abuso de las drogas. Durante la grabación de *Sgt. Pepper's* probó a ir a una clínica de rehabilitación, pero fue incapaz de frenar sus adicciones. Su última y trágica sobredosis ya se anunciaba en la prensa como el principio del fin de los Beatles.

La siguiente vez que vi a Paul le presenté mis condolencias. Parecía muy afectado por la pérdida, menos parlanchín y más distraído de lo habitual. Al ver su estado de ánimo, seguí trabajando en silencio. Para ser sincero, yo también estaba preocupado, y tenía noticias que no podía contarle, a él menos que a nadie. Vidal Sassoon había inaugurado una bonita peluquería en Nueva York un par de años antes, en Madison Avenue, y me había ofrecido una plaza allí. Era una oportunidad única en la vida, desde luego, pero significaba arriesgar mi relación con los Beatles por segunda vez. ¿Debía llamar otra vez a Harley Muse e irme a la Gran Manzana? Ya me veía peinando los salvajes rizos de Bob Dylan y viajando a San Francisco con flores en el pelo. Por otra parte, me resistía a dejar a Paul y a los demás, aunque fuera temporalmente.

Tras la callada sesión de estilismo nos instalamos en la sala de música para tomar una taza de té y fumar hierba.

—Escucha, Leslie —anunció en cierto momento, pasándome el porro—. He estado dándole vueltas a una idea estos últimos días. Creo que a todos nos vendría bien salir de Londres un tiempo, ya sabes, hacer algo diferente, olvidarnos de todo. No solo del grupo, sino de Mal, de Neil y de todos los demás.

—Eso parece una buena idea, Paul. —Di la primera chupada—. ¿Una especie de retiro o algo así?

—Sí, en cierto modo. Pensaba que podíamos subir a un coche e ir muy lejos.

—¿Adónde te gustaría ir? —pregunté, fundiéndome con el sillón cuando el cannabis empezó a hacerme efecto. Casi sentía los tentáculos de la música rodeándome el cuerpo.

—En realidad, mi idea no es ir a un sitio en particular. Es más la idea de viajar en coche. Podríamos ir por ahí y ver qué pasa, espontáneamente, ya sabes. Y grabarlo todo como si fuera una especie de película del viaje de los Beatles. Vamos a invitar también a unos cuantos actores. Así que… necesitaremos un peluquero para los actores y el equipo de rodaje.

Tragué una profunda bocanada que me hizo toser. Ante mí, con los ojos cerrados, explotaron brillantes campos de colores con flores geométricas, lo que me obligó a preguntarme si las últimas palabras que había oído no serían fruto de mi imaginación.

—¿Me estás invitando a ir con vosotros, Paul? —conseguí decir al fin.

—Sí —sonrió—. ¿Querrías venir? Lo llamaremos «Magical Mystery Tour». Viaje mágico y misterioso. Es el título de una canción que hemos grabado.

Se me escapó una risa nerviosa. ¿Viajar por todo el país en un autobús con los Beatles? ¿Quién podía decir que no a algo así?

—Bueno…, pues sí, Paul —tartamudeé, desbordante de alegría—. Me encantaría ir con vosotros.

Acababa de decir estas palabras cuando me sentí rodeado por las consecuencias de esta decisión impulsiva.

—Fantástico, Leslie... —oí que decía la voz de Paul en alguna parte.

Me incorporé para despejarme.

La oferta de Nueva York. ¿Acababa de rechazarla? Y eso no era lo peor. ¿Cómo iba a pedirle a Vidal que me diera otro permiso temporal cuando acababa de llegar de Israel? Ir de voluntario por la causa judía era una cosa, pero largarme en un autobús hippy con los Beatles era otra muy distinta. Ni siquiera imaginaba cómo plantear la cuestión.

—¿Cuánto tiempo pensáis que..., bueno..., que durará ese viaje? —pregunté a Paul, pasándole el porro.

—Ah, ya veremos —respondió vagamente, llenándose los pulmones de humo—. Supongo que eso es parte del misterio mágico.

Aquella noche, al llegar a casa, no podía dormir. Tenía un torbellino en la cabeza. Había echado por la borda mi trayectoria profesional. Paul McCartney me había apuntado a aquella pequeña excursión peliculera. Ahora no podía echarme atrás, ¿verdad? No, por supuesto que no. Estábamos hablando de Paul McCartney. Pero era imposible que Vidal Sasson me dejara ir a semejante aventura. Y mucho menos Roger Thompson, mi jefe. Pobre de mí, Roger iba a frotarse las manos de alegría cuando se enterase. Allí estaba su oportunidad de librarse de mí para siempre, envenenando el oído de Sassoon con toda la ponzoña posible. Leslie Cavendish iba a tirar por la borda su trabajo, su reputación y su modo de vida por un estúpido capricho de drogadictos, ¡ja, ja!

Pero, por otra parte..., ¿no merecía un viaje con los Beatles arriesgar el trabajo, la reputación y la forma de vida de uno? Mi mente aún estaba nublada por el cannabis, de eso estoy seguro. Creí que iba a volverme loco, con la cabeza dando vueltas y los rítmicos latidos de mi corazón resonando en toda la casa. Y entonces, de repente, como en una visión chamánica, se me apareció el rostro de mi madre, brillando en mi conciencia, cada vez más deslumbrante, resplandeciendo con una luz blanca, pura e incuestionable. Todo lo demás pareció desvanecerse.

«No te preocupes, Les —dijo Betty Botas, guiñándome el ojo con picardía cuando por fin empezaba a dormirme, totalmente exhausto—. Llamaré a la peluquería y les diré que estás enfermo, que el médico dice que necesitas al menos una semana para recuperarte.»

«Ah —susurré sorprendido, mientras me volvía hacia un vacío infinito y mi visión se alejaba—. «Gran idea, mamá.»

La verdad es que me costó un poco convencer a mi madre de carne y hueso. Durante todos mis años de colegial nunca había faltado a clase un solo día y mucho menos la había implicado en un plan semejante. Pero aquel fue el mejor plan que se me ocurrió, así que le supliqué hasta que no le quedó más remedio que ceder. De ninguna manera pensaba perderme el Magical Mystery Tour de los Beatles. Aunque fuera un infierno.

8

The Magical Mystery Tour

Si han visto la película *Magical Mystery Tour*, tendrán que admitir que es una de las colecciones de imágenes más extrañas que han conocido el celuloide. Las dos películas anteriores de los Beatles eran ciertamente poco convencionales, pero al menos tenían un guión y estaban dirigidas por el competente Richard Lester. Este tercer intento fue más un experimento, construido sobre la marcha, y con tantos directores como magos tocados con capirote (cinco: los cuatro Beatles y Bernard Knowles). No me molestaré en contar la trama, ya que no puede decirse que haya ninguna. En el desfile de imágenes surrealistas hay una morsa que toca la guitarra, un grupo de «hombres-huevo» vestidos de blanco, un sargento del ejército gritando incoherencias, un sórdido espectáculo de *striptease* y un camarero que echa con pala una tonelada de espaguetis en una bandeja. Objetivamente, parece una película casera de un viaje a la costa mezclada con números de los Monty Python y las extravagancias artísticas más descabelladas que puedan concebirse. Casi habría que dar por sentado que los responsables estaban colocados con ácido y quizá incluso tratando de provocar una reacción psicodélica en los cerebros del confiado público británico que la vio aquel 26 de diciembre, durante el Especial de Navidades en que se emitió por primera vez. No andarían muy equivocados.

La idea de Paul McCartney que dio origen al Magical Mystery Tour se inspiró en una excursión parecida que había organizado Ken Kesey, el autor de *Alguien voló sobre el nido del cuco*. En 1964, Kesey había viajado por Estados Unidos en un autobús pintado con brillantes y alucinantes colores, con un grupo de amigos que se hacían llamar Merry Pranksters («Alegres Bromistas»), para reunirse con los Grateful Dead, Allen Ginsberg y los Ángeles del Infierno, entre otras figuras de la contracultura. Como en Magical Mystery Tour, el viaje en autobús fue documentado en una película de 16 mm, aunque la cinta no se hizo pública hasta cuarenta años después. Y sí, Kesey y sus Bromistas tomaban ácido en cada parada del camino, además de iniciar a otros en las drogas psicotrópicas.

El ácido lisérgico, o LSD, fue una influencia importante en los Beatles por aquella época, al igual que para todo el movimiento hippy. Aquel verano Paul McCartney no solo admitió haber experimentado con ácido, sino que ensalzó sus virtudes en directo en la televisión británica. En cuanto a John Lennon, más tarde recordaría que durante aquellos años debió de tomar unos mil sellos de LSD. Tanto si las iniciales de «Lucy in the Sky with Diamonds» eran o no un acrónimo explícito (por increíble que parezca, fue negado en numerosas ocasiones por los propios miembros del grupo), la soñadora y alucinógena letra de la canción ciertamente reflejaba sus potentes experiencias con aquella sustancia que alteraba las percepciones.

Junto con la meditación trascendental que habían empezado a practicar bajo la guía del yogui Maharishi Mahesh, los Beatles utilizaban el LSD no solo con fines recreativos, sino como una herramienta para superar el yo, olvidarse de los límites y los prejuicios culturales y explorar la naturaleza de la conciencia y la realidad. Las drogas psicotrópicas y las disciplinas espirituales orientales eran métodos gemelos para producir el «despertar» de la humanidad anunciado por los heraldos de la Nueva Era, y a menudo se mezclaban. La letra de la canción de los Beatles «Tomorrow Never Knows» se había sacado del libro de Timothy Leary *La experiencia psicodélica*, que describe el LSD como un atajo químico para llegar a las profundidades, a las introspecciones transformadoras de la vida de los experimentados meditadores budistas.

Personalmente, nunca me inicié en aquello, por mucho que quisiera experimentar el viaje hippy y dilatador de la conciencia de la «Era de Acuario». Intenté asistir a unas cuantas clases de meditación en el centro de TM que el Maharishi tenía en Belgravia y a las que ya había asistido George Harrison. Junto con el incienso y la música india de sitar, la meditación trascendental se había convertido en una nueva moda y yo estaba convencido de que allí encontraría por fin la paz interior. Había estado hablando con Paul McCartney sobre libros como *Siddharta* y *El profeta*, y como resultado me sentía espiritualmente animado, prácticamente preparado para la iluminación.

Al cabo de unos minutos de estar sentado con las piernas cruzadas, empecé a ponerme nervioso. La espalda y la cara interna de los muslos se me quejaban y descubrí que me costaba mucho concentrarme en las instrucciones del maestro. Al final creo que salí de allí más frustrado y estresado de lo que había entrado. Quizá fuera demasiado impaciente. No lo sé. En cualquier caso, a las pocas sesiones decidí que un buen partido de tenis era un remedio mucho más relajante para Leslie Cavendish.

En cuanto al LSD, solo lo probé una vez. Sentía curiosidad por ser un «experimentado», como dijo tan sutilmente Jimi Hendrix, así que, cuando un amigo de Lawrence me ofreció un ácido una tarde que estábamos en casa, decidí aceptarlo. Al principio fue un poco decepcionante. Caminábamos juntos por King's Road, pero las cafeterías y las tiendas no me parecían más alucinantes de lo normal. Supuse que no estaba pasando nada. Luego volví a casa solo y puse un nuevo disco experimental que había comprado hacía poco, *Indo-Jazz Suite*, de John Mayer y Joe Harriot. Entonces fue cuando noté que había caído en una especie de conejera. La exótica melodía del saxofón que salía de mi tocadiscos comenzó a girar, adoptando una forma innegablemente peculiar. Riéndome como un niño, observé las formas y los colores que aquel sonido líquido dejaba en las paredes y el mobiliario.

¿Lo disfruté? Desde luego que sí. De hecho, fue más que eso. Fue la auténtica experiencia psicodélica de la que todo el mundo hablaba. *Strawberry fields for ever!* ¡Fresales para siempre! A los cinco minutos (¿o fue a las tres horas?) ya tuve suficiente. Es decir, ¿cuántas fresas puedes comerte de una sentada, por muy dulces y jugosas que sean, antes de que te duela la barriga? Pero siguieron apareciendo aquellas putas maravillas: fresas, ciruelas, copos de nieve y ARAÑAS. ¿Cuánto iba a durar aquella tortuosa locura? ¿Seguro que no otras seis..., ocho..., diez horas? Habría dado cualquier cosa para que parase: mi Morris, mi trabajo y mis ratos con McCartney. Pero aquella locura no tenía fin. Y tampoco había forma de controlarla. Si no hubiera sido por mi querido disco de Mothers of Invention, *We're Only in It for the Money* («Solo estamos en esto por dinero»), que satirizaba alegremente todo el movimiento hippy y me trajo de vuelta a la tierra, creo que no hubiera aguantado aquella noche. ¡Gracias, Frank Zappa! A la mañana siguiente llamó un amigo a mi puerta.

—¡Por Dios, Leslie! —exclamó al verme—. ¿Qué has estado haciendo?

Me sentía como si hubiera muerto y resucitado. Lo que se parece mucho a la descripción que da Timothy Leary de la experiencia con LSD. A partir de entonces, decidí que la hierba ya era suficientemente alucinógena para mí, muchas gracias.

En cualquier caso, el Magical Mystery Tour fue, sin el menor asomo de duda, un viaje extravagante en más de un sentido. Canciones como «I Am the Walrus», «Blue Jay Way» o «Flying» parecen escritas por hippies drogados mientras miran lámparas de lava. Y cuando los Beatles cantaban que «llegaba para llevarte lejos», todo el mundo sabía de qué estaban hablando. Todo el que estaba conectado con el ambiente flipado de los hippies, claro.

Y aquí está lo raro: durante el auténtico Magical Mystery Tour en el que participé no hubo absolutamente ninguna droga ilegal a bordo, al menos que yo supiera. Puede que hubiera algo de hierba en las habitaciones de los hoteles, tras las puertas cerradas. Pero, ciertamente, dudo que alguno tomara ácido. Exceptuando, quizá, a Lennon. Puede que el grupo se mostrara particularmente cauto tras las detenciones de Donovan y los Rolling Stones aquel año, pero el Magical Mystery Tour fue realmente un viaje sorprendentemente insípido e inocente, muy distinto de la extravagancia empapada en ácido de los Merry Pranksters.

Sin embargo, fue un viaje fenomenal.

* * *

Para mí, el viaje comenzó un lunes por la mañana temprano, igual que si empezara mi semana de trabajo normal. Aunque ya era mediados de septiembre, el día amaneció brillante y cálido, como si el Verano del Amor prosiguiera solo para nosotros. Aparecí en el lugar de reunión, Allsop Place, al lado de la estación de metro de Baker Street, sintiéndome tan culpable y nervioso como un colegial que hacía novillos. En la acera había ya una extraña colección de personajes y, conforme llegaban pasajeros, se volvía más extraña aún. Aparte de los amigos y los colaboradores de los Beatles, como Mal Evans y Neil Aspinall, había unos cuantos con focos, trípodes y cámaras, una niña de cuatro años de la mano de una mujer de pelo canoso, un escocés de aire adusto, una mujer muy gorda y alegre, y un enano. Más tarde supe que el escocés era Ivor Cutlet, un inexpresivo poeta excéntrico y humorista que iba a hacer el papel del señor Blood Vessel en la película; la alegre señora gorda era Jessie Robins, que haría el papel de la tía Jessie de Ringo, mientras que el enano era George Claydon, el fotógrafo del viaje.

Pregunté a Neil dónde estaban los Beatles y me explicó que pasaríamos a recoger a John, George y Ringo en sus respectivas casas, en Virginia Water y Surrey. En cuanto a Paul, había salido corriendo para hacer un recado de última hora: comprar el uniforme del conductor.

—Todo se deja para el último minuto —añadió, con el aire resignado de quien está acostumbrado a desenvolverse en el caos.

—¿De veras? —dije.

—Habrás notado que no hay vehículo.

—Sí, ya me había fijado. ¿Dónde está?

—Lo están redecorando. Estamos esperando a que terminen los diseñadores.

Esa fue la primera pista que tuve de la clase de improvisada locura que iba a vivir durante la semana. Mientras esperábamos el autobús, vi que algunos actores y personal del equipo de rodaje estaban más que inquietos por la falta de planificación. Estaban esperando alguna clase de guión, pero, cuando Paul llegó al fin, lo único que traía era una hoja de papel con una circunferencia dividida en secciones, como una gráfica circular, con números en cada una y palabras y garabatos escritos alrededor. En la sección número cuatro, por ejemplo, había una carita sonriente. Todo muy mono, pero no muy tranquilizador.

Decidimos ir a una cafetería cercana que utilizaba el personal de London Transport. Mientras tomábamos un té, descubrí, gracias a uno de los viejos amigos de Paul, que en el Instituto de Liverpool, donde había estudiado de adolescente, celebraban un evento anual conocido como «mystery tour», «viaje misterioso». Todos los años, los chicos mayores que estaban a punto de terminar la secundaria, de quince o dieciséis años, hacían un viaje en autobús cuyo destino era desconocido. Estos viajes misteriosos siempre terminaban en Blackpool, pero el mito del viaje a lo desconocido persistía.

—¿Así que allí es donde vas a llevarnos, Paul? —pregunté al Beatle, que estaba firmando autógrafos a la sorprendida clientela—. ¿A ver las luces de Blackpool?

—No sé... —dijo con aire burlón, enarcando una ceja—. ¡Es un misterio!

El autobús llegó a Allsop Place con unas dos horas de retraso, pero, ciertamente, causó impresión. Recién pintado de amarillo y azul claro, con una estela de estrellas formando un arco iris y las palabras «Magical Mystery Tour» en bonitas letras redondas que casi se podían abrazar, parecía el típico vehículo fantástico que podía llevarnos volando a la luna. Todos subimos con entusiasmo y, cuando nos pusimos en marcha, Neil nos dio a cada uno cinco libras (poco menos de cien en dinero del siglo XXI) para cubrir los gastos de comida y bebida del viaje.

La filmación comenzó casi nada más recoger a los otros tres Beatles. Miranda Wright, que hizo de anfitriona simpática, nos iba señalando bonitos paisajes rurales mientras los demás representábamos el papel de turistas satisfechos. Aunque no se necesitaban muchas dotes interpretativas para ello, yo estaba muy emocionado porque Shirley Evans, que era cliente mía en la peluquería, había elegido sentarse a mi lado en el autobús. Shirley era una mujer exuberante, una acordeonista con una personalidad apabullante y una figura tan llena de curvas como su espeso cabello rojizo. Se había hecho famosa en espectáculos de variedades con su estilo único, a la vez vistoso y sensual.

—¿Puedes creerlo, Leslie? —repetía sin cesar—. ¡Estamos de gira con los Beatles!

Lo que no podía creer era que la señorita Evans se hubiera convertido de repente en mi mejor amiga. Mi imaginación ya corría salvajemente sobre las teclas de su acordeón. El Magical Mystery Tour había tenido un inicio muy prometedor.

* * *

Sin embargo, las cosas no salieron según lo planeado, ni para mí ni para los Beatles. Resultó que Shirley Evans tenía marido, Reg Wale, y se las apañó para tenerme alejado durante todo el viaje. Además, las sorpresas espontáneas y aleatorias que Paul había esperado filmar durante el viaje se vieron frustradas en prácticamente todas las paradas. Aunque se grabaron algunas interacciones con unos patidifusos clientes en el restaurante Pied Piper de Basingstoke, donde comimos el primer día, cuando llegamos al hotel de Teignmouth, en Devon, al parecer se había filtrado ya el proyecto «secreto» de los Beatles: cientos de adolescentes locales estaban esperando a sus ídolos bajo la lluvia. Tras una conferencia de prensa improvisada aquella primera noche, el vistoso autobús fue seguido a todas partes por una cabalgata de fans, periodistas y fotógrafos. Y fue aquella atención de la prensa lo que llevó directamente a la mayor, más casual y espontánea sorpresa de todo el viaje. Al menos, para mí.

La tarde siguiente, tras una memorable comida a base de mejillones y patatas fritas, llamé a mi madre desde el hotel Atlantic de Newquay para contarle las aventuras del día. Camino de la feria de Widecombe, el conductor, Alf, había enfilado por una carretera secundaria para esquivar a los beatlemaníacos, pero se quedó atrapado en un angosto puente y tuvo que ir marcha atrás durante casi un kilómetro. Los Beatles se pelearon y el equipo de rodaje decidió grabarlo todo mientras cada uno daba rienda suelta a su temperamento, sobre todo John Lennon, aunque aquel metraje no se incluyó en la película. Pero cuando empecé a contarle a mi madre la historia, me interrumpió:

—¿Has visto los periódicos de hoy, Leslie? —preguntó.

—No, mamá —respondí—. No hemos tenido tiempo. Ya tenemos aquí demasiado lío...

—Bueno, pues deberías —prosiguió—. Salía un reportaje sobre el viaje en el *Daily Express*, con muchas fotos.

—Ah, ¿sí? ¿Salgo en alguna?

—Pues sí, sales —dijo—. Hay una foto de Paul McCartney hablando con un tipo con mala pinta y tú estás al lado mismo. Y hay otra en la que sales con Paul y un policía. ¡Eres tú, Leslie, seguro!

—Vaya, mamá, qué bien —comenté. Yo no estaba tan emocionado como ella. Ya había salido alguna vez en la prensa por cortar el pelo a los Beatles, así que aquello solo representaba un poco más de publicidad—. Gracias por haberlo descubierto.

—El caso es —añadió, con el serio tono maternal de «ya-te-lo-dije»— que me temo que lo ha descubierto alguien más. Tu jefe, Roger.

Sentí un escalofrío que me caló hasta los huesos.

—¿Qué? —exclamé.

—Ha visto las fotos y me ha llamado por teléfono para preguntarme dónde estás.

—¿Y tú qué le...? —La gente de la recepción del hotel me estaba mirando, así que bajé la voz—. ¿Qué le dijiste?

No respondió a la pregunta. ¿Para qué? Roger había visto exactamente dónde estaba. Sabía que le había mentido.

—Quieren que vuelvas a la peluquería inmediatamente, Les —sentenció mi madre. Oí su ruidoso suspiro por el auricular—. Creo que si no vuelves te despedirán.

Cuando colgué, no fui capaz de reunirme con los demás en el bar del hotel. Sentía que la cerveza, los mejillones y las patatas se me revolvían peligrosamente en el estómago. Subí a la habitación que compartía con John Kelly, el fotógrafo del viaje, y me dejé caer en la cama totalmente aturdido. Mientras el viento marino azotaba las ventanas del hotel, repasé las opciones que tenía. Podía subir al primer tren de Londres que partiera por la mañana y tratar de salvar el empleo. Pero ¿cómo podía desdecirme de la palabra que había dado a Paul y los otros Beatles? Ya había empezado a cuidarles el pelo, en previsión de algunas escenas de la película. Imposible abandonarlos a medio camino. Además, tampoco quería. ¡Estaba en el Magical Mystery Tour! ¡Estaba haciendo historia! Por otra parte, no podía arriesgar un sueldo fijo ni mi reputación como estilista. Los ocasionales trabajos con Paul McCartney y sus compañeros de grupo no eran suficientes para pagar el alquiler de mi casa.

Entonces, precisamente cuando empezaba a lamentar el día en que decidí cobrar a los Beatles la tarifa normal, me acordé de la oficina de NEMS en la que había tomado la decisión y, por asociación, del hombre que la fundó y lanzó a los Beatles, Brian Epstein. Ciertamente, la muerte ponía los problemas en perspectiva. Un día estás aquí y al siguiente has desaparecido. Miré por la ventana la negra noche de Cornualles, el mar enfurecido. ¿Qué quería hacer con mi vida? ¿Qué más podía querer? ¿No era lo que estaba haciendo?

Si Vidal Sassoon no me quería en su peluquería, seguro que podía encontrar otra que quisiera contratar al estilista de los Beatles. En cualquier caso, ¿qué más daba si volvía al día siguiente o al final de la semana? El daño estaba hecho. Así que decidí dejar de llorar, me obligué a salir de la cama y bajé al bar. Si los Beatles habían decidido emprender un cretino viaje en autobús tras la muerte de Brian Epstein, yo no iba a estropear la diversión por una estúpida bronca en el trabajo.

* * *

Y así, sin saber qué me depararía el futuro en el terreno laboral, me quedé durante casi todo el viaje. Por fortuna, tenía muchas distracciones. Para empezar, estaba la filmación de la película. Como estilista oficioso de la producción, me llamaban de vez en cuando para comprobar que el pelo de los actores quedara bien ante la cámara y a menudo trabajaba en condiciones que eran todo un desafío: al aire libre, en campos y playas ventosos, y sin un sillón auténtico de peluquero, ni pila, ni secador ni otros instrumentos esenciales. Menos mal que había tenido dos meses de entrenamiento en el «salón» improvisado del kibutz. Cuando no me necesitaban, me pegaba a mi compañero de cuarto John Kelly mientras hacía las fotos fijas de producción.

Una cosa que no he contado es que tuve que *actuar* en esta película de los Beatles. *Disculpa, ¿salgo en la siguiente toma?* Ah, claro que sí, Leslie: los cuarenta y tres pasajeros son también personajes de la película. ¡Y tú eres uno de ellos!

Aunque algunas de las escenas más complicadas se rodaron después del viaje, por ejemplo los videoclips de «Fool in the Hill» y «I Am the Walrus», participé en muchas gansadas. En uno de mis primeros momentos en escena, me indicaron que observara una conversación entre Ringo y la señora que hacía de Tía Jessie. No me dieron muchas instrucciones, solo que debía de reaccionar normalmente. «Normalmente», delante de una cámara y cerca de Ringo Starr, significaba para mí temblar como una hoja. Pero sabía a qué se referían, y al final resultó más fácil de lo que esperaba. Cuando la cámara empezó a filmar, los dos se pusieron a discutir con tanta furia que creí que se estaban peleando en serio. ¡No tuve que actuar en absoluto!

Uno de los momentos más extraños se produjo durante la filmación de una caótica escena en la que yo y muchos otros miembros del reparto teníamos que subir y bajar de una diminuta tienda de campaña instalada en medio del campo. En un momento dado, mientras subía a rastras por la lona, vi a George Harrison sentado con las piernas cruzadas en un campo de maíz, meditando pacíficamente con su ancha cazadora azul, no muy lejos de donde estábamos rodando. El contraste entre el follón que teníamos en la tienda y su trascendental momento de calma fue tan surrealista como todo lo demás de la película. Yo, desde luego, no habría sido capaz de realizar semejante hazaña.

Otra distracción que tuve durante mi semana en el autobús fue la pequeña Nicola, la niña de cuatro años que vi el primer día. Estaba allí con su madre y su abuela, Pam y Amy Smedley, que eran familia del director de selección de actores. Nicola se había unido al viaje porque tenía vacaciones en la escuela y su madre no había podido encontrar canguro en tan poco espacio de tiempo. Al principio a nadie pareció importarle, y Nicola no parecía consciente de que estaba a punto de formar parte de la historia de la música. Pero hay un viejo dicho en Hollywood que aconseja no trabajar nunca con animales ni con niños, y en el transcurso de aquella semana nuestro equipo de aficionados acabó entendiendo por qué.

Para ser justos, Nicola era una niña encantadora con unas mejillas increíblemente preciosas y redondas, y fue una brillante y alegre presencia en el autobús. Pero, al fin y al cabo, era una niña y de vez en cuando se ponía nerviosa en aquel espacio cerrado. Aunque John Lennon comparte en la película un tierno momento con Nicola, que juega con la pluma blanca de su sombrero hongo y recibe un globo del Beatle, la verdad era que John se impacientaba a menudo con la actuación de la niña. Por alguna razón, ella se había convertido en la última fan de John y no dejaba de intentar jugar con él o a su lado. En cierto momento, John nos ordenó de malos modos a Ringo y a mí que dejáramos de jugar un pequeño partido que habíamos empezado con Nicola y un balón de fútbol (que, para aclararnos, se había estrellado contra su preciosa cabeza de Beatle). En otra ocasión en que despertó a John de una siesta acariciándole con la pluma, John se volvió hacia mí, descontrolado, y dijo con una sonrisa cruel:

—Leslie, ¿podrías hacerme *el favor* de controlar a esa niña?

A partir de entonces fui «Guardián Jefe de la Niña», un trabajo que, casualmente, me consiguió mi mayor actuación estelar en la película.

Rodamos la escena en Taunton, en la freiduría Smedley, que era propiedad de los abuelos de Nicola. En el episodio, yo llevaba a Nicola en brazos hasta el mostrador, rodeado por los cuatro Beatles, mientras esperábamos a que nos sirvieran. Poco más tarde, con un efecto hasta cierto punto estrambótico, puede verse a Nicola al otro lado del mostrador, poniéndose de puntillas para servirnos ella misma el pescado con patatas. Por desgracia para mí, la secuencia no fue incluida en el montaje final de la película, aunque actualmente puede verse en YouTube. Solo hay que buscar «Magical Mystery Tour Fish and Chips».

En cuanto a los Beatles, es obvio que, para muchos pasajeros, estar con ellos en un espacio tan pequeño fue un privilegio y una emoción constante. Nadie los molestaba a bordo, por supuesto, como hacían sus omnipresentes fans en cada parada. Nos habían elegido como a dignos compañeros de viaje. Los tratábamos como a simples seres humanos, y creo que todo el mundo se daba cuenta de que los miembros del grupo estaban atravesando un momento difícil en su trayectoria profesional.

Yo tenía la impresión de que el Magical Mystery Tour era un proyecto de Paul, su forma personal de enfrentarse a la intempestiva muerte de Brian Epstein y de mantener unidos a los Beatles. Pero el único que parecía compartir su entusiasmo era Ringo. Tras los tensos momentos que presencié durante la grabación de *Sgt. Pepper's*, el batería de la banda parecía transformado por la oportunidad de aparecer en aquella nueva película de los Beatles. El momento que me viene a la cabeza fue la mañana en que Ringo y yo fuimos a la playa de Porth para ver a Paul pedaleando en una bicicleta doble con George el enano. Los dos Beatles estaban de un humor tan alegre y juguetón que nadie habría imaginado que su mánager había muerto solo un par de semanas antes.

Pero John y George estaban claramente desconectados del experimento fílmico de Paul. George Harrison parecía haber elegido una forma diferente de enfrentarse a la incertidumbre que rodeaba el futuro de los Beatles: retirarse a un plano alternativo de conciencia. Sentándose en el campo con las piernas cruzadas o, simplemente, aislándose en el autobús, parecía bastante distante de la producción y de la atmósfera festiva. Por entonces estaba cerca de la cumbre de su pasión por el misticismo oriental y tuve la impresión de que habría preferido volver al retiro de Maharishi a viajar por Devon y Cornualles en un autobús lleno de gente.

En cuanto a John, pasaba la mayor parte del tiempo durmiendo o con aspecto distraído, y ya he mencionado sus ocasionales estallidos de mal humor y sus bruscas salidas de tono. A diferencia de Paul y Ringo, que se mezclaban con todos nosotros libremente, John se relacionaba casi exclusivamente con un extraño personaje que llevaba un poblado bigote rubio y que se llamaba Alexis Mardas. Este artista (y seguramente estafador) griego se presentaba como una especie de mago de la electrónica y había prometido a los Beatles construirles un estudio de grabación de 72 pistas, entre otras innovaciones revolucionarias. Para cumplir su promesa, «el mago Alex» había sido nombrado recientemente el jefe de Apple Electronics, la rama tecnológica de la nueva empresa que habían empezado a organizar. Pero lo principal es que parecía haberse convertido en el último gurú de John Lennon. Al parecer, John pasaba horas drogado con ácido y mirando dentro de la «Nothing Box», la caja de la nada, un cubo de plástico con luces que se encendían al azar y que había diseñado el mago Alex. Mardas también había sido el responsable de las «vacaciones» que Paul y los otros Beatles habían pasado en Grecia el verano anterior. Los había convencido de que compraran una isla griega, y luego se había ofrecido como mediador ante el gobierno del país.

Entre otras geniales ideas que el mago Alex propuso a los Beatles, como construir un platillo volante o fabricar pintura invisible, se ha dicho que les ofreció un sistema para crear un campo de fuerza alrededor de sus casas. No sé si los rumores son ciertos, pero durante el Magical Mystery Tour tuve la impresión de que estaba creando un campo de fuerza alrededor de John Lennon, para que nadie más pudiera acercársele. Ahora que lo pienso, creo que es irónico que Lennon se considerase a menudo el Beatle más dominante de los cuatro. En mi opinión, siempre parecía estar bajo la influencia de algún gurú: el mago Alex, Yoko Ono o el yogui Maharishi Mahesh; primero admirado en el Magical Mystery Tour por ser el «Fool on the Hill» y luego criticado en el llamado «álbum blanco» (*The Beatles*) por ser «Sexy Sadie». En mayor o menor medida se ha responsabilizado a todos estos personajes de la separación de los Beatles, pero quizá la causa verdadera, o una parte, fuera la fascinación de John Lennon por los personajes carismáticos, que lo inducían a seguir nuevas e inesperadas direcciones. Pero la cuestión es: ¿habría sido posible esa música que cambió al mundo sin esta propensión?

* * *

Irónicamente, los recuerdos musicales que tengo del Magical Mystery Tour no tienen nada que ver con ninguna de las canciones de los Beatles. Hubo muchos cantos estentóreos en el autobús a los que todos nos uníamos con entusiasmo, pero las canciones eran principalmente viejos clásicos de vodevil como «Toot, Toot, Tootsie!» o «When Irish Eyes Are Smiling», acompañados por el acordeón de Shirley Evans. De hecho, una vez concluido el viaje, Paul y John le escribieron una canción, titulada muy oportunamente «Shirley Wild Accordion». En la grabación, que por desgracia no entró en la película ni en el disco, a Paul se le oye gritar: *Go on Shirl!*, «¡Vamos, Shirl!», algo que solía gritar en el autobús durante las ruidosas sesiones de canto.

Quizá el momento musical más memorable corrió a cargo de Spencer Davis, cuyo grupo acababa de sacar el sencillo «Keep on Running». Los Beatles conocían a Spencer, que casualmente estaba pasando unas vacaciones allí cerca, así que nos invitó a pasar la tarde a un pub de su familia. Aunque los actores y el equipo estábamos agotados tras el duro día de filmación, unos cuantos nos acercamos desde el hotel Atlantic al cercano Tywarnhayle Inn. Spencer había dicho a los clientes habituales del pub que esperasen una sorpresa, pero no les dio detalles, así que, cuando Paul McCartney y Ringo Starr entraron de repente en el local, todo el pub se quedó callado y, a los pocos segundos, estalló en gritos y aplausos.

Paul pidió una pinta de cerveza y se fue directamente al piano. Tras dejar la cerveza encima, anunció que ahora era el pianista residente. Con eso animó la velada con una interpretación de «Knees Up Mother Brown». Ringo se unió rápidamente a su amigo tocando una vieja mandolina que encontró en un rincón y que solo tenía una cuerda. Al principio, los clientes los escucharon en respetuoso silencio, pero pronto dejaron a un lado las inhibiciones para corearlos con entusiasmo. Aparte de «Yellow Submarine», que Paul se negó a tocar, creo que cantamos todas las canciones ya en circulación. No decidimos volver a casa hasta que Ringo, medio borracho, anunció que tenía el dedo hecho puré por culpa de la mandolina. Debían de ser por lo menos las dos de la madrugada, y espero que el Tywarnhayle Inn nunca haya visto una sesión privada como aquella.

* * *

Nuestro Magical Mystery Tour terminó el viernes 15 de septiembre, y la vuelta fue tan alegre como la ida. Había mucha cerveza en el autobús, y Shirley dirigió las sesiones de canto finales. Dejamos a George, John y Ringo en sus respectivos domicilios de Virginia Water y el autobús siguió viaje hacia Londres. Cuando llegamos al conocido tráfico de la capital, la magia y el misterio no tardaron en desvanecerse, reemplazados por la realidad de las calles rectilíneas de la ciudad y los edificios verticales. Mientras miraba por la ventanilla, atribulado por la culpa, sentía que me hundía en el asiento. Tenía un buen problema y no había forma de escapar de él. El Verano del Amor se había acabado para siempre.

Lo primero que hice al día siguiente por la mañana fue llamar por teléfono. Era sábado y oí el zumbido de la peluquería al fondo en cuanto respondió Stephen Way, el subdirector.

—Hola —balbuceé—. Mmm..., soy Leslie. He vuelto.

—Ah, Leslie —respondió, un poco tenso—. Tengo para ti un mensaje de Roger.

—Ya veo —dije—. ¿Cuál es?

—Dice que estás despedido. Lo siento, Leslie..., pero tienes que entenderlo. Te has ausentado sin permiso, y no se puede permitir ese comportamiento en la peluquería.

Mi pesadilla se había hecho realidad. Estaba sin trabajo. Mentalmente, me despedí de mi alegre vida en Chelsea, de mi situación profesional, de la mayoría de mis clientes famosos, quizá incluso de los Beatles.

—Espera..., Stephen... —añadí antes de que colgara—. ¿Podrías concertarme una cita con el señor Sassoon? Tengo que hablar con él.

En cuanto me confirmaron que Vidal había accedido a verme, salté al Mini y corrí a la peluquería de Bond Street. Vidal me estaba esperando en su despacho, vestido impecablemente como siempre con su traje oscuro. Se puso en pie con expresión afligida, como si fuera un médico obligado a repetir un diagnóstico sin esperanza. Pero, antes de que abriera la boca, tomé la iniciativa.

—Señor Sassoon, cuando le pedí permiso para ir de voluntario a Israel, me prometió guardarme el puesto de trabajo y fue fiel a su palabra. Ahora, como sabe, mi trabajo con Paul McCartney y los otros Beatles nos ha traído una publicidad excelente en revistas y periódicos. Cuando los periodistas preguntan cómo citarme, siempre les digo que escriban «Peinado por Leslie, de Vidal Sassoon». Podría haber dicho fácilmente «Peinado por Leslie Cavendish» y llevarme todo el mérito, pero nunca lo he hecho. Siempre he sido tan leal con usted como usted conmigo. —Vidal siguió callado, así que continué—. Bien, sé que he cometido un error, y lo siento. Temí pedir otro permiso para ausentarme. Fue una estupidez, pero no sabía cómo obrar. En cualquier caso, ese no es el motivo por el que Roger quiere echarme. Está resentido conmigo porque me tocó peinar a Jane Asher y, como consecuencia, a Paul McCartney y los Beatles. Estoy convencido. —Vidal seguía sin pronunciar palabra—. Y digámoslo con claridad, señor Sassoon —concluí—. Tenemos muchos clientes nuevos, estrellas de pop y actores, gracias a la publicidad que he conseguido. Así que..., ¿podría darme otra oportunidad?

Vidal había escuchado atentamente. Al final habló con su habitual susurro.

—Te diré lo que voy a hacer. Hablaré con Roger y ya te contaré lo que hay.

Salí de la peluquería aturdido, tan seco como si hubiera pasado toda la semana cortando el pelo sin parar, veinticuatro horas al día, y no viajando en un autobús con los Beatles. No creía que Roger cambiara de opinión, pero al menos estaba satisfecho por haber hecho todo lo posible. Estaba preparado para buscar otro empleo, si eso era lo que tenía que hacer al final.

Al día siguiente, ante mi sorpresa, me llamó Roger. Aunque debía de estar rugiendo de rabia, su tono fue frío e indiferente.

—Hola, Leslie. Puedes volver a la peluquería.

Nunca me lo perdonaría.

* * *

Magical Mystery Tour se presentó en televisión el 26 de diciembre de 1967, como el Especial de Navidad de la BBC de aquel año. Pocos días antes de la emisión, se celebró una fiesta en el hotel Royal Lancaster a la que fui invitado junto con el resto de los «alegres bromistas» beatleianos. La invitación tenía una ilustración tan alucinante que no leí las instrucciones escritas entre los rayos, las florituras y las flores.

El día de la fiesta, Paul me llamó para decirme si podía ir a Cavendish Avenue 7 a peinarlo para el acontecimiento. Ambos estábamos emocionados ante la perspectiva de ver en la gran pantalla la versión montada de nuestra excursión de finales de verano, y mientras lo peinaba recordamos el momento en que el autobús se quedó atascado en el puente, las veladas de acordeón, las gracias de Nicola y otros episodios.

Más tarde, ya en su salón, el Beatle me hizo una pregunta sorprendente.

—Bueno, ¿y qué vas a ponerte para ir a la fiesta, Leslie?

Me quedé un poco parado. Paul nunca había mostrado interés por mi ropa.

—Yo, bueno, aún no lo he pensado —respondí.

—¡Pues será mejor que lo pienses pronto! —exclamó riendo por lo bajo y confundiéndome aún más—. Jane y yo vamos a ir de Reyes de las Perlas.

Era una tradición ponerse ropa con botonadura de nácar en las fiestas benéficas. Pero ¿por qué iba Paul...? A menos que... Oh, no.

—Ya sabías que es una fiesta de disfraces, ¿no? —preguntó.

Me golpeé la frente con la palma.

—No —dije—. ¡Y no tengo nada para ponerme!

Paul se echó a reír y en ese momento entró Jane en la sala. Cuando le expliqué mi descuido, sugirió una idea.

—Creo que tenemos algo para este hombre —dijo.

—Claro, Leslie —accedió Paul con entusiasmo—. ¿Por qué no vas al piso de arriba y echas un ojo a mi guardarropa?

—¿En serio? —dije, un poco cohibido.

—Sí, adelante —me animó, señalándome la escalera.

—Paul tiene mucha ropa rara —dijo Jane, acurrucándose al lado de su novio en el sofá. Los dos estaban a punto de anunciar su compromiso, así que estaban en el momento más cálido de su romance.

¡Ostras! Resultaba raro entrar solo en el dormitorio de Paul y Jane y curiosear en su armario. Jane no había exagerado en absoluto. Vi las chaquetas floreadas más extravagantes, pantalones de colorido terciopelo y camisas de seda con chorreras, lo mejor que los diseñadores de moda de los sesenta podían confeccionar con ácido lisérgico en el organismo. Era la ropa estrafalaria que Paul se ponía para la presentación de álbumes, fiestas de famosos y otros grandes acontecimientos mediáticos. Paseando por King's Road, a menudo pasaba por algunas de las *boutiques* especializadas en ropa masculina de fantasía (lo que se llamó «revolución pavo real») que tenían indumentarias parecidas en los escaparates: Hung on You, Granny Takes a Trip y Dandie Fashions. Sus audaces experimentos podían tomarse fácilmente por disfraces.

De repente, mientras pasaba la mano por las hombreras de las chaquetas colgadas, rocé algo que me resultó inconfundiblemente familiar: una charretera rematada en una ancha banda de flecos plateados. Descolgué la percha y admiré la casaca de raso azul celeste, los botones de plata y el cordón de macramé rosa.

Pobre de mí. Era la casaca de Sgt. Pepper que había llevado Paul. Sufrí un estremecimiento solo de pensar en ponérmela.

Instintivamente, miré hacia la puerta del dormitorio, como si estuviera a punto de robar las joyas de la corona de la Torre de Londres. ¿Me atrevería? ¿Podía verme asistiendo a la fiesta de promoción del *Magical Mystery Tour* vestido como Paul en la cubierta de *Pepper*? No estaba seguro de que mi cliente se hubiera referido a aquello al decir que podía encontrar «algo que ponerme» en su guardarropa. Pero podía probármela. ¿Solo unos minutos? Después de todo, estaba solo allí arriba. Nadie lo sabría nunca.

Antes de darme cuenta ya había metido el brazo por la manga de raso. ¡Jo, qué suave! Luego la otra. La casaca me llegaba casi hasta las rodillas. Abroché los botones y enganché las cinco cintas plateadas que cruzaban el pecho. Aunque me quedaba un poco estrecha, en general me venía bien. Ya había silbado la mitad de «Lucy in the Sky with Diamonds» y he de decir que, mientras el corazón me golpeaba en el pecho, sentía que aquel traje mágico me había transportado a un mundo diferente, como si al ponérmelo en la habitación de Paul me hubiera metido en su piel. Empuñé una guitarra imaginaria con la izquierda, como Paul hacía y yo siempre había hecho. Me puse a cabecear en el escenario, agitando los pelos al son de la música: *¡Permítanme presentarles al único e incomparable Billy Shears, de la Sgt. Pepper's Lonely Hearts Club Baaand!*

La vida puede ser extraña. En aquel mismo dormitorio había sugerido a Paul que fuera disfrazado a Francia y a África. Precisamente en aquella silla le había cortado el pelo, lo había transformado en otra persona, en alguien que no podía ser reconocido como Paul McCartney. La casaca que llevaba puesta formaba parte de aquel nuevo disfraz. Y ahora mismo, al ponérmela, era yo quien se convertía en Paul McCartney.

Pero, cuando me puse delante del espejo de cuerpo entero que había en la pared, la ilusión desapareció. Vi mi conocidísimo careto por encima de la colorida casaca que me quedaba pequeña y pensé: «¿En qué diablos estás pensando, Leslie? ¡No puedes presentarte con esta facha en esa puta fiesta de promoción!»

Rápidamente desabroché los botones, me quité la casaca y la volví a poner en su sitio. De hecho, decidí que no iba a ponerme nada de Paul. Aquella tarde me puse la ropa más elegante que tenía en casa para las ocasiones especiales: un traje cruzado de Paul the Tailor, de la famosa Berwick Street, camisa rosa de John Michael, corbata de Turnbull & Asser y botas de Pinet, de Bond Street. No era una ropa tan divertida como la indumentaria de Ringo y Maureen, que llegaron disfrazados de maestro de ceremonias circense y de piel roja, respectivamente. Pero al menos aparecí elegante y digno.

¿Lamento no haberme puesto el traje de Sgt. Pepper de Paul para ir a aquella fiesta? Pues no. Estoy seguro de haber tomado la decisión correcta. A pesar de todo, he de admitir que todavía sueño con entrar en el hotel Royal Lancaster con aspecto de Billy Shears.

* * *

Cuando *Magical Mystery Tour* se emitió el 26 de diciembre, el alucinante programa de una hora de duración causó escándalo en todo el país, como si se hubiera encontrado a los Beatles echando maría Purple Haze en la limonada de Santa Claus. La BBC recibió un alud de llamadas de espectadores furiosos y desconcertados. «¡Basura intolerable!», proclamaba el *Daily Express*. «Caótica», secundó el *Daily Mirror*. «Un engaño colosal», vociferaba el *Daily Mail*. Por primera vez en su trayectoria profesional, los Beatles habían fracasado y Paul incluso llegó a pedir disculpas en la BBC unos días después: «No decimos que sea una buena película. Fue nuestro primer intento. Si la pifiamos, la pifiamos. Fue un reto y no salió bien. La próxima vez lo haremos mejor».

La película ha mejorado muchísimo con el paso del tiempo. En la era de los canales musicales de la televisión por cable, los clips surrealistas de los Beatles parecen divertidos y extravagantes, pero familiares. Además, podemos disfrutar de los viajes de ácido de los Beatles en toda su gloria salvaje y cromática, porque en 1967 la BBC decidió emitir la película en blanco y negro, ya que entonces había pocos televisores en color. Así que podría decirse que el Magical Mystery Tour se adelantó tanto a su tiempo que poca gente entendió lo que los Beatles intentaban hacer. Incluso en casa de mis padres vimos el programa en un embarazoso silencio, roto solo por la reacción de la abuela Debbie cada vez que aparecía yo: «¡Ahí está nuestro Les!»

Pero ni siquiera aquel 26 de diciembre de 1967 pensé que fuera tan horrible, y muchos jóvenes pensaron como yo. Para nosotros, la indignación del sistema por aquella «basura intolerable» solo confirmaba lo reprimida que estaba la sociedad británica, lo conservadora que era y lo incomunicada que estaba, y también lo amenazada que se sentía por una ola de cambios que la arrastraba inexplicablemente, afectando incluso a instituciones sagradas como la Navidad o la misma BBC. Los Beatles eran como el «Fool on the Hill»: *No parece gustar a nadie, pero sus ojos interiores ven las vueltas que da el mundo y sabe que los idiotas son los demás.*

Y otra cosa: ¿nadie se dio cuenta de lo bien peinados que salían los actores?

9

El auténtico Submarino Amarillo

Mucho antes de los MacBook y los iPhones, cuando Steve Jobs aún era un adolescente empollón, había otra empresa Apple, conocida como Apple Corps. Era de todo punto tan influyente, ambiciosa y revolucionaria como llegaría a ser la central tecnológica de Cupertino, y representaba una forma totalmente nueva de hacer negocios que parecía a punto de cambiar el mundo para siempre. Pero no tenía su base en California. La tenía en Londres. Y no estaba a las órdenes de un único líder carismático, sino de cuatro: John Lennon, Paul McCartney, George Harrison y Ringo Starr.

En 1967 los Beatles decidieron hacer negocios de alto nivel. Primero se vieron motivados por el «recaudador de impuestos» al que satirizaron en la primera canción de *Revolver*. El verso «Hay uno para ti, diecinueve para mí» se refiere al hecho de que, en aquellos días anteriores a Thatcher, los miembros del grupo pagaban unos impuestos del 95 % por orden del gobierno de Harold Wilson. Sus contables aconsejaron a los Beatles que invirtieran su dinero en una empresa productiva en lugar de regalárselo alegremente a Hacienda. Al principio pensaron abrir una cadena de tiendas que vendiera camisetas, gorras e imanes de frigorífico con la marca Beatle. Pero una aventura tan crematística parecía demasiado restrictiva para los Beatles. Si se veían obligados a fundar una empresa, ¿por qué no aprovechar la oportunidad para iniciar una nueva revolución?

Los *Fab Four* no tardaron en anunciar su idea al mundo en entrevistas de televisión y anuncios de prensa. Iban a fundar algo llamado Apple Corps, que abarcaría Apple Records, Apple Publishing, Apple Films, Apple Electronics y Apple Retail. Mediante esta nueva empresa de corte idealista, ayudarían a realizar sus sueños a pintores, poetas, compositores de canciones, cineastas e inventores. Los talentos jóvenes y desaliñados nunca más serían despedidos por los porteros de las grandes empresas mientras se fumaban un puro. Apple Corps escucharía sus ideas, financiaría sus proyectos y daría luz a los genios marginados de esta generación. Para que la idea siguiera circulando, Apple Records lanzó una campaña de anuncios, pidiendo a todos los músicos esperanzados que les enviaran por correo una grabación con sus canciones. Con esta invitación abierta a los jóvenes creativos del mundo, la nueva empresa hippy daba a entender que no iba a comportarse como ninguna otra empresa del planeta. Decían que era «una mezcla de negocio y diversión», una «rareza controlada» y una especie de «comunismo occidental».

—Estamos en la feliz posición de no necesitar más dinero —explicó McCartney durante la rueda de prensa de presentación—. Así que, por primera vez, los patronos no buscan un beneficio. Nosotros ya hemos comprado todos nuestros sueños. Queremos compartir esa posibilidad con los demás.

Pero quizá no se dieron cuenta de cuántos muchachos iban a enviarles sus sueños. La dirección de la nueva empresa pronto se vio obligada a alquilar más espacio de oficinas solo para alojar los millares de cajas y sobres acolchados que empezaron a llegar por correo.

Yo era un visitante habitual de Apple, desde sus inicios en un pequeño y anticuado despacho de Baker Street hasta el fastuoso local al que se mudaron menos de un año después, en Savile Row 3,

exactamente entre los sastres más de moda de Londres. Al principio me llamaban para trabajos de peluquería, con alguno de los
Beatles o con los empleados del despacho, que a veces se sentaban
en fila, cinco o seis a la vez, mientras los peinaba. Pero al cabo de
un tiempo se convirtió en el lugar al que acudía después de la jor-
nada laboral, el lugar de descanso en el corazón de Londres donde
podía relajarme en compañía de la gente más genial del mundo.
Más que la oficina de una empresa, Apple parecía el «submarino
amarillo» que habían cantado los Beatles: un grupo de amigos que
lo pasaban bien en su pequeña nave, rodeados de música y de
cordialidad general.

El epicentro de lo que fue descrito como «el cóctel más largo»
de la historia fue sin duda la sala de prensa de Apple, que requisó
el encargado de relaciones públicas de los Beatles, Derek Taylor.
El río interminable de periodistas, artistas, colaboradores, admi-
radores y desocupados que desfiló por el lugar tuvo ocasión de
consumir allí ingentes cantidades de escocés con Coca-Cola, la
bebida que Derek solía tomar por el día y que abundaba en el
mueble bar. También se invitaba a fumar canutos, gentileza de un
tipo tranquilo conocido como Stocky, que se sentaba en la postu-
ra del loto sobre el gigantesco archivador gris para liar sus «Bombarderos B52 de Benson y hachís», como los llamaba la gente. Y
si necesitabas algún producto químico más fuerte, también se podía conseguir discretamente.

Eso no quiere decir que no se hiciera el trabajo. Tras la afabi-
lidad y la afición a la bebida que caracterizaban a Derek, había
una mente sagaz y un vasto conocimiento del negocio de la música, que había aprendido en Los Ángeles trabajando de relaciones públicas para grupos como los Beach Boys y los Byrds. El
personal de su oficina de prensa en Apple debía de recibir más de
mil llamadas al día. Aquellos teléfonos nunca dejaban de sonar,
los reporteros pedían entrevistas, los empresarios ofrecían pro-
puestas «irresistibles», y además estaban los artistas sin un peni-

que y los chiflados que habían contactado con alienígenas o los elfos y necesitaban entregar un mensaje a George Harrison para salvar al mundo. No se limitaban a llamar, sino que a menudo se presentaban en persona en la puerta, o incluso se colaban entre los agobiados recepcionistas, exigiendo ver a uno de los Beatles de inmediato. Derek era un maestro sorteando aquel constante aluvión y se comportaba siempre como el anfitrión encantador de aquella interminable fiesta, por muy caóticas que se pusieran las cosas. Este es el hombre que tuvo que dar la cara ante la prensa británica, como portavoz de los Beatles, durante la conmoción que produjo la ruptura de Paul McCartney y Jane Asher, el ridículo que rodeó a su gurú indio, el escándalo de las «obscenas» fotos de John y Yoko desnudos, las humillantes redadas en busca de drogas, los absurdos pero insistentes rumores sobre la muerte de Paul, las crecientes tensiones entre los cuatro Beatles y su separación final. Y a pesar de todo parecía disfrutar con aquel caos, algo que pude confirmar personalmente cuando me invitó por primera vez a su casa de Sunningdale y me presentó a sus cinco hijos (que luego fueron seis) y a su asno. Derek cargaba con todo con una energía inagotable, una generosidad alucinante y una apariencia impecable. A esto último contribuí yo siendo su peluquero.

* * *

Tengo que dar las gracias a Derek Taylor por presentarme a una mujer que llegó a ser una gran amiga: Chris O'Dell. Como mucha gente de Apple Corps, esta simpática rubia californiana apareció una mañana en recepción, sin dinero y sin casa donde quedarse. Había conocido a Derek trabajando para él en Los Ángeles, así que él la ayudó reservándole una habitación en un hotel, y luego me preguntó si podía vivir en mi casa durante un tiempo mientras se instalaba en Londres.

Por aquella época, en 1968, tuve una de las oportunidades más afortunadas de mi vida. Como habrán adivinado, las oportunidades afortunadas me llegaban en aquel periodo tan regularmente como los Bombarderos B52 de Stocky, pero aquella tenía el tamaño del porro más grande que le había visto liar. Desde que me había mudado a mi pequeño estudio de Chelsea, solía salir a pasear con mi amigo Eddie, un modisto que formaba parte de la escena gay local, cuyos miembros sospechaban que yo era el nuevo novio de Eddie. Por Eddie conocí a gente como Vicky Wickham, la productora del emblemático programa de televisión *Ready Steady Go!*, y a la cantante de soul Dusty Springfield, que estaba en la cumbre de su fama por aquel entonces. Una noche, Eddie me invitó a cenar en el Casserole con un grupo de amigos entre los que estaban Dusty y su novia Norma Tanega, una cantante conocida sobre todo por su sencillo «Walkin' My Cat Named Dog».

En el restaurante me senté al lado del hermano de Dusty, Tom Springfield, un autor de canciones que había escrito la música de la película *Georgy Girl*, un gran éxito de la época. Aquella noche parecía bastante preocupado.

—¿Qué te pasa, Tom? —le pregunté.

—Tengo mucho que hacer y poco tiempo para hacerlo —confesó con amargura—. Me voy a Sudamérica para promocionar *Georgy Girl*, ya ves.

—¡Tom, lo has conseguido, macho! —dije riendo por lo bajo.

—Sí, ya. —Levantó las manos como para defenderse—. Pero tengo que deshacerme del piso de mi madre ¡y nos vamos dentro de diez días!

—¿Deshacerte?

—Tengo que venderlo. Está en Dover Court.

—No fastidies, yo vivo justo enfrente, en Meriden Court —respondí—. Y lo cojonudo es que me van a subir el alquiler dentro de poco. Yo mismo estaría interesado en comprarlo si tuviera dinero suficiente.

—¡Pero eso es perfecto, Leslie! ¿Por qué no vas a echarle un vistazo?

—Bueno, está bien, pero… no podré pagarlo.

Tom no se rindió. Antes bien, me asió la manga de la camisa casi con desesperación.

—Mira, Leslie, tengo mucha prisa. Ven por la mañana. Si te gusta, lo único que te pido es que pagues la minuta del abogado y es tuyo.

No podía creer lo que estaba oyendo.

—¿Quieres darme el piso gratis? ¿Estás de broma, Tom?

Resultó que no. Estos triunfadores del mundo del espectáculo tenían tanto dinero encima que regalar un piso en Chelsea solo significaba para ellos un gran alivio. La minuta del abogado ascendió a 50 libras. Y eso es todo lo que pagué por mi primer inmueble en propiedad, en el barrio más de moda de Londres…

Así que, cuando Derek me preguntó si no me importaría que su amiga californiana aterrizara en la habitación que me sobraba, estuve más que contento de aceptar. Me sentía en deuda con el universo, y aún no podía creer que tuviera un piso en propiedad justo al lado de King's Road. Además, Chris O'Dell parecía la compañía más divertida que podía imaginar, y no se necesitaba ser un genio para saber que había llegado de California con una mentalidad típica del Verano del Amor. Mientras pasaba a ser una especia, de ayudante personal colectiva en Apple Corps, gracias a sus sorprendentes habilidades organizativas, su actitud divertida y su impresionante tolerancia al alcohol y las drogas, nos hicimos muy buenos amigos, y a menudo pasábamos tiempo juntos como parte del séquito de los Beatles, tanto en el despacho como en los estudios de grabación y, por supuesto, en casa. Incluso estoy en condiciones de confesar que formé parte de su lista de amantes famosos —que con el tiempo incluiría a Mick Jagger, Bob Dylan y Ringo Starr— durante unos cinco minutos y medio.

* * *

Chris vivió la vida intensamente, con o sin LSD (y a menudo con). Además, tenía el don de la oportunidad para estar siempre en el meollo de las cosas. Por ejemplo, estaba en Trident Studios durante la grabación de «Hey Jude» y le dijeron que empuñara un micrófono y formara parte del caótico coro final. También estaba en la azotea de Apple durante el último concierto de los Beatles, e incluso en la cocina de Ringo cuando George confesó al batería del grupo que se estaba acostando con su mujer. Así que no es de extrañar que también estuviera implicada en muchas de las anécdotas más memorables de aquel periodo, como el de trasladar clandestinamente a un Beatle al Club Dell'Aretusa que ya conté en el capítulo 4. Pero la historia que recuerdo con más viveza tiene que ver con la prolongada visita de los Ángeles del Infierno al mundo de los Beatles.

En las oficinas de Savile Row había siempre un heterogéneo surtido de personajes. Entre el personal más o menos oficial había individuos con experiencia en el mundo del espectáculo como Derek Taylor y Ron Kass, que estaban al frente de Apple Records y viejos amiguetes de Liverpool como Neil Aspinall (que más tarde sería director ejecutivo de Apple Corps), Mal Evans y Alistair Taylor. También se encontraban el mago de la tecnología, el griego Alexis Mardas, que estaba construyendo un estudio de 72 pistas en el sótano, el malhumorado y a menudo peligrosamente borracho coordinador de fotografía Jeremy Banks, el fornido portero y guardaespaldas Jimmy Clark, una antigua Apple Scruff que se las había arreglado para conseguir un trabajo en la cocina, un astrólogo contratado para leer el porvenir a todo el mundo e incluso —vivir para ver— un peluquero residente que no dejaba de hablar de los Queens Park Rangers. Otra categoría era la de los artistas promocionados por Apple Records, como el hippy americano James Taylor y la joven e inocente cantante de música folk galesa

Mary Hopkin, pero también todo el grupo de devotos del Templo de Radha Krishna, a los que se oía cantando mantras sin cesar en las escaleras con alfombra verde manzana del edificio. A esta multitud fija había que añadir una variedad diaria de visitantes ocasionales: reporteros y pinchadiscos, con pelo largo o corto, según el canal mediático, empresarios trajeados, fotógrafos que venían a enseñar su trabajo a Jeremy Banks y el continuo trajín de pintores y poetas en ciernes, hippies, fans y bichos raros que trataban de abrirse paso hasta los *Fab Four*. En último lugar, y no el menos importante, como es lógico, estaban los propios Beatles, que solo ponían el pie en las oficinas de vez en cuando…, inevitablemente desatando la histeria tanto del personal como de los visitantes.

Sin embargo, de vez en cuando había huéspedes especiales en las oficinas de Apple, no necesariamente invitados por alguien en concreto, pero que de alguna manera eran personas aceptadas en el redil. Normalmente eran visitas cortas, como cuando la actriz americana Lauren Bacall apareció con sus hijos para conocer a los cuatro famosos de Liverpool. O sea, ¿quién iba a decir que no a la señora Bacall y a la adolescente Leslie Bogart? Algunos de estos visitantes especiales se alojaban en la habitación de invitados, exactamente encima de la oficina de prensa, durante largos periodos. Tal fue el caso de Emily, una pelirroja mamá hippy de California, su relajado cónyuge y cuatro hijos entre cero y quince años. En un viaje de ácido habían concebido un plan para retirarse a las islas Fiyi con John Lennon y Yoko Ono. Así que pasaron por Londres para recoger a la famosa pareja, sin escuchar las sensatas explicaciones de nadie sobre la ocupada agenda de John y Yoko. Mientras tanto, utilizaban el tocadiscos de la habitación de invitados y probaban la sabrosa comida preparada en la cocina por los dos chefs *cordon-bleu* que trabajaban en Apple.

Fue por entonces, en diciembre de 1968, cuando los Ángeles del Infierno cayeron sobre nosotros. Se rumoreaba que este infame club de bandidos motorizados había estado implicado en toda clase de actos delictivos en Estados Unidos. Un par de años antes, Hunter S. Thompson había publicado un libro en el que estos «tíos legales» quedaban retratados como una banda de matones fuera de la ley que cruzaban el país violando, saqueando y fanfarroneando como una horda de vikingos del siglo XX. «La gente solo tiene que aprender a no cruzarse en nuestro camino —había dicho, al parecer, uno de ellos—. Machacaremos a todo el que se nos ponga por delante». Habían cruzado el Atlántico por primera vez y su «camino» iba a pasar exactamente por las oficinas de Apple.

Me enteré de la llegada de los Ángeles cuando mi pequeño Mini dobló por Savile Row una tarde y vi dos impresionantes Harley-Davidson acaparando las plazas de aparcamiento más cercanas a la entrada, con los inmensos tubos de escape amenazando a los caballeros con traje y bombín que miraban atónitos aquella invasión tan poco decorosa. Cuando llegué a la oficina de prensa, parecía que iba a caerse el techo con la música ensordecedora, las patadas y los gritos que se oían arriba.

—¿Qué pasa? —pregunté a Derek—. Es como si hubiera una pelea ahí arriba.

—Bueno —dijo, encogiéndose de hombros con el teléfono en la oreja—. Parece que George, cuando estuvo grabando en California con Jackie Lomax, invitó a venir a los Ángeles del Infierno.

—¿Y por qué hizo una cosa así?

—No creyó que aceptaran la invitación. Pero se equivocó. Al parecer, ya organizaron un buen alboroto durante el viaje. Lo han convertido en una especie de asamblea de salvajes. Incluso se han traído las motos.

—Las he visto aparcadas fuera.

—Tuvimos que pagar en la aduana para que dejaran entrar las motos, ¿puedes creerlo? Menos mal que George nos envió una carta para avisarnos.

Me enseñó una copia de la nota de George, que explicaba que doce miembros de la banda pasarían por Londres mientras se dirigían a Checoslovaquia para «enderezar» la explosiva situación política creada allí por las tropas y los tanques del Pacto de Varsovia que habían invadido el país para aplastar las reformas de la Primavera de Praga. George pedía a la dirección de Apple que recibiera con los brazos abiertos a los Ángeles, asegurando que, aunque aquellos motoristas armados con cadenas parecían muy feroces, en realidad eran buenos chicos. A pesar de todo, advirtió al personal que no dejara que los Ángeles «tomaran el control de Savile Row».

Subí corriendo la escalera y encontré la habitación de invitados llena de gente bailando, tirada en el suelo y dando cuenta de varias cajas de cerveza. La habitación apestaba a pachulí. Al final resultó que solo dos eran auténticos Ángeles del Infierno: Bill Fritch (alias «Sweet William Tumbleweed») y Peter Knell («Frisco Pete»), los dos sujetos formidables, con el pelo sucio y largo, y enfundados en sus famosas cazadoras de cuero negro con la calavera alada en la espalda. Pero habían llegado con lo que ellos llamaban «tripulación de placer», dieciséis hedonistas californianos salidos directamente de Haight-Ashbury: guitarristas, niños de pecho y sonrisas atontadas por todas partes. En el grupo estaba Ken Kesey, cuyo lisérgico viaje en autobús había inspirado el Magical Mystery Tour, y Rock Scully, mánager de los Grateful Dead. Por lo que pude ver, no había un peligro inmediato de que el edificio se derrumbara, pero estuve pendiente de aquel grupo salvaje durante el resto de su estancia. Para consternación de la dirección de Apple, que no sabía cómo librarse de ellos, la visita se prolongó durante semanas y, luego, meses.

Hasta que una tarde las cosas se pusieron realmente horripilantes. Literalmente. Cuando me acercaba a mi apartamento después del trabajo, me sorprendió ver dos Harley-Davidson encadenadas a una farola. Se parecían peligrosamente a las máquinas que había visto en la puerta de las oficinas de Apple… y, de hecho, resultó que eran las mismas.

«Oh, no, Chris— pensé—. Por favor, no me digas que has invitado a los Ángeles del Infierno a mi casa».

Efectivamente. Cuando crucé la puerta, percibí una vaharada de pachulí y explosiones de carcajadas. A través de la nube de humo reconocí a Sweet William Tubleweed, a Frisco Pete, a mi compañera de piso Chris O'Dell, a otra chica llamada Frankie Hart, que formaba parte de la Tripulación de Placer, y a la novia de Bob Weir, de los Grateful Dead. Los cuatro se habían instalado cómodamente en mi sofá y mis sillones y parecían estar en un relajado estado espiritual. Todos tenían latas de cerveza en la mano y en mi tocadiscos sonaba a todo volumen la canción «White Rabbit» de Jefferson Airplane. Chris dio un salto y me presentó a nuestros invitados.

—Eh, hola —sonrió Frankie, haciendo el gesto de la paz—. Chris nos ha contado que les cortas el pelo a los Beatles.

—Sí, qué alucine, tío —dijo Sweet William, estrechándome la mano con la fuerza de un puñetazo controlado.

—¿Una cerveza, Les? —me preguntó Pete, rodeando con sus gruesos dedos una botella de Bud sin abrir.

¿Les? No soporto que me llamen «Les». Siempre lo he detestado. Soy *Leslie*, y sólo mi madre puede llamarme «Les». Pero en esta ocasión decidí no hacer caso. Quizá fue porque vi la pegatina «1%» en la cazadora de cuero de Frisco Pete. Me habían contado que se refería a algo que había dicho la Asociación Americana de Motoristas, en el sentido de que el 99% eran ciudadanos respetuosos de la ley. Los Ángeles del Infierno, por lo visto, constituían el uno por ciento restante. Así que, cuando Pete abrió la botella de cerveza apoyando la chapa en el borde de mi mesita de centro, tampoco hice caso.

Di un sorbo a la cerveza y me acerqué una silla, ya que todos los sitios cómodos habían sido ocupados por mis inesperados invitados. Me sentía como si los piratas hubieran asaltado mi piso y que solo gracias a su generosa magnanimidad se me permitía estar allí y compartir un trago. ¿Cuánto tiempo iban a quedarse? No llevaba ni dos minutos con ellos y ya me sentía decididamente incómodo. Mientras las siniestras guitarras de Jefferson Airplane seguían sonando y Grace Slick cantaba suavemente y con aire misterioso sobre píldoras mágicas y orugas que fumaban, los brutos invasores que ocupaban mi sofá se limitaban a sonreírme, moviendo las gordas cabezas al ritmo de la música, como si esperasen que yo dijera algo. Pero yo no encontraba las palabras. ¿Cómo vas a hablar de naderías con un par de Ángeles del Infierno? No creo que estuvieran muy interesados por el ascenso de los Queens Park Rangers a primera división, aunque fuera algo sin precedentes. No, sencillamente, no me imaginaba pasando toda la velada en compañía de aquellos gánsteres motorizados.

—He visto vuestras..., vuestras burras fuera —balbucí al fin, tratando de parecer natural—. Qué máquinas, tío.

Chris soltó una risa tonta contra un cojín. Los nuevos capitanes de mi barco asintieron con la cabeza y sonrieron, aguantándome de momento, aunque estaba claro que me tirarían por la borda si los disgustaba.

Por fortuna, el alcohol empezó a surtir efecto. Me relajé mientras me metía en su onda y, cuando llegó la marihuana, las cosas discurrieron con más suavidad. Después de todo, yo era un gran seguidor de los Grateful Dead, así que al final tuvimos muchas cosas de que hablar. Mientras escuchábamos el último álbum de los Dead, *Anthem of the Sun*, les conté que Chris había conocido en Apple al guitarrista del grupo, Bob Weir, y lo había traído a casa para que le cortara el pelo. Fue una de mis primeras experiencias con aquellas melenas superlargas que tan de moda se estaban poniendo aquel año. Por desgracia, mientras se lo cortaba, me puse a elogiar a Jerry Garcia, el cantante principal de los Dead. Bob Weir se ofendió y me dijo lleno de indignación que él había compuesto toda la música de la banda a medias con Jerry. Cuando terminé de contar la anécdota, los Ángeles del Infierno rompieron a reír a carcajadas. «Puede que George Harrison tenga razón —pensé, ya bastante colocado por entonces—. Quizá estos tipos con aspecto de animales no sean tan malos después de todo.» Incluso empecé a fantasear con unirme un tiempo a la Tripulación de Placer para viajar por la Nacional 66 y domar sus grasientas e incivilizadas cabelleras a la sombra de las oxidadas gasolineras del desierto.

Solo una pequeña preocupación asomaba de vez en cuando por el borde de mi estupefacto cerebro. ¿Qué pasaría si un agente de policía veía la nube de humo ilegal que salía por mis ventanas y las dos burras de aspecto pérfido aparcadas delante de mi domicilio? Un par de meses antes, John y Yoko habían sido detenidos por el sargento Pilcher, el jefe de la Brigada de Estupefacientes de Londres, que ya había arrestado a Donovan y a Mick Jagger. ¿Y si Pilcher tenía el ojo puesto en los Ángeles del Infierno?

Pero yo ya estaba frito a causa del rock psicodélico; la atmósfera era tan cordial como en un *Be-In* californiano y todos los trazos de paranoia se desvanecieron rápidamente. De hecho, bajé demasiado las defensas en mi burbujeante cerebro.

—Oye, tío, ¿sabes una cosa? —espeté a Sweet William en un momento dado, arrastrando las palabras como un pandillero americano—. Nunca he montado en una Harley.

En cuanto las palabras me salieron de la boca, tuve ganas de tragármelas, aspirando hasta el fondo de los pulmones el amargo humo de la hierba, a consecuencia de lo cual sufrí un ataque de tos. ¿Por qué coño había dicho aquello? Tosiendo aún, me erguí en la silla, totalmente despejado ya. Aturdido, pero de alguna manera totalmente despejado.

—¿Lo dices en serio, Les? —Sweet William se acarició la breve barba compacta y apretó los dientes con expresión dolida, como si no pudiera tolerar tanta inocencia—. Pues venga, vamos a dar una vuelta. Chris ya ha salido con nosotros. Lo pasamos bomba, ¿verdad, nena?

—Ah, pues sí, fue muy divertido —asintió la aludida con la cabeza, tal vez con demasiada vehemencia—. Tienes que probarlo, Leslie.

Por entonces ya conocía a Chris lo suficiente para sospechar que allí pasaba algo. A ella le encantaba tomarme el pelo, pero a mí no me engañaba. Aquel extraño tono de voz era una advertencia. Respiré hondo y me armé de valor.

—¿Sabes una cosa? —dije, mirando fijamente la cara de chico duro de Sweet William, que presentaba todas las señales de haber corrido un millón de kilómetros de carreteras americanas castigado por el viento, la lluvia y el sol del desierto—. Gracias, pero no. Hace demasiado frío fuera y, bueno…, no estoy muy seguro de que mi primera vez tenga que ser en una Harley.

Se hizo un largo silencio, interrumpido únicamente por un solo de batería de «Alligator» de los Grateful Dead. El caso es que el Ángel olvidó el asunto y yo respiré de alivio.

—Lo que quieras, tío… —dijo, despertando crujidos en mi sofá cuando se dejó caer de espaldas.

Puede que tampoco a Sweet William le apeteciera probar el aire helado de Londres. Puede que yo mismo hubiera echado a perder mi pose guay y él hubiera decidido que yo no era merecedor de su Harley. Fuera cual fuese el motivo, se me conmutó la pena. Y menos mal, porque, como me contó más tarde Chris en la cocina, su paseo de paquete en la moto había sido una experiencia horrible. Ambos iban con ácido y ella estuvo convencida todo el tiempo de que iban a matarse en un aparatoso accidente.

—Pero ahora no han tomado ácido, ¿verdad? —pregunté.

—¡Pues claro que sí! —Se echó a reír mientras llevaba al salón algo para picar—. Nos tomamos unos sellos antes de que llegaras.

Mi mente empezó a dar vueltas al pensar en la carrera suicida de la que acababa de librarme. Aquella chica estaba consumiendo

Foto publicitaria para la inauguración del salón de peluquería Apple
en King's Road 161, Chelsea.

Fachada de la Sastrería Apple de Chelsea (arriba). Al pie de la escalera de entrada de la peluquería Apple (abajo a la izquierda). De fiesta con John Lennon, Amanda Lee, George Harrison y John Crittle después de celebrar la inauguración de nuestro establecimiento en el Club Aretusa (abajo derecha).

Descansando en mi casa de Chelsea (arriba a la izquierda).
Camino de Suiza con mis amigos Ellen Sherman y Barry (superior derecha).
Tarjeta «de visita» que me dio Frisco Pete (arriba derecha).
Aterrizando en Ibiza con Chris O'Dell (abajo izquierda).
Retocándole el pelo al campeón mundial de Fórmula 1 James Hunt
en su villa de Marbella (abajo derecha).

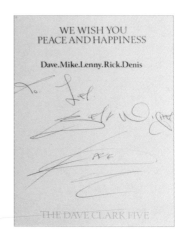

Algunos recuerdos de mi época de peluquero de los Beatles (de arriba abajo y en el sentido de las agujas del reloj): felicitación navideña de los Dave Clark Five (cubierta e interior); dibujo que hizo para mí Heather McCartney mientras le cortaba el pelo a su papi; la enigmática dedicatoria de Paul McCartney para mi prima Lynn en la funda interior de su ejemplar personal de *Revolver*; la felicitación navideña hippie que me mandó Peter Asher, hermano de Jane.

Ernie con mi novia de entonces, Louisa Rabaiotti (arriba izquierda);
Paul y su querida perra *Martha* en su casa de Cavendish Avenue (arriba derecha).

En el Mirage Hotel de Las Vegas tras asistir al espectáculo *Love*,
del Cirque du Soleil, con música de los Beatles.

Con los intérpretes del musical *Let it be* en los camerinos
del Savoy Theatre de Londres.

Rasgueando la guitarra Gretsch que utilizó John Lennon en la grabación
de «Paperback writer» y que hoy es propiedad de Jim Irsay.

Saliendo de los Abbey Road Studios (arriba izquierda).
Ante la puerta del Auditorio Paul McCartney del Institute of Performing Arts
de Liverpool, anteriormente escuela donde estudiaron Paul y George
en los años cincuenta (arriba derecha).

Delante del Art College de Mount Street, Liverpool, donde estudió
John Lennon y tocó por primera vez con Paul y George.

Con Lawrence Falk, amigo de la infancia y colega de tijeretazos,
delante de la casa de John Lennon y Yoko en Montague Square,
Londres (2017).

demasiadas drogas. Y llevando demasiado lejos su experimentación sesentera. Quiero decir que una cosa es vivir la vida a tope y otra muy distinta recorrer las calles de Londres con un Ángel del Infierno drogado con ácido. Tendría que tener con ella otra de nuestras conversaciones de compañeros de piso. Pero aquel no era el momento ni el lugar.

Volví a la reunión detrás de Chris. Luego, solo unos pocos minutos después, dijo delante de todo el grupo con absoluta tranquilidad:

—¿Te importa si los chicos se quedan a dormir esta noche, Leslie?

Miré con aire indefenso a mi compañera de piso y luego a los gorilas que habían tomado posesión de mi sofá. ¿Qué podía hacer? ¿Mirar a un Ángel a los ojos y decirle que se fuera?

—No, claro que no, podéis quedaros —repuse.

Así que nos quedamos sentados allí otro rato, escuchando sus fantásticas anécdotas sobre peleas sobre mesas de billar, sobre una despiadada banda rival y sobre competiciones de velocidad con la policía de carreteras de California. Todos los personajes de los que hablaban tenían nombres como Buitre, Mestizo Loco, Phil el Sucio o Charlie el Pederasta. Ya bien entrada la noche, cuando empezaron a amodorrarse, les buscamos un sitio para dormir. Repartí por el suelo mi colección de cojines marroquíes y Chris y yo tapamos a los tres con un edredón. Pronto estaban durmiendo como niños y roncando como un trío de motores V2 de la Harley Davidson «Knucklehead».

—¿Cuánto tiempo crees que se quedarán, Chris? —pregunté a mi compañera de piso con gran preocupación.

—Ah, no sufras, Leslie. No más de un par de meses... —Se echó a reír, y desapareció en su cuarto con otro porro encendido en la mano.

Cuando desperté a la mañana siguiente, temía abrir la puerta del dormitorio y encontrarme con aquellos gánsteres motorizados todavía en el suelo. Pero me llevé una sorpresa al comprobar que ya se habían levantado y se estaban preparando tostadas y café. A media mañana cogieron las motos y se fueron zumbando hacia Savile Row. Poco antes de irse, Pete me dio algo que en mi vida había creído que existiera: una tarjeta de visita de un Ángel del Infierno.

—Gracias por dejarnos pasar la noche aquí, tío —dijo, sosteniendo la tarjeta con la punta de los dedos—. Si alguna vez vas a San Francisco, ven a visitarnos.

Cuando se alejaron ruidosamente en sus potentes máquinas, leí lo que había escrito en la tarjeta: «Pete, miembro de los Ángeles del Infierno de Frisco, Capítulo de California, te visitó». En el reverso de la tarjeta estaba su divisa, que decía: «Cuando obramos bien, nadie lo recuerda. Cuando obramos mal, nadie lo olvida».

Bueno, nunca olvidé a los Ángeles del Infierno, ni el olor a pachulí que quedó en mi piso durante varios días cuando se fueron. Pero por suerte también puedo decir que nunca «obraron mal» conmigo. Pocas semanas después, supe lo que pasó en la fiesta de Navidad de Apple, cuando John Lennon estuvo a punto de recibir una paliza a manos de un hambriento Frisco Pete, una vez más colocado con drogas y alcohol, por culpa del gigantesco pavo asado que habían preparado en la cocina. Mientras gritaba e insultaba al aterrorizado Lennon, que iba disfrazado de Papá Noel, terció el marido de Mavis, de la oficina de prensa, y recibió un puñetazo en la cara por molestar.

Así que, por muy simpáticos que fueran aquellos tipos la mayor parte del tiempo, Hunter S. Thompson no exageraba: machacaban a todo el que se ponía en su camino...

* * *

Ser un visitante asiduo de Apple Corps tuvo un inevitable efecto colateral. Una vez que la gente se dio cuenta de que yo formaba parte del cogollo Beatle, empecé a ser «beatleado» todo el tiempo. En Apple decíamos que era «beatleado» quien era acosado por el interminable río de fans, músicos, artistas, comerciantes y chiflados que trataban de acercarse a uno o más Beatles. Y podía ocurrir en cualquier lugar y en cualquier momento. En los escalones de la entrada, siempre atestada de gente, mientras le cortaba el pelo al personal de oficinas, mientras comía un bocadillo en la sala de visitas o incluso en las aceras de King's Road, en el Picasso Coffee Bar o en el Chelsea Potter Pub.

—Hola, eres el peluquero de Paul McCartney, ¿verdad? Escucha, tengo una granja en Gales. Tengo líneas ley por todas partes, ¿entiendes? Líneas espirituales. Y el otro día tuve una visión..., me sigues, ¿verdad? Exactamente. Un gran festival, una reunión de tribus. Pero con los Beatles, ¿te lo imaginas?

—Discúlpeme usted, sí, usted, ¿sabría por casualidad si John Lennon estará en la oficina esta tarde? Porque hace unos tres meses le envié por correo una grabación y todavía no me ha respondido.

—Mira, no quiero molestar, pero ¿serías tan amable de entregar esta carta?

—Eh, tío, ya sabes lo que están diciendo de Apple, ya sabes, que convierte en realidad nuestros sueños y toda esa mierda. Bueno, pues yo tengo el mío, pero tengo que hablar con George Harrison en persona. Es demasiado jugoso para ponerlo por escrito y él es el único que lo entenderá, ya sabes, y esos pájaros de la recepción no me dejarán entrar nunca. Dile que solo tiene que salir un segundo, ¿quieres? Sé que está dentro...

Y así una y otra y otra vez. Normalmente yo era educado y explicaba que no podía hacer nada. A veces incluso sentía lástima. Parecían tan desesperados..., sobre todo cuando decían que venían de California, o de la India, o de Australia solo para conocer a sus ídolos. Pero otras veces eran tan agresivos o insistentes que me ponían los nervios de punta. Una vez me sacaron de quicio totalmente. Fue una conferencia que recibí en la peluquería, de uno de esos vendedores americanos con mucha labia, un tipo de Los Ángeles.

—Buenas, ¿es el peluquero de los Beatles?

—Sí —dije con cautela—. ¿Qué desea?

—Encantado de conocerlo, hijo. Escuche, tengo un negocio fantástico para usted. Poseo una cadena de hoteles en los que se han alojado los Beatles y estoy vendiendo recuerdos suyos. Material de calidad, nada de basura, auténticos objetos de los lugares en los que han estado.

—¿Como qué?

—Bueno, si se bañaron en la piscina, embotellamos el agua y la vendemos como agua de los Beatles. Y estamos cortando las sábanas en las que durmieron y vendiendo los fragmentos. Las chicas se vuelven locas con eso, ja, ja.

No daba crédito a mis oídos. ¿Fragmentos de las sábanas de los Beatles? ¿Las lavaban antes? ¿O con manchas eran más valiosos?

—Y aquí va el trato. Queremos ampliar la oferta y ¿qué mejor que vender auténtico pelo de los Beatles? Lo único que tiene que hacer usted es recoger los mechones cortados. Nosotros nos ocupamos de todo lo demás: empaquetado, publicidad y distribución. Lo tenemos todo pensado. Y usted percibiría un buen pellizco, por supuesto. ¿Qué me dice?

Mientras el excitado empresario explicaba su plan, mi cabreo fue en aumento. Desde mi primera sesión con Paul, había decidido no coger ningún mechón de pelo, ni siquiera para mí mismo. Había sido «beatleado» por mi prima Lynn para que le diera uno, supongo, pero ella era de mi familia. En cualquier caso, aquella había sido la única excepción, y le había pedido permiso a Paul. La idea de vender su pelo a espaldas de los Beatles me daba náuseas. ¿Hasta dónde llegarían aquellos buhoneros? ¿Terminarían metiendo la mano en los inodoros de los hoteles?

—¡Basta, hombre, basta! —grité por el teléfono—. De ninguna manera va a conseguir un solo mechón. ¡Así que no vuelva a llamarme!

Creo que nunca me había sentido tan satisfecho al colgar el teléfono.

* * *

Solo recuerdo una ocasión, aparte de la petición de mi prima Lynn, en que fui «beatleado» con éxito. Como aquella primera vez, la presión fue imposible de soportar. En este caso, fue mi viejo amigo Lawrence Falk quien lo pedía, el mismo que me había animado a ser peluquero en los comienzos. ¿Cómo podía negarme?

En 1968 Lawrence y yo todavía éramos buenos amigos y nuestra trayectoria había discurrido en sentido paralelo desde que habíamos elegido la misma profesión. Él había tenido tanto éxito como estilista que se había ido de Eric's, en Baker Street, donde había estado trabajando los últimos años, y había entrado en Crimpers, una peluquería que, como ya he dicho, pasó a ser una de las más emblemáticas de Londres. La innovación más radical de Crimpers fue permitir que hombres y mujeres entraran al mismo tiempo. De hecho, las sillas en las que se sentaban los clientes estaban dispuestas alrededor de mesas de madera, como en un bar, para que las parejas o los grupos de amigos pudieran sentarse juntos mientras esperaban su turno. Aquella revolucionaria peluquería unisex fue como dar un paso más en contra de los estereotipos y las tradicionales separaciones de los sexos. Por primera vez en la sociedad occidental, hombres y mujeres intercambiaban ropas y peinados para expresar su personalidad y no solo su condición social. Crimpers, al ofrecer sus servicios a los pioneros de este nuevo movimiento, consiguió un gran triunfo. El lugar era frecuentado por modelos de alta costura y estrellas de cine, e incluso había empezado a rivalizar con Vidal Sassoon, oponiendo sus «esculpidos» a las «arquitecturas» de su antecesor.

Un día, al salir del trabajo, me encontré con Lawrence en un pub y le mencioné que había estado en una sesión de grabación de los Beatles, en la que estaban preparando algunas canciones que finalmente aparecerían en el llamado «Álbum Blanco».

—Oye, Leslie —exclamó en cierto momento—. ¿Crees que habría alguna posibilidad de que me dejaran entrar a mí?

—Yo no tengo ahí ninguna mano —respondí con pesar—. No les gusta que haya mucha gente en el estudio, y menos aún extraños. Estoy seguro de habértelo dicho ya, Falky. ¡Lo siento!

Me sentía fatal por ser «beatleado» por un amigo y tener que rechazarlo como a cualquier otro. Pero ¿qué podía hacer?

—Oh, vamos Leslie, no me hagas eso... —insistió—. ¡No te columpies!

¿Columpiarme? Lawrence no tenía ni idea de lo que decía. En todas las sesiones de grabación en las que había estado nunca había visto a nadie que no tuviera algún papel, fuera un músico, un ingeniero de sonido o un empleado de Apple Records. En mi caso, era el peluquero de los Beatles y, aunque no siempre estuviera cortando y peinando pelos, todo el mundo sabía que estaba «de guardia». Aquellas sesiones no eran fiestas a las que cualquiera pudiera «invitar a los amiguetes».

Los mismos Beatles se ceñían a una norma que prohibía asistir incluso a las esposas y las novias..., aunque últimamente había habido una excepción flagrante. Al volver de la India, John había empezado a dejar que Yoko Ono entrara en el estudio. Esta violación de la norma no había caído muy bien entre sus compañeros de grupo. Por lo que yo sé, John ni siquiera les pidió permiso. Un día se presentó con su nueva novia, tensando el ambiente del estudio. Aunque nadie lo mencionó, fue como el proverbial traje del emperador, que va desnudo, pero todo el mundo finge que luce sus mejores galas. Más tarde, los historiadores de los Beatles citarían este paso como uno de los factores que contribuyeron al desmantelamiento del grupo.

Así que, ¿cómo iba yo, con mi débil coartada de ser peluquero, a considerar siquiera la posibilidad de llevar a mi viejo compañero de colegio? Era impensable. Con todo y con eso, Lawrence persistió.

—Vamos, Leslie, inténtalo... por los viejos tiempos. ¡Me lo debes, colega!

Miré mi cerveza, avergonzado y sin saber qué hacer. Claro que se lo debía. ¿Cuántas veces había dado Falky la cara por mí? Cuando estábamos en la escuela, me peleé una vez con otro chico de la «Clase Cero». Además de acabar con un ojo morado, recibí una reprimenda del profesor por mal comportamiento, pero lo peor fue que a Lawrence también lo riñeron simplemente porque era el mayor de todos.

Al final levanté las manos en señal de rendición.

—Está bien, cabrón. Se lo diré a Paul.

—¡Eso está mejor!

—No te hagas muchas ilusiones —le advertí, esperando no decepcionarlo demasiado cuando regresara con la previsible respuesta.

—Bah, sé que puedes hacerlo —me animó, chocando su vaso de cerveza con el mío.

Sudé durante días pensando cómo plantearle la cuestión a Paul. La siguiente vez que fui a Cavendish Avenue 7 estaba tan nervioso como la primera vez que vi a mi famoso cliente, con la diferencia de que Paul ahora me conocía mejor, así que seguro que notaba mi tensión. En un momento dado mencionó la sesión de grabación que habían planeado para la tarde siguiente. Supongo que mis tijeras empezaron a temblar peligrosamente alrededor de su cabeza.

—¿Algo va mal, Leslie? —preguntó sonriendo.

—Yo..., bueno..., no. Bueno..., la verdad es que sí.

Dejé a un lado las tijeras y empecé a explicarle la insistente petición de mi amigo. Por increíble que parezca, me interrumpió a los pocos segundos.

—No hay problema, Leslie —dijo, a su manera concluyente y desenvuelta—. Tráetelo. De hecho, puede que quiera tu opinión sobre un tema.

¿Tráetelo? No podía creerlo. ¿Cómo podía ser? Estaba encantado, desde luego, y le di las gracias una docena de veces antes de terminar la sesión. Pero cuanto más lo pensaba, más raro me parecía. ¿Por qué iba Paul a permitir que un completo extraño fuera al estudio?

—¡Te dije que lo conseguirías! —gritó Lawrence, muy emocionado, cuando lo llamé para darle la buena noticia.

Aquella tarde fuimos en coche a Abbey Road, aparcamos delante del edificio, al otro lado de la calle, y cruzamos las rayas blancas que un día iban a ser el paso de cebra más fotografiado del mundo. Incluso con el permiso de Paul, era muy raro aquello de llevar a un extraño a la grabación..., la atmósfera ya estaba suficientemente tensa con Yoko allí.

—Cuando entremos —le dije a Lawrence—, no digas nada, no hagas preguntas, ni..., ¡ni te muevas! Quédate quieto y observa.

—¿Y si me entran ganas de mear? —bromeó al ver lo tieso que me ponía.

—Hablo en serio, Falky. Si tienes que ir al lavabo, levanta la mano y pide permiso. Prométemelo.

—Está bien, hombre. Te lo prometo.

No necesité repetirle las instrucciones. En cuanto llegamos, vimos claramente que las cosas no iban bien entre los Beatles. Su retiro reciente para meditar durante un mes con el Maharishi no parecía haber ayudado mucho a su relación, y el distanciamiento estaba afectando a su trabajo. No creo que aquella noche grabaran nada de provecho. Paul, George y Ringo ensayaron algunas canciones, probando diferentes formas de tocarlas y cantarlas.

Mientras tanto, John pasó casi todo el tiempo sentado en el suelo, al lado de Yoko, hablando con ella mientras le acariciaba el cabello. No parecía más absorto en el trabajo que Lawrence o yo, que veíamos desde el otro lado del estudio cómo crecía la incómoda tensión.

—Eh, John. —Paul se volvió para mirarlo en un momento dado—. ¿Estás en este grupo o qué?

Aunque fuera una broma destinada a relajar la situación, puso en palabras lo que todo el mundo pensaba.

La sesión solo duró hasta las 3 de la mañana. Antes de salir, George Harrison preparó té para Paul y para él. Después de pasarle la taza a su compañero de grupo, cogió la guitarra y, por alguna razón, se puso a cantar una de mis canciones favoritas de los Beatles de todos los tiempos, «In My Life». En aquel momento no le di mucha importancia, pero más tarde pensé en que su nostálgica letra podía ser un comentario sobre el delicado momento por el que estaba pasando el grupo.

La canción pareció recordar algo a Paul, que se acercó al piano, puso su taza de té encima y nos invitó a Lawrence y a mí a acercarnos.

—Eh, chicos, a ver qué os parece esta nueva canción que he compuesto.

Cuando nos acercamos al piano, se puso a tocar una de sus melodías más alegres, cantando con mucho entusiasmo:

—«Obladi, oblada, life goes on, brah! La-la how the life goes on...» («Obladí, obladá, ¡la vida sigue, amigo! La-la, cómo sigue la vida...»)

Nadie había escuchado aquella simpática obra maestra fuera del estudio y Lawrence y yo quedamos encantados inmediatamente, y movíamos la cabeza y sacudíamos los pies al ritmo de la música. Como se pueden imaginar, dijimos muy entusiasmados a Paul que aquella cancioncilla iba a ser un gran éxito. Y no lo dijimos solo por la emoción del momento.

—Va a ser un gran éxito —dijo Lawrence cuando volvimos al coche, cruzando otra vez el famoso paso de cebra—. ¡A mí ya se me ha quedado en la memoria!

Camino de casa, la cantamos juntos para mantenernos despiertos. Fue un final fantástico para concluir una velada memorable, y yo estaba encantado por haber podido colar a mi mejor amigo en aquel círculo cerrado.

Con los años me he preguntado qué sentido tenía todo aquello. ¿Por qué Paul permitió que Lawrence, un completo extraño, entrara en el estudio? ¿Fue para devolver el golpe a John por haber llevado a Yoko, violando así la vieja regla? Si fue así, es posible que aquel Ob-la-dí no estuviera dirigido ni a Lawrence ni a mí. Quizá, al consultar a su peluquero y al mejor amigo de este a propósito de su última composición, se estuviera burlando de lo mucho que dependía John ahora de las opiniones de Yoko.

¿Quién sabe? ¿A quién le importa? Obladí, obladá, ¡la vida sigue, amigo!

10

Haciendo negocios con los Beatles

El giro más extraño y maravilloso de mi caótico viaje por los Sesenta comenzó en la primavera de 1968, una tarde en que entraba en la oficina de prensa de Apple. La fiesta estaba en pleno apogeo, con periodistas y visitantes que deambulaban por la sala llena de humo con cubitos de hielo tintineando en sus vasos.

—Hola, Derek —saludé al jefe de prensa al verlo al lado del mueble bar—. ¿Es buen momento para cortarte el pelo?

—Lo sería —replicó haciendo una extraña mueca por debajo de su rubio bigote de cepillo— si no fuera porque Paul y George me han dicho que quieren verte en cuanto llegues. Están en la sala de juntas.

¿Qué querrían de mí Paul y George? Al subir la escalera, recordé una conversación que tuve con Paul unos meses antes, durante una de mis visitas a Cavendish Avenue. Cuando los Beatles estaban fundando la empresa, uno de los primeros comercios que planearon fue «Apple Boutique», una tienda que vendería moda y accesorios hippies en el cruce de Baker con Paddington Street. Paul imaginaba que de allí saldría una larga cadena de tiendas y que el siguiente paso sería abrir una peluquería.

—¿Estarías interesado, Leslie? —me había preguntado aquella vez.

—¿In..., interesado...?

—Tendrías que dejar tu trabajo en Sassoon, por supuesto —prosiguió—. Pero, claro, tendrías salón propio. Y nosotros financiaríamos toda la operación. Podrías amueblarlo como quisieras, convertirlo en un lugar chulo.

—Yo..., yo no sé qué decir, Paul..., no puedo creer que me des semejante oportunidad.

—De eso trata Apple, Leslie..., de dar a gente como tú la oportunidad de demostrar su talento, de realizar sus sueños.

Sueños, en efecto. Cuando dijo aquellas palabras, la propuesta de Paul parecía demasiado buena para ser verdad. Y, de hecho, no volví a oír hablar del asunto durante más de seis meses. La tienda Apple había abierto sus puertas en Baker Street en diciembre de 1967, con todo el edificio decorado con un increíble mural de tres plantas de altura que representaba a una chamana que dominaba el tráfico de Londres, rodeada por arco iris, estrellas y planetas. Pero Paul no había vuelto a mencionarme la idea de la peluquería y yo no me había atrevido a recordarle el tema.

Cuando entré en la sala, Paul y George estaban sentados a un extremo de la inmensa mesa central que ocupaba la mayor parte del espacio, mirando una serie de planos desplegados. Había con ellos una tercera persona que no reconocí al principio y que hizo que me sintiera incómodo en cuanto me miró con desdén por detrás de sus gafas oscuras. Con un sombrero de terciopelo, una camisa multicolor de volantes y una chaqueta verde oscura con relieves, parecía encaramado en el punto más alto de la moda lechuguina del poder de las flores. De hecho, era allí donde estaba. Segundos antes de que Paul nos presentara, me di cuenta de quién era.

—Leslie, ¿conoces a John Crittle?

—No —respondí, estrechándole la mano—. Encantado de conocerlo, señor Crittle.

—John —dijo con su acento australiano, apenas despegando el culo del asiento y dándome la mano con flaccidez, como si no pudiera molestarse en gastar sus energías en un vulgar desuellacaras. Inmediatamente me cayó mal aquel remedo de hombre. Había oído que era buen amigo de John Lennon, aunque eso no era garantía de nada, por supuesto, ya que John también era buen amigo de Alexis Mardas, el supuesto mago de la electrónica que había prometido a los Beatles todas aquellas innovaciones tecnológicas.

—¿Recuerdas aquello de que hablamos, Leslie? —preguntó Paul con su habitual entusiasmo—. ¿Sobre el salón de peluquería Apple?

El corazón me dio un vuelco. ¡No me había equivocado! ¡Allí estaba! Pero... ¿qué tenía que ver John Crittle con todo aquello?

—Bueno, al fin hemos encontrado la forma de hacerlo. Vamos a utilizar la tienda de John en King's Road. ¿La conoces?

—Sí, claro. —Asentí con la cabeza, todavía nervioso por la forma en que me miraba Crittle a través de sus gafas oscuras.

Desde luego que la conocía. «Dandie» era el lugar donde los Beatles compraban su ropa más extravagante, y también Mick Jagger, Procol Harum y buena parte de la aristocracia de la moda del momento. La mitad del guardarropa que vi en el dormitorio de Paul, poco antes del lanzamiento del *Magical Mystery Tour*, seguramente había sido diseñada por él. Crittle había inaugurado Dandie en 1966, junto con Tara Browne, el rico heredero del imperio cervecero Guinness, y posiblemente el «hombre más de moda del momento» en aquel entonces. Browne murió trágicamente en un accidente de tráfico aquel mismo año, hecho indirectamente inmortalizado en la canción de los Beatles «A Day in the Life».

Crittle compró entonces la parte de Browne y consiguió convertir Dandie en la sastrería más mod y marchosa de Londres. Yo había pasado un par de veces por allí, por mera curiosidad, aunque sus flamantes (y obscenamente caras) camisas de seda y vistosas chaquetas de corte eduardiano eran excesivas para mí. Si te paras a pensarlo, tenía sentido que los Beatles compraran aquel local, como una versión más cara de su Apple Boutique de Baker Street.

—Hay espacio extra en el sótano —explicó Paul, señalando los planos que había sobre la mesa—. Así que he pensado que es perfecto, ya sabes..., ahí podemos poner el salón de Leslie.

—Sí —añadió George—. Estoy seguro de que será mucho más cómodo que la habitación verde de Abbey Road.

—¡Uf! —dije, lleno de júbilo y alegría al ver la generosidad de aquellos increíbles clientes míos. Durante un segundo, incluso John Crittle, con toda su arrogante chabacanería, desapareció de mi vista. Miré las paredes de paneles de madera y los techos estucados de la sala de juntas de Apple, lleno de humildad ahora que los Beatles me consideraban uno de los suyos..., parte de la alegre tripulación del Submarino Amarillo.

—Es increíble, Paul..., no sé qué decir.

—Di que sí y haremos negocios, Leslie. —Paul sonreía de oreja a oreja.

Por supuesto que dije que sí. ¿Qué otra cosa podía decir? No había ni que pensarlo. ¿La oportunidad de establecerme por mi cuenta? ¿Financiado por los Beatles? ¿En locales de la tienda más de moda de la ciudad? ¿Como sucursal de la empresa más chula de la tierra? ¿Quién iba a decir que no a una cosa así? A los pocos días acepté la oferta de Paul, firmé los papeles, di las gracias efusivamente al señor Sassoon por todo lo que me había dado y dejé el empleo.

Lo único que me molestaba era tener que poner mi peluquería dentro del recinto que albergaba el pequeño imperio de John Crittle. En aquella primera reunión en la sala de juntas de Apple, tuve la inconfundible sensación de que mi futuro compañero comercial no me quería allí en absoluto. Como más tarde descubrí, Crittle había esperado quedarse con todo el lugar, pero Paul había insistido para que se me incluyera en el trato. Así que tuvo que cargar conmigo y yo con él. Los Beatles habían concertado nuestro matrimonio empresarial y ahora ambos teníamos que explotarlo al máximo.

No tardé en ponerme a decorar mi peluquería ideal. Apple Corps nadaba en dinero por aquel entonces, así que decidí hacerlo a lo grande. ¿Por qué no? El salón iba a llevar el nombre de Apple. Tenía que ser lo último en tendencias de los sesenta. Lo primero que hice fue ir a la tienda de interiores más chic de Londres, Casa Pupo, de Pimlico Road, donde pasé un rato estupendo seleccionando elegantes baldosas de cerámica italiana, azules y blancas. Recuerdo que estaba un poco inquieto cuando presenté el presupuesto, escandalosamente elevado, en el departamento de contabilidad de Apple, y me quedé de piedra al ver con qué ligereza lo recogían y lo archivaban con un simple «Ah, gracias, Leslie, nos ocuparemos de esto lo antes posible». Cuando llegaron las cajas de Casa Pupo, bueno, entonces fue cuando realmente caí en la cuenta de que Paul no había bromeado. ¡Iba a hacer negocios con los Beatles! En cualquier caso, creo que tuve buen gusto, porque aquellas bonitas baldosas siguen puestas en el 161 de King's Road cincuenta años después, aunque el lugar es ahora una galería de arte.

Luego encontré un magnífico sillón de barbería de estilo victoriano en el Mercado de Antigüedades de Chelsea, uno de mis sitios favoritos, y lo hice tapizar con terciopelo rugoso de color azul. Luego añadí un par de puertas oscilantes, al estilo de los bares del Far West, y ya podía empezar la función.

* * *

La imagen de la tienda de King's Road 161 no tardó en cambiarse. Encima de la puerta se instaló un cartelón blanco con las palabras «Sastrería Apple (para gente elegante y de teatro)» escritas con esmerada caligrafía negra. La inauguración oficial, celebrada en el Club dell'Aretusa el 22 de mayo de 1968, fue la primera ocasión en que John Lennon y Yoko Ono aparecieron juntos en público ante la prensa. Pero las fotos que recuerdo son las que me hizo el publicista John Kelly, mi compañero de cuarto en el Magical Mystery Tour, con unas gigantescas tijeras de madera que había encontrado en una tienda de antigüedades de World's End. Mientras posaba para él en su estudio, me sentí como si viviera una de aquellas experiencias extracorpóreas de las que hablaba la gente que tomaba LSD. Yo, el chico de Burnt Oak que hacía repartos en bicicleta, retratado por el fotógrafo oficial de los Beatles para salir en un anuncio publicitario, ¡de mi propia compañía Apple! La foto era tan disparatada como las letras del extravagante disco nuevo en el que estaban trabajando los Beatles. Pero también —afrontémoslo con realismo— quedó chulísima. Y entendí por qué a Kelly le confiaban tantas y tantas fotografías de los *Fab Four*. No creo que haya salido más guapo en toda mi vida.

Llamada oficialmente «Estudio de Peluquería Leslie Cavendish en la Sastrería Apple», mi salón era mucho más pequeño que el de Vidal Sassoon, pero molaba diez veces más: era un ambiente íntimo y exclusivo. Al entrar por las puertas oscilantes que separaban la peluquería del resto de la tienda Apple, te encontrabas en un espacio etéreo, ambientado con música instrumental, iluminado por suaves luces azules y blancas. Se ofrecía un cigarrillo al cliente, lo sentaban en el lujoso sillón de barbero y luego se lo invitaba a relajarse mientras el señor Cavendish empezaba a arreglarlo, con la ayuda de su aprendiz, William Western. El humo del cigarrillo en el cerrado ambiente del sótano, que parecería una trampa tóxica desde la perspectiva de nuestro siglo XXI, en aquella época no hacía sino aumentar la atmósfera serena y flipante.

Casi todos mis clientes eran ricos y famosos, como los de la Sastrería Apple. Cuando estaba en Vidal Sassoon cobraba dos guineas (2,10 libras) por servicio en una época en que el salario medio era de 20 libras semanales, una casa normal costaba 3.800 y un Ford Cortina, el coche más popular de la época, se vendía por 750 libras. De vez en cuando aceptaba encargos de clientes que, aunque indudablemente estaban en la onda, no podían permitirse mis tarifas. Gracias a esto hice algunos intercambios interesantes y creativos. Un pintor, en vez de pagarme con dinero, me dio un cuadro que tenía un notable parecido con la cubierta de un álbum de Pink Floyd y que colgué inmediatamente en la pared. También accedí a cortar y peinar el revuelto pelo de un joven músico muerto de hambre a cambio de que tocara la guitarra en la peluquería un par de veces por semana. Como he olvidado el nombre del joven artista que tocaba en exclusiva en mi diminuto salón, a menudo me he preguntado quién era y si alguna vez llegó a triunfar. Quizá promoví a un genio sin enterarme.

Además de algunos antiguos clientes famosos como Dave Clarke y Keith Moon, adquirí unos cuantos más en el 161 de King's Road, como Julie Felix, la cantante de folk británico de origen piel roja, y unos cuantos pinchadiscos populares como Emperor Rosko y David «Kid» Jensen. George Harrison era el único Beatle que pasaba por allí regularmente. A Paul siempre le cortaba el pelo en su casa, John Lennon se lo cortaba aquí y allá, y Ringo se ponía en manos de su mujer, Maureen. Pero a George parecía gustarle la suave atmósfera de mi estudio del sótano. Le encantaban sobre todo las manicuras que le hacía Marion Slade, una joven ayudante que más tarde sería guitarrista de un par de grupos punk y luego cofundadora de la revista feminista radical *Spare Rib*. Siempre me empeñaba en crear una atmósfera agradable, con música suave y luces tenues cuando George aparecía por allí para someterse a un «tratamiento de belleza» con Marion..., todo muy romántico y una situación muy del tipo «no molesten».

Dirigir aquella peluquería de la trastienda de Apple fue una experiencia extraordinaria. Incluso mientras esperaba al siguiente cliente podía conocer a Rod Stewart o a Brian Jones, que a lo mejor estaban seleccionando la ropa que querían llevar en su próximo concierto o aparición en televisión. Recuerdo la vez en que Jimi Hendrix, uno de los clientes habituales de Crittle, se enamoró de una chaqueta cruzada de terciopelo de color verde manzana.

—Oye, qué pasada, tío —exclamó acariciando el rico tejido—. Me la llevo.

Cuando le preguntaron si la quería de aquel matiz concreto, Hendrix repasó cincuenta hermosas prendas de terciopelo de todos los colores imaginables que le pusieron encima de un mostrador para que pudiera elegir.

—Me llevo todos los colores —decidió con toda tranquilidad.

Aquel era el tipo de cliente que acudía a la Sastrería Apple (para gente elegante y de teatro).

Aparte de la experiencia en sí, estar al frente de mi propia empresa Apple me dio mucha publicidad. Empecé a aparecer en una columna habitual de la revista *Disc*, uno de los semanarios más importantes de música pop, hablando de los famosos que habían acudido a mi estudio. Y, por supuesto, ganaba un montón de pasta. Mis precios eran relativamente altos, tenía muchos clientes y pagaba un alquiler modesto a John Crittle. En cuanto a Apple, no me cobraban nada, rasgo típico de su utópico punto de vista del «todo gratis».

Solo me mostraba reservado con Crittle. Cuanto más lo conocía, menos me gustaba aquel tipo. Y yo no era el único que opinaba así de él. Corría el rumor de que Ray Davies, de los Kinks, se lo encontró en una fiesta y le pareció tan insoportablemente pagado de sí mismo que acabaron a puñetazos. Parece que la canción «Abnegado seguidor de la moda», que Davis escribió tiempo después, era una sátira de Crittle y de toda su engreída clientela envuelta en perifollos. Fuera cierto o no, mi socio era un esnob de marca mayor, como la mayoría de sus amigos. Y pronto descubrí que también era tan turbio como los cristales de sus gafas.

—Venga, Leslie, vamos a dar una vuelta con el coche —me decía a menudo, frotándose las manos con satisfacción.

«El coche» era un espectacular y llamativo Bentley S1 de 1956, con las lujosas curvas pintadas de morado, oro, rojo, azul, verde, negro y blanco. El extravagante diseño, pintado por el mismo trío Binder-Edwards-Vaughan que había pintado el piano Knight de Paul McCartney, consistía en un sol llameante en el capó que curvaba sus rojos tentáculos alrededor de los faros y con alas de mariposa que se alargaban hasta el maletero. Era imposible no quedarse pasmado al ver aquella Virguería Corredora No Identificada cuando cruzaba el corazón de Chelsea. Y como podrán imaginar, la intención de Crittle cuando lo paseaban por King's Road era precisamente causar ese efecto en las jóvenes y modernas minifalderas cuyos corazones se aceleraban inevitablemente cuando aquel cochazo de campanillas se detenía junto a ellas y bajaba la ventanilla. Después de todo, ¿quién podía ir en él si no era John Lennon, Paul McCartney o alguno de sus amigos más cercanos y simpáticos?

Bueno, ¿y qué? A Crittle le gustaban las mujeres y exhibía su riqueza para atraerlas. Supongo que no era el único que lo hacía. El único problema era que no estaba soltero. Estaba casado con la modelo Andrea Williams, con quien estaba a punto de tener una hija, Marnie. ¿Qué clase de padre iba a ser, siempre drogándose y engañando a su mujer cada dos por tres? Y eso no era lo peor. Las cosas se iban a volver más desagradables, por no decir otra cosa, cuando descubrí la trampilla que tenía en el suelo de su tienda.

Mis sospechas ya habían saltado la primera vez que discutimos sobre el espacio que tendría mi peluquería en su recinto. Había algo extraño en la insistencia de Crittle en el sentido de que necesitaba cierto espacio «para almacén», pero tardó un tiempo en revelar la auténtica razón de su empeño. Una mañana, semanas después de mudarme a su territorio, me indicó por señas que me acercara a un rincón del suelo de baldosas blancas y negras de la planta baja.

—¿Qué es eso? —pregunté—. ¿Una trampilla?

—Sí —dijo, tirando de ella para abrirla—. Echa un vistazo.

Al pie de la escalera, al mismo nivel que mi peluquería, había una pequeña habitación secreta.

—Pícaro, picarón —comenté al bajar a su pequeño gabinete privado. Estaba claro que no había instalado allí una cama para que durmiera su hija pequeña.

—Aún no has visto lo mejor —me aseguró, enseñándome el gran espejo colocado en una de las paredes.

—Sí, ya lo he visto —repliqué.

—No, no lo has visto —dijo con una mueca—. A menos que hayas imaginado lo que hay detrás de ese espejo...

—¿Detrás?

Tardé un poco en orientarme, en salir de la habitación secreta, subir a la tienda, bajar por la escalera principal hasta el sótano y recorrer los pasillos de las chaquetas de fantasía, los pañuelos de brillante diseño y los sombreros extravagantes. Entonces...

Crittle apagó las luces y el espejo se transformó en una ventana que daba a la habitación contigua, exactamente donde las mujeres se probaban la ropa.

—Ah, ya entiendo —dije, tragándome mi consternación. Aquel cabrón era un *voyeur* que espiaba en secreto a las elegantes jóvenes que frecuentaban su establecimiento y se probaban la ropa sin darse cuenta de nada. Era una parte relativamente aislada de la tienda, así que las clientes se creían totalmente solas mientras se arreglaban frente al espejo.

Nunca superé las risitas de alegría tonta que resonaron en aquella pequeña habitación. En lo único que podía pensar era en aquella pobre niña, Marnie, que habría de aguantar al tipo que tenía por padre. Cuando salí por la trampilla, medio contaminado por la obscenidad de Crittle, me sentí por primera vez decepcionado de todo aquel proyecto de los Beatles. Había notado la falta de control económico que reinaba en Apple, el flagrante abuso de alcohol y drogas en el local y que mucha gente estaba deseosa de aprovecharse de la generosidad y la ingenuidad de los Beatles. Pero era la primera vez que me veía cara a cara con un amigo y colaborador en el que claramente no se podía confiar. Desde entonces, cada vez que veía que una cliente bajaba al probador, me sentía avergonzado por estar asociado con aquel hombre despreciable.

Tal como temía, Crittle resultó ser un padre totalmente irresponsable y su relación con Andrea Williams no duró mucho. Años después, la pequeña Marnie se convertiría en Darcey Bussell, una de las bailarinas de *ballet* clásico más celebradas de Gran Bretaña. Renegó de John Crittle, se cambió el apellido y ni siquiera lo mencionó en su autobiografía, *Life in Dance*. Tampoco respondió a sus intentos de ponerse en contacto con ella antes de morir de un enfisema, treinta años después, en el año 2000. Es triste decirlo, pero no la culpo.

* * *

Los Beatles decidieron retirar su inversión de la Sastrería Apple menos de tres meses después de inaugurarla. No tuvo nada que ver con la catadura moral de John Crittle. Simplemente, cambiaron de opinión en lo referente al comercio minorista. Como dijo Paul en la rueda de prensa que dio el 31 de julio, las tiendas «no son lo nuestro». A partir de entonces, Apple se concentró en la música y el espectáculo.

Las tiendas no eran realmente lo suyo. Los flamantes trajes de la Sastrería Apple (por no hablar de sus precios) asustaban a la mayoría de clientes. A menos que fueras alguien como Jimi Hendrix o Mick Jagger, no podías permitirte aquellos lujosos caprichos. Pero el auténtico desastre fue la Apple Boutique. Aunque no me enteré de los detalles, la tienda de Baker Street, por lo que contaban, había perdido grandes cantidades de dinero. La decoración de la tienda y todos sus artículos, diseñados por un colectivo artístico holandés conocido como «The Fool», llevaba etiquetas de seda muy caras y otras extravagancias con poco sentido comercial. Peor aún, en la tienda se cometían robos a manos llenas. Clientes, dependientes e incluso los mismos miembros de «The Fool» arrasaban el lugar en busca de objetos con la marca Apple. Como humillación final, resultó que el enorme mural hippy de la fachada se había pintado sin el debido permiso de las autoridades municipales de Westminster, que ordenaron quitarlo en mayo. Dos meses después, los Beatles decidieron que no merecía la pena la molestia. Cerraron la *boutique*, junto con la tienda de Crittle y mi peluquería del sótano..., probablemente la única parte rentable del negocio.

He de decir que todo aquello lo hicieron con gran generosidad. Los Beatles regalaron todo lo que había a la venta en la Apple Boutique. John, Paul, George y Ringo cogieron primero lo que les apeteció y luego invitaron al personal de Apple a hacer lo mismo, y finalmente el resto se dejó para que el público se lo llevara a casa. Se organizó tal alboroto que tuvo que intervenir la policía para impedir que hubiera pillajes. En el caso de la Sastrería Apple, a John Crittle y a mí se nos permitió mantener nuestros respectivos locales, que siguieron funcionando otros dos años en el 161 de King's Road. Apple demostró una vez más al mundo en general que no era una empresa corriente, sino más bien la encarnación del ideal hippy que despreciaba el materialismo y privilegiaba el colectivismo, el arte y pasarlo bien todo el tiempo.

Pero la verdad era que los Beatles no estaban interesados en los negocios. Solo querían seguir con su música, su arte y su revolución cultural, sin tener que tratar con complicaciones tales como las estrategias comerciales o la contabilidad. Al mismo tiempo, tenían una mentalidad tipo «me las arreglaré con una pequeña ayuda de los amigos», incluso en serias cuestiones de administración. Y eso incluía «colocarse con una pequeña ayuda de los amigos». Y así, terminaron por levantar un imperio dirigido por un alegre puñado de drogados, cuya mayor mérito, por lo visto, era ser buenos amigos de Paul, John, George o Ringo.

Todo esto quedó claro para mí una tarde memorable del verano de 1968. Paul acababa de romper con Jane Asher y, aunque tenía una nueva novia, a mí me parecía que tenía el corazón roto. Dejó de afeitarse, apenas salía de casa y empezó a tomar más drogas. Una tarde celebró una cena en Cavendish Avenue 7 con John Lennon y varios ejecutivos de Apple, entre ellos Pete Shotton, que había asistido con John a la Escuela Elemental Quarry Bank de Liverpool, y sus antiguos organizadores de viajes Mal Evans y Neil Aspinall. Otro invitado fue el prometedor cantante Donovan, que había visitado el refugio de meditación del Maharishi al mismo tiempo que los Beatles y había colaborado en varios proyectos de Apple Records. Unos meses después, Donovan lanzaría uno de los himnos hippies más grandes de todos los tiempos, «Atlantis». A mí también me invitaron, seguramente porque era una de las pocas personas a las que Paul veía durante aquel oscuro y confuso periodo de su vida.

Durante la cena me senté al lado de Pete Shotton. Pete había tocado la tabla de lavar con los Quarrymen, el ecléctico grupo que fue precursor de los Beatles, hasta que admitió ante John que en realidad no le gustaba tocar. John le rompió la tabla de lavar en la cabeza. A pesar de todo, siguieron siendo buenos amigos y el antiguo Quarryman incluso contribuyó con algunas letras y fondos de percusión en algunos discos de los Beatles.

Me gustaba Pete. Con su cabello rojo claro y su risa estentórea, era un auténtico liverpooliano, un tipo con el sentido común que también habían tenido los Beatles antes de hacerse famosos en todo el mundo. Aquel anochecer me contó que su amigo John lo había salvado prácticamente de la indigencia tras fracasar en varios intentos de dedicarse a algo. En cuestión de unos años salió de la miseria para dirigir un supermercado en la isla inglesa de Hayling, que John Lennon y George Harrison habían comprado generosamente para él. Luego lo pusieron a cargo de la Apple Boutique.

—Y ha sido un desastre, como ya sabes —remachó cuando sirvieron el pudin.

¿Qué me iba a contar a mí?

—Y ahora, ¿puedes creerlo?, me han hecho director ejecutivo de Apple Corps —concluyó, dándole a John un codazo en las costillas—. Pero en fin, no estoy seguro de estar a la altura del trabajo.

—Lo harás bien, Pete —replicó John—. Recuerda que no somos fanáticos de los negocios, somos artistas. Pero si todo se va al carajo, te echaremos a ti la culpa.

—Gracias, John, eso es muy tranquilizador —aceptó Pete riendo por lo bajo.

En aquel momento alguien nos ofreció LSD con la misma naturalidad que si fueran bombones After Eight y el grupo de artistas y ejecutivos de Apple compartieron rápidamente el pequeño «postre». Sintiéndome como un abstemio en una destilería, rechacé amablemente el sello que me alargaban. Aparte de temer el mal viaje que había experimentado la primera vez, era el único del grupo que tenía que levantarse temprano al día siguiente y manipular tijeras afiladas cerca del cuello de mis clientes.

Sin embargo, me dio tiempo para pensar. Cuando salí de la fiesta, mientras los demás la empezaban, me pregunté si podía dirigirse un negocio serio de aquella manera. ¿Qué habría pensado mi madre? Recordé su reacción el día en que papá y ella aparecieron en mi piso de Chelsea sin avisar y vieron un librillo de papel de liar Rizla: «¡Si quiere ser un yonqui, que sea un yonqui!» Los Beatles habían dejado su imperio en las manos de los asistentes a la cena de Paul: Pete, Mal, Neil, Chris... Confiaban en ellos. Se drogaban con ellos. Era un viaje cojonudo, sin duda. Pero ¿cuánto duraría? ¿No estaba tan condenado como la Apple Boutique? ¿O me estaba volviendo tan mojigato como mi madre?

11

Paul no está muerto

Por otra parte, los Beatles seguían siendo tan populares como siempre. Al final de aquel verano de 1968 el grupo puso a la venta su mayor éxito hasta la fecha, que estuvo en el número uno de las listas durante nueve semanas. Fueras donde fueses, encontrabas gente cantándolo, incluso mi abuela con su acento ruso: *Naaaanaaa-naaa-nananananaaaa, nanananaaaaaa, heeeeey Juuuude!*

Y no solo era su música lo que dominaba las ondas radiofónicas. Los *Fab Four* estaban en la prensa y en la televisión constantemente, en reportajes sobre sus nuevas canciones, sus sesiones de grabación, sus noches en la ciudad, su indumentaria, su vida amorosa y, por supuesto, su pelo. Periodistas y fotógrafos los seguían como moscas a la miel. Siempre estaban rodeados de micrófonos y cámaras. Así que no es de extrañar que, como miembro cada vez más importante de su séquito, yo también estuviera metido en aquella incesante y creciente barahúnda mediática. Yo y mi perro *Ernie*, nada menos.

Aquel año, además de todo lo que me estaba pasando, tuve otros dos increíbles golpes de suerte. El primero fue que gané el premio mensual de lotería Premium Bond: 25 libras. Puede que no parezca mucho, pero 25 libras de entonces eran como varios cientos de las actuales. El segundo golpe de suerte fue que finalmente me enamoré de verdad, de una irlandesa de origen italiano que se llamaba Louisa Rabaiotti. Había trabajado de bailarina en las actuaciones de Tom Jones, pero desde luego no era otra muñequita de piernas largas. Louisa era divertida, enérgica, bien educada, parecía tener todo lo que yo siempre había esperado en una mujer. De hecho, cuando se mudó a mi piso de Chelsea, empecé a tomar en serio ideas que había considerado ajenas a mí hasta aquel momento: matrimonio, sentar la cabeza, hijos. Al final, empecé a entender el verdadero significado de «All My Loving», «Michelle» y demás canciones parecidas.

Estos dos felices acontecimientos condujeron a la adopción de *Ernie*. Louisa quería un perro y yo estaba enamorado, así que me gasté el dinero de la lotería en eso. Era de una raza rara, un cocker spaniel inglés, y un bonito y manso muchacho. Lo llamé *Ernie* porque la máquina que escogió el número ganador de la lotería Premium Bond tenía, y aún tiene, el nombre de Electronic Random Number Indicator Equipment, ERNIE.

Por aquella época llevaba a *Ernie* a todas partes. Paul McCartney llegó a conocerlo muy bien, ya que a menudo lo llevaba a su casa de Cavendish Avenue para que jugara con *Martha*, la perra pastora. Los dos se pasaban la tarde retozando juntos mientras yo veía un partido en el campo de críquet Lord's, que estaba al lado. También lo llevaba a tiendas, a restaurantes e incluso, por raro que parezca, a las sesiones de grabación. Un día visitamos juntos los Olympic Studios, donde los Beatles habían trabajado con clásicos como «All You Need is Love». En la puerta se apelotonaba la habitual colección de reporteros y uno de ellos me gritó:

—¿Por qué llevas a tu perro al estudio?

—Hace el acompañamiento vocal de John y Yoko —respondí.

No tengo ni idea de por qué dije eso. Supongo que tenía ganas de bromear. Quizá me recordaba la tendencia de Yoko a suspirar y gemir en segundo plano en algunas de sus más extravagantes grabaciones con John.

Aquel mismo día Luisa y yo salimos a pasear con Larry Curzon, un cordial y enérgico americano que estaba en Londres para presidir la oficina local de William Morris Endeavor, la agencia de talentos y relaciones públicas más importante de Estados Unidos. Yo había conocido a Larry en las oficinas de Apple, donde intentaba convencer a los Beatles de que escucharan a un nuevo grupo que había organizado, compuesto por David Crosby, de los Byrds, Stephen Stills, de Buffalo Springfield, y Graham Nash, del grupo británico los Hollies. Aunque era el típico americano ruidoso, en seguida congeniamos con él. Aquella tarde, cuando le conté a Larry la anécdota de *Ernie* y la prensa, parece que se le encendió una luz en la cabeza.

—¡Ya lo tengo! —exclamó.

—¿Qué tienes? —pregunté.

—Colocaremos un artículo en el *Daily Express*, en la columna de William Hickey. Ya conoces al tipo…, comenta todos los cotilleos.

—¿Un artículo sobre *Ernie*?

—Sí, es perfecto, ¡el perro que canta! ¡Ja, ja! Diré que represento a *Ernie* en la Agencia William Morris. Haremos que te entrevisten y hagan unas cuantas fotos. Luego hablaremos con Pedigree Chum y les propondremos que patrocinen a *Ernie*.

—¿Te refieres a la compañía de comida para perros?

—¡No te imaginas lo locos que se vuelven estos del márketing cuando huelen a Beatle, Leslie! Se gastan miles de libras en el concurso canino Crufts. ¡Imagina lo famoso que podrían hacer a *Ernie*!

Todo aquello me parecía cosa de locos. No imaginaba al *Daily Express*, que entonces era un periódico más importante que hoy, publicando un artículo tan imbécil. Francamente, ni siquiera estaba seguro de querer que se me relacionara con semejante historia. Y ya había visto en ocasiones anteriores cómo se estrellaban y quemaban las ambiciosas ideas de Larry: por increíble que parezca, si tenemos en cuenta el futuro éxito de Crosby, Stills y Nash, no consiguió convencer a Apple para que apoyara al grupo.

Pero yo estaba enamorado, y a Louisa le pareció divertida la idea de que nuestro perro saliera en los papeles. Así que dimos permiso a Larry y, ante mi sorpresa, a los pocos días llamó alguien para concertar una entrevista.

—¡Es el *Daily Express*! —susurré a Louisa, cubriendo el auricular con la mano.

—¡Guau! —exclamó—. ¡Eso es maravilloso!

Yo no compartía el entusiasmo de Louisa. Una cosa era hacer un comentario jocoso a un puñado de reporteros en la calle y otra muy distinta sentarse con un periodista cara a cara y contar la cosa con pelos y señales, como si fuera un hecho real. Toda la idea me parecía un poco penosa.

—Mira, ¿por qué no te ocupas tú? —dije, pasándole el teléfono.

—¡Por supuesto! —exclamó.

Ah, qué contenta estaba. Eso era lo importante. No sé en qué nueva y extraña aventura nos estábamos metiendo, pero ella me amaba, y con un amor así sabes que no puede pasar nada malo...

Un par de días después, mientras yo estaba en el trabajo, el reportero apareció en nuestro domicilio con un fotógrafo.

—¿Qué le dijiste? —pregunté a Louisa al volver a casa.

—¡Fue muy divertido, cariño! —dijo—. Se tragaron toda la historia de que hacía el acompañamiento vocal de John y Yoko, ¡y lo de que tenía su propio agente! Y también les conté más cosas: ¡que alimentábamos a *Ernie* con una dieta especial a base de salmón ahumado y que le dábamos masajes con regularidad!

Aunque me descojoné de la risa, en secreto seguía dudando de que toda aquella tontería fuera a publicarse en el *Daily Express*. Estaba convencido de que ningún periódico que se respetara publicaría un artículo sobre un perro cantor. ¿O sí?

Pero al día siguiente allí estaba, negro sobre blanco: la historia de *Ernie*, el perro cantor, y los Beatles, firmada por William Hickey. El artículo decía lo siguiente:

Animado por la falta de talentos vocales de que tanto se habla en el pop moderno, el peluquero de los Beatles, Leslie Cavendish, de 22 años, ha introducido a su propio perro cantor en el negocio.

Es un spaniel de año y medio, llamado *Ernie*, porque fue comprado con las 25 libras que le tocaron a Leslie en la lotería Premium Bond. *Ernie* tiene un talento inusual para cantar bien. Hay que señalar que ha sido contratado de inmediato por William Morris, la agencia americana de talentos que representa a Elvis Presley, las Supremes y Stevie Wonder.

Larry Curzon, un americano locuaz que dirige la agencia de Londres, está muy entusiasmado. «*Ernie* no es un cliente normal —dice—. No le he hecho una audiencia formal, pero creo que tiene muchas posibilidades. Su disco no recibirá malas críticas. Después de todo, ¿quién quiere hablar mal de un perro?»

Ernie no tardará en ir con sus cuatro patas a un estudio de grabación de Barnes, West London. Todavía no se ha desvelado cuál será su nuevo disco.

Hasta entonces estará al cuidado de la novia del señor Cavendish, Louisa Rabaiotti. «Le doy salmón ahumado y píldoras de vitaminas; son buenas para sus cuerdas vocales», dice esta señora.

¡Siento haberle tomado el pelo, señor Hickey! Si alguien necesita más pruebas de que no puede creerse todo lo que se lee en la prensa, aquí las tiene. Menos mal que el *Daily Express* no dijo nada sobre hacer el acompañamiento vocal de John y Yoko. Y acerté en relación con la última parte del plan de Larry: Pedigree Chum, comprensiblemente, no quiso patrocinarnos. Aunque fue un terrible desengaño para mi querida y dulce Louisa, yo al menos suspiré de alivio porque el mundo no se había vuelto completamente loco.

* * *

Mientras pasaba el tiempo en la oficina de prensa de Derek Taylor, me enteré de multitud de cosas sobre las relaciones de amor-odio de los Beatles con los medios de comunicación. Obviamente, el grupo necesitaba y buscaba a la prensa y, gracias a la astucia de Taylor, a menudo podían manipular a los periodistas en su favor. Regalar los objetos de Apple Boutique, por ejemplo, no tenía mucho sentido si se quería ganar dinero, pero como golpe publicitario fue genial. Sin embargo, el efecto más impresionante de esta táctica se dejó sentir en enero de 1969, y encerraba un secreto tan ferozmente guardado que ni siquiera mi buena amiga Chris O'Dell quiso darme una pista.

—¿Qué quieres decir con que no puedes contármelo? —le pregunté sin dar crédito a mis oídos.

—¡He jurado guardar el secreto! —insistió—. Pero procura estar en Savile Row el viernes a las doce.

—¿Por qué? ¿Es un secreto de Estado? ¿Va a venir la reina?

—Procura estar allí, Leslie... —repitió, sonriendo con aire misterioso.

Por supuesto, aparecí en las oficinas de Apple mucho antes de las doce. Cuando entré en la zona de recepción, era obvio que había en marcha una operación importante y bastante inusual. El personal iba y venía gritando instrucciones y subía equipo pesado por las escaleras. Lo único que pude hacer fue tratar de no ponerme en el camino de nadie.

Encontré a Chris en el rellano del primer piso.

—Muy bien —le dije—. Escúpelo ya. ¿Qué está pasando?

—Van a tocar allí —dijo, sonriendo con emoción, señalando hacia arriba con el dedo—. En la azotea.

—¿Cómo que en la azotea? ¿Quién?

—¡Los Beatles, van a tocar en vivo, hoy!

Me quedé de piedra. Cualquiera habría reaccionado así. El último concierto en vivo de los Beatles había tenido lugar en Candlestick Park, San Francisco, en 1966. Millones de fans, por no hablar de la incansable horda de promotores musicales y dueños de locales de todo el mundo, llevaban esperando ansiosamente un nuevo concierto casi tres años. Era una gran noticia. Era colosal. Era la clase de noticia que obliga a subirse a un tejado para gritarla a todo el mundo… y ese era precisamente el motivo de que Derek Taylor hubiera obligado a Chris y a todos los demás a jurar por el alma de su madre que guardarían el secreto hasta que los Beatles llegaran al improvisado escenario.

Corrí escaleras arriba, pero solo llegué hasta el tercer piso. Mal Evans estaba apostado allí como gorila oficioso.

—Eh, Mal, ¿crees que yo podría…?

—Lo siento, Leslie, solo se permite subir a unos cuantos —explicó, sujetándose nerviosamente las gafas de gruesa montura—. Con todo el equipo, apenas queda espacio libre. Además, si te soy sincero, hace mucho frío y viento allí arriba. Estarás mejor dentro.

Por supuesto, en aquel momento no me di cuenta de que aquel acontecimiento iba a convertirse en leyenda: el último concierto de los Beatles. Si lo hubiera sabido, habría tratado de abrirme camino hasta arriba. ¿Habría podido llegar a la azotea? Vete tú a saber. Soy un enredador bastante persuasivo y conocía bastante bien a Mal, por no mencionar a la mayor parte de la gente que estaría arriba. Pero Mal podía ser un hueso duro de roer. Y no había exagerado en nada de lo que dijo. Aparte de los Beatles, a los que en esta ocasión se había unido Billy Preston en el teclado, poca gente pudo subir a la azotea: el personal técnico, Yoko Ono, la mujer de Ringo, Maureen, y un puñado de invitados, incluyendo a mi buena amiga Chris, una enredadora más hábil que yo... Por otra parte, se pelaron de frío allí arriba. De hecho, Yoko tuvo que dejarle a John su abrigo de pieles, y Ringo llevaba el chubasquero rojo de Maureen.

Así que esperé donde estaba, junto con la mayoría del personal de Apple, cotilleando con mucha excitación. ¿Qué significaba todo aquello? ¿Sería el inicio de una nueva fase en la carrera de los Beatles? Puede que empezaran a hacer giras de nuevo. Si teníamos en cuenta la tensión que había visto en el estudio, que había hecho que Ringo y George Harrison dejaran provisionalmente el grupo en los últimos meses, parecía una idea razonable. No había oído a nadie decir nada al respecto, pero, claro, los Beatles siempre parecían improvisar.

De repente estalló la música arriba y a mi alrededor sonaron vítores y aplausos. Creo que todos enloquecimos a causa del crudo sonido de rock and roll que nos llovió del techo. Nada de cuartetos de cuerda. Los Beatles habían vuelto a sus raíces y Paul parecía gritar a todo Londres: *Get back, get back, get back to where you once belonged!* («¡Vuelve, vuelve, vuelve al lugar al que perteneciste!»). Si han visto la película *Let It Be*, recordarán a un Paul de espesa barba cantando esa canción a grito pelado y tocándola con todo lo que tiene, y a Lennon interpretando un memorable solo de guitarra mientras sacude sus largas guedejas delante de su cara. En lo alto de su ciudad de adopción, haciendo lo que mejor sabían hacer, nadie podría haber imaginado que sería la última vez que los Beatles tocaran juntos en vivo.

Desde las ventanas del tercer piso miramos hacia la calle y vimos con júbilo a confusos oficinistas en la pausa para almorzar mirando a un lado y otro, tratando de descubrir de dónde salía aquella música ensordecedora. Algunos elegantes caballeros que salían de las lujosas sastrerías no parecían muy contentos con aquel estruendo, pero otras personas, reconociendo quizá quién estaba allí arriba, empezaron a saltar y a batir palmas. El tráfico de Savile Row se detuvo y la gente empezó a salir a las ventanas y las azoteas para ver mejor. También nos fijamos en los puntos de otros edificios y de la calle en los que Derek, con mucha astucia, había situado cámaras para filmar toda aquella maniobra publicitaria.

Tras tocar unos cuantos temas, vimos un coche de la policía que aparcaba delante de la entrada. Poco después, la atmósfera festiva del tercer piso se apagó considerablemente cuando llegó el agente Ken Wharfe (que más tarde sería el guardaespaldas de la princesa Diana) y otro policía, que se abrieron paso entre la multitud para subir. Supusimos que se pondría fin inmediatamente a aquella alteración del orden público, o que detendrían a los Beatles. De hecho, eso formaba parte del plan maestro de Derek Taylor. No podía imaginar una publicidad más potente para el nuevo disco y la nueva película del grupo que las fotos de cuatro músicos rebeldes conducidos a la comisaría. Ante nuestra sorpresa, cuando terminaron la canción que estaban tocando, se pusieron a tocar otra. Resultó que Ken Wharfe era un gran fan del grupo. Tal como me contó Chris después, se limitó a acercarse a su ídolo, Paul, y le preguntó cuánto tiempo querían seguir tocando. Los agentes se quedaron durante el resto del concierto al aire libre y parecieron tomarse con buen humor la improvisada burla de Paul McCartney durante la interpretación final de «Get Back»: «Si volvéis a tocar en la azotea, y sabéis que a vuestra madre no le gusta, ¡hará que os detengan!»

Cuando terminaban, John Lennon hizo su famoso chiste: «Me gustaría daros las gracias en nombre del grupo, y espero que hayamos aprobado la audición». Y eso fue todo. Incluso sin la detención de los Beatles, la maniobra publicitaria fue un gran éxito, una de las primeras anécdotas que se hicieron «virales» antes de que existiera este concepto. Las últimas palabras de John saltaron a los titulares de todo el mundo, y el concierto sorpresa de los *Fab Four* se convirtió en leyenda inmediatamente.

* * *

Pero Derek Taylor no siempre conseguía lo que se proponía. Una cosa era promocionar a los Beatles y otra muy distinta conseguir entrevistas y cobertura de la prensa para nuevos artistas de Apple como Mary Hopkin, Doris Troy o los Iveys (más tarde conocidos como Badfinger). Apple Records había prometido fama y fortuna a los músicos con más talento de la generación más joven, pero la prensa parecía interesarse solo por la cubierta «pornográfica» del nuevo disco de John y Yoko, por la boda de Paul y Linda Eastman o por la detención de George y Pattie por posesión de drogas (el mismo día de la boda de Paul y Linda, que se perdieron). Jackie Lomax, una guitarrista guapa y con talento, sacó un disco con una canción escrita por George Harrison y en el que aparecían Paul y Ringo como intérpretes, además de Eric Clapton. ¿Recuerdan «Sour Milk Sea»? Apuesto a que no. Es una canción con ritmo de rock y en perfecta sintonía con la onda de espiritualidad oriental de aquel año, así que estaba destinado a ser un gran éxito, pero... nadie pareció interesarse por Lomax.

Incluso James Taylor, que más tarde sería mundialmente famoso, era solo en aquel momento otro músico esforzado y drogadicto. Derek no consiguió que ninguno de los grandes periódicos o revistas prestara atención a aquel marginado americano de diecinueve años. Corté varias veces el pelo a James en los Trident Studios durante el verano de 1968, cuando estaba grabando clásicos como «Carolina in My Mind», en el que Paul McCartney tocó el bajo y George Harrison hizo el acompañamiento vocal. Recuerdo que me impresionaron mucho la suave voz de aquel muchacho tan sensible, la evocadora letra y la cadenciosa melodía, y también los enormes pies con sandalias que surgían de las perneras de su pantalón mientras le peinaba el largo y espeso cabello. Pero por encima de todo me pareció que era la encarnación del hippy americano, incluso por su tendencia a estar siempre colgado..., y me refiero a estar drogado todo el día. Por desgracia, esto resultó ser un gran obstáculo para su carrera. James fue hospitalizado para que se desenganchara de la heroína poco antes de que Apple lanzara su primer álbum, así que, para desesperación de Derek Taylor, se perdió su propia rueda de prensa y fue incapaz de hacer ninguna promoción. A pesar de todo, el LP recibió buenas críticas. Todo el que escuchaba «Something in the Way She Moves» pensaba que había nacido una nueva estrella. Pero poca gente compró el disco y James Taylor no subió a los primeros puestos de las listas hasta que se fue de Apple Records.

* * *

En cambio, los Beatles tenían a veces el problema contrario: demasiada atención de la prensa... aunque en el peor sentido posible. El monstruo mediático era un animal inconstante y podía volverse contra sus estrellas de pop favoritas para traicionarlas repentina y violentamente. Los Beatles habían conocido los peligros de la prensa en 1966, cuando John hizo el famoso comentario de ser «más populares que Jesucristo». Publicado inicialmente en una entrevista de marzo en el *Evening Standard*, el comentario no causó mucho alboroto en el Reino Unido. El escándalo mediático estalló cinco meses después, cuando la revista americana para adolescentes *Datebook* reimprimió la entrevista con el provocativo comentario de Lennon en portada. Muchas emisoras de radio prohibieron la música de los Beatles, se cancelaron conciertos y se organizaron manifestaciones en las que quinceañeras indignadas quemaban públicamente sus discos.

Desde entonces el grupo había sufrido otros reveses, entre ellos el varapalo que recibió *Magical Mystery Tour*, las burlas que se lanzaron contra su gurú indio y las noticias casi siempre negativas que se publicaban sobre la novia vanguardista de Lennon. En consecuencia, Derek Taylor y su personal se mostraban comprensible-

mente cautelosos con los periodistas con que trataban cotidianamente y trabajaban duro para controlar la imagen pública de los
Beatles. Entre otras cosas, sabían que la prensa consideraba a alguien como yo, un inocente peluquero con pocos conocimientos
de relaciones públicas, un eslabón débil en la cadena que protegía
al grupo, y por tanto un objetivo ideal.

Mi primera prueba auténtica llegó una tarde de febrero de
1969 en que estaba sentado en uno de los sofás blancos de la oficina de prensa, hojeando un número de *Melody Maker*.

—Hola, Leslie. ¿Tienes un minuto? —preguntó Derek, indi-
cándome por señas que me acercara.

—Claro —dije, dejando la revista y acercándome a su escritorio—. ¿De qué se trata?

—A George le están extirpando las amígdalas en el hospital
universitario —dijo.

—Ah, ¿sí? —respondí, preguntándome qué tendría que ver eso
conmigo—. Bueno, espero que esté bien.

—El caso es que está bastante aburrido allí. Necesita hacer
algo.

—Ajá —asentí con la cabeza, algo confundido. Seguía sin saber adónde quería llegar Derek—. ¿Qué puedo hacer yo?

—Bueno, creo que estaría bien que te acercaras por allí y, ya
sabes…, lo lavaras y lo peinaras o algo así. Para que se divierta un
rato, ya me entiendes.

El divertido era yo. No creo que mis servicios de peluquería se
hubieran descrito hasta entonces como diversión. Aunque, por
supuesto, estaba contentísimo de ser útil. ¿Cuántas veces no me
habían divertido a mí George y sus amigos?

Pero antes de salir de la habitación, Derek dijo algo más.

—Otra cosa, Leslie —añadió—. Pase lo que pase, no hables
con ningún periodista. Habrá centenares en la puerta y te bombar-
dearán con un millón de preguntas. No digas nada sobre George.
¿Está claro?

—De acuerdo, Derek, no diré ni pío.

Mientras me dirigía al hospital, me pregunté si el trabajo no habría vuelto a Derek un poco paranoico. Es decir, ¿qué había que ocultar? Bueno, quizá George padeciera algo verdaderamente grave y la historia de las amígdalas fuera solo una cortina de humo. ¿Y si la voz de los Beatles estaba en peligro? ¿Y si nunca podía volver a cantar? ¿Cuál era la razón de tanto secreto?

Cuando llegué al hospital, vi que Derek no había exagerado. El lugar era un hervidero de periodistas y fotógrafos. Como nadie sabía quién era yo, no me costó mucho pasar inadvertido entre la multitud. Los guardias de seguridad apostados en la puerta de George tuvieron que comprobar mi identidad, pero Derek debía de haberles informado, porque me dejaron pasar.

—¿Qué tal estás, George? —inquirí alegremente cuando entré.

Esbozó una débil sonrisa. Su pelo largo se desparramaba encima de la almohada. Por entonces había empezado a dejarse un abundante bigote y una perilla. Me indicó con la mano que no podía hablar.

—Está bien, no te preocupes. Ya hablaré yo. Derek me ha dicho que querías que te peinara. Y también dice que tiene un escocés listo para cuando vuelvas. Lo mejor para una garganta escocida, dice. ¿Crees que podrás levantarte? Tendremos que lavarte el pelo en el cuarto de baño.

Instalamos la improvisada peluquería y me puse a trabajar. Fue toda una experiencia estar con un Beatle que no podía hablar, y mucho menos cantar, pero George nunca había sido muy hablador, así que no fue muy diferente de nuestras sesiones en mi salón de Apple. La silla de la habitación no era tan lujosa como mi maravilla retro de terciopelo, pero George se relajó y se las arregló para perderse en su particular mundo meditativo. En cuanto a mí, decidí tomármelo con toda la lentitud posible, masajeándole el cuero cabelludo con el champú con parsimoniosos movimientos circulares, enjuagando a conciencia, secando la larga melena con la toalla, y luego aplicándole el secador manual y peinando el espeso pelo con los dedos. Ni siquiera Vidal Sassoon habría alargado tanto la «diversión».

—Ya está —dije al terminar—. ¿Te sientes mejor ahora?

George levantó los dos pulgares. Creo que lo que necesitaba el pobre chico, más que otra cosa, era ver un rostro familiar. Cuando salí de la habitación, aprecié el buen sentido de Derek al mandarme allí. Percibí en mi interior la cálida sensación de haber hecho una buena obra.

Pero cuando bajé la escalera, me encontré de repente rodeado por el zoológico de la prensa.

—¿Cómo está George?

—¿Qué le pasa?

—¿Cuándo saldrá?

—¿Eres amigo suyo?

Me pillaron por sorpresa, ya que había olvidado por completo la multitud de periodistas. ¿Qué me había dicho Derek? Ah, sí: no digas *nada*.

—Yo..., sin comentarios —balbucí, recordando lo que había visto decir en televisión en ocasiones similares.

Me abrí camino entre la marabunta de reporteros que gritaban, escudado tras aquellas dos palabras, que yo no dejaba de repetir mientras me seguían hasta mi coche, tirándome de la chaqueta y acosándome con preguntas.

—Sin comentarios, sin comentarios, ¡sin comentarios!

Cuando me puse en marcha, respirando de alivio por haber escapado ileso de la arremetida, reviví la escena mentalmente como si la estuviera viendo en televisión. En realidad me gustó mucho imaginarlo. Me sentí inesperadamente importante, por ocultar secretos a la prensa, esquivando preguntas como un político asediado. Entendía el suplicio que podía llegar a ser la vida si no tuviera más remedio que estar bajo los focos del público todo el tiempo. Pero, por unos minutos, he de decir que fue bastante divertido.

En cuanto al consejo de Derek, entendí lo que había querido decir. Estaba claro que George no tenía nada grave. Podía haber dicho a los reporteros algo así como: «Bueno, George ha perdido la voz, pero parece que está bien». Y quién sabe el titular que podrían haber publicado solo para vender más periódicos. «¡PÉRDIDA DE VOZ PONE EN PELIGRO EL FUTURO DEL BEATLE GEORGE!» Tiemblo solo de pensarlo.

* * *

Mi relación con los medios dio un giro inesperado gracias a Ray Connolly, que escribía para el *Evening Standard* y era cliente mío. Ray entrevistó a todas las estrellas de cine y músicos de aquel periodo y, de hecho, continúa haciéndolo actualmente. Era muy amigo de Derek Taylor y solía recibir primicias de los Beatles. Un día, mientras le cortaba el pelo, se volvió hacia mí y dijo:

—¿Sabes qué, Leslie? ¡Creo que ya es hora de que te entreviste a ti!

—¿A mí? —Me eché a reír—. Eso podría ser interesante...

—No estoy bromeando. Hoy por hoy eres una estrella por derecho propio. Vamos, le estás cortando el pelo a todo el mundo, eres parte de la revolución de la moda..., del pelo largo, de todo.

Creo que se dio cuenta de que la idea me ponía un poco nervioso.

—No te preocupes —aseguró—. Haré que salgas bien parado.

Cuando Ray me entrevistó, yo era virgen e inocente ante los medios, así que le hablé sin reservas. Por suerte para mí, en Ray se podía confiar. De hecho, eso explica por qué consiguió tantas entrevistas exclusivas, no solo con los Beatles, sino con todos los grandes nombres del pop. En mi caso, su artículo fue una publicidad de valor incalculable que lanzó mi carrera como «el estilista de los Beatles». El titular decía: «NO LLAMÉIS BARBERO A LESLIE, ÉL CREE EN EL PELO». Connolly hacía hincapié en la idea de que los peluqueros varones se habían convertido en artistas, cosa que ya eran Vidal Sassoon y algunas mujeres estilistas de prestigio. Por primera vez, explicaba a sus lectores, los hombres buscaban ahora un nuevo nivel en el cuidado del cabello. Y Leslie Cavendish, creador de los peinados de los Beatles que marcaban moda, era el hombre más indicado...

Fue un artículo increíble, de un periodista muy respetado, y se publicó nada menos que en el *Evening Standard* de Londres. De hecho, creo que me trataba mejor de lo que merecía. Si he de ser totalmente sincero, no puedo afirmar que me hubiera convertido en un estilista de talla mundial. Desde luego no jugaba en la misma liga que Vidal Sassoon o Roger Thompson. Como ya he dicho, mi relación con los Beatles no tuvo que ver tanto con mi habilidad para cortar el pelo como con la suerte, el arte de vender y mi discreción a prueba de bomba. Ni siquiera estoy seguro de qué responsabilidad tuve en el cambio de imagen del grupo que se produjo durante la segunda mitad de su trayectoria profesional. Cuando empecé a trabajar para Paul y los demás me quedó claro que debía dejarles el pelo más largo, ya que la moda iba en esa dirección, y que este *look* más largo e indulgente tenía que armonizar con su cambio de estilo indumentario. Pero los Beatles ya se habían hecho por entonces con el control de su propia imagen, al igual que habían tomado el control del estudio de grabación en el que crearon sus canciones estratificadas. Mi papel se parecía más al de George Martin durante la grabación de *Sgt. Pepper's*: en los controles, pero trabajando codo con codo con aquellos cuatro artistas independientes.

En cualquier caso, siempre estaré agradecido a Ray. Gran parte de mi reputación surgió de aquel artículo, que me consiguió muchos clientes nuevos e incontables cortes de pelo.

Pero esta primera y positiva experiencia con la prensa me volvió un poco confiado, un error que andando el tiempo acabaría escaldándome. Entre mis clientes había una joven periodista, Ca-

roline Boucher, que también me pidió una entrevista para publi-
carla en *Disc Magazine*.

—Solo una conversación informal sobre lo que piensas de los
Beatles —explicó—. Y quizá algo sobre su pelo, su textura, sus
cambios de estilo…, cosas así.

Sonaba a algo parecido a mi entrevista con Ray, y Caroline
parecía una buena persona, así que acepté encantado esta nueva
oferta de publicidad gratis.

Nos reunimos en el Picasso Café de King's Road y fue tomando notas mientras hablábamos de mi trabajo y mis famosos clientes. Recuerdo que estaba muy a gusto e incluso nos reímos varias
veces durante la entrevista. Al final me sentí satisfecho porque las
cosas habían ido espléndidamente, y además creía que el nuevo
artículo sería otro firme espaldarazo a mi floreciente carrera.

Pero durante la velada me hizo una pregunta que debería haber respondido con más cuidado.

—¿Cuál de los Beatles crees que será el primero en perder el
pelo, Leslie?

En aquel momento no vi ningún perjuicio en decir la verdad.

—Bueno, la verdad es que todos los Beatles tienen un pelo
sano y espeso —respondí—. Pero creo que el de John no es tan
denso como el de los otros. Eso es todo lo que puedo decir.

—Ajá —musitó, asintiendo con la cabeza mientras garabatea-
ba mi respuesta en su cuaderno.

Dos semanas después, ya avanzada la tarde, estaba en casa
preparándome para ir a la cama cuando recibí un telefonazo de
uno de los miembros del personal de la oficina de prensa de Apple.

—¿Qué le dijiste a la periodista de *Disc Magazine*? —me preguntó a quemarropa.

Inmediatamente me eché a temblar con el pijama puesto. ¿Qué
había dicho? ¿Qué había pasado para que la oficina de Apple me
llamara a las once de la noche? Toda la entrevista con Caroline
Boucher pasó como un relámpago por mi mente, una maraña de

palabras que ahora me parecían fuera de lugar, llenas de terribles significados y connotaciones ocultas. Pero no podía recordar ni un solo detalle inconveniente.

—¡Yo..., pues..., nada! Es decir..., no sé a qué te refieres.

De repente se puso otra persona. Era Derek Taylor. Así que era algo serio. Me dejé caer en un sillón para estar bien apoyado. Sentí que la cara y el cuello me subían de temperatura.

—Leslie —comenzó—. Algunas emisoras de radio están dando la noticia de que John se está quedando calvo. Bien, como peluquero suyo, ¿puedes arrojar algo de luz sobre esto?

—No, Derek —protesté, tratando desesperadamente de recordar aquella parte de la entrevista. Recordé vagamente que me preguntaron quién iba a ser el primero en perder el pelo, pero que respondí de forma evasiva. La voz me salió aflautada al terminar la respuesta—. Estoy seguro de no haber dicho nada semejante.

Oí un suspiro por el auricular y luego hubo una pausa. Imaginé a Derek tomando un sorbo de whisky con Coca-Cola.

—Muy bien, Leslie —dijo por fin—. A saber qué cojones se han inventado esta vez. En todo caso, tendremos que esperar a que salga la nueva edición de *Disc Magazine*, que será mañana. Ya hablaré contigo entonces.

A la mañana siguiente corrí a comprar un ejemplar en el quiosco más cercano. Allí, en primera plana, vociferaba el titular: «¡LENNON PODRÍA QUEDARSE CALVO!, DICE EL PELUQUERO DE LOS BEATLES».

Clavado en el suelo, mis ojos recorrieron el artículo en un santiamén. Por lo que pude ver, el texto parecía bastante preciso. Sin embargo, Caroline había tergiversado mi comentario de que el pelo de John era «menos espeso» que el de los otros Beatles, exagerándolo para que significara que se estaba quedando calvo. Cuando poco más tarde hablé con Derek fue muy comprensivo, pero me repitió, una vez más, que siempre me anduviera con pies de plomo cuando hablara con la prensa. Y me advirtió que a lo mejor recibía una llamada de Lennon.

Durante los dos días siguientes no hice más que dar saltos cada vez que sonaba el teléfono. Había visto de cerca en numerosas ocasiones cómo podían llegar a ser los enfados de Lennon. Y no era agradable. ¿Podía haber puesto en peligro toda mi relación con los Beatles por un estúpido comentario? Parecía ridículo, pero era evidente que John se había enfadado con Derek. Si no, ¿por qué toda la oficina de prensa estaba tan alterada por todo aquello?

Por fin llegó la llamada. Yo estaba en la peluquería y reconocí de inmediato la voz de John. Empecé a balbucir en seguida.

—¡Mira, John, lo siento mucho! No sé por qué escribió eso. Desde luego, yo nunca dije que fueras a quedarte calvo…

Seguí así un buen rato, hasta que me quedé sin palabras. A esto siguió un largo silencio, que a mí me sonó como la calma que precede a la tormenta. John, con tono preocupado, preguntó:

—¿De veras me estoy quedando calvo?

¡Así que era por eso! ¡No estaba tan enfadado como temeroso de que *Disc Magazine* tuviera razón sobre la suerte de su querido pelo!

—¡Qué va, John! —le aseguré en seguida—. Claro que no. mira…, lo siento. Han tergiversado mis palabras…

—No tienes que explicarme cómo trabajan los periodistas —dijo John con un suspiro—. ¿Recuerdas cuando dije que creía que los Beatles eran más populares que Jesucristo? ¡Todo Estados Unidos pidió mi cabeza en bandeja!

Me reí con él, pero fue una risa nerviosa.

—Entonces, ¿no tengo que preocuparme por el pelo? —preguntó otra vez, medio en broma.

—No, John, de verdad que no.

—Bien, esa es una buena noticia —repuso John—. De todas formas, será mejor que te acerques a la oficina de prensa de Apple cuanto antes.

—Ah —dije, poniéndome en guardia de nuevo—. ¿Para qué?
—¡Antes de que se me caiga del todo! —exclamó riendo.

Fui a Savile Row a reunirme allí con John. Volví a asegurarle que no se le estaba cayendo el pelo y nos reímos mucho de todo aquel estúpido episodio. Sí le aconsejé que se cortara el pelo regularmente para que no se le debilitara y se le abriesen las puntas. ¿Pero me hizo caso? ¡No! En compañía de Yoko Ono, dejó que le creciera hasta allá... y al final empezó a perderlo.

Ahora, cincuenta años después, puedo revelar la verdad. En 1969 sabía perfectamente que John empezaba a perder pelo. Durante mi primera reunión con Paul en Cavendish Avenue 7 había garantizado a mi nuevo cliente que él nunca se quedaría calvo. En el caso de John Lennon, no pude hacer esa promesa. Si hubiera vivido más de cuarenta años, habría perdido tanto pelo que habría podido considerarse calvo. Lo diré claramente: nunca revelé mi verdadera opinión a Caroline Boucher. Lo que escribió fue una interpretación personal suya, aunque visto retrospectivamente podría decirse que me leyó el pensamiento..., lo cual seguramente fue parte de su habilidad como reportera profesional. En cualquier caso, es una idea tremenda: ¡John Lennon, calvo! Pero, que yo sepa, no le hizo ningún daño a Elton John.

* * *

Entre todos los rumores que corrían sobre los Beatles, quizá ninguno fuera más extraño que la teoría conspirativa, que todavía aparece en muchas páginas web, que asegura que Paul McCartney está muerto, y que lleva muerto desde hace cincuenta años.

Esta leyenda urbana surge de un artículo publicado por Tim Harper en el número del 17 de septiembre de 1969 de *Times-Delphic*, el periódico estudiantil de la Universidad Drake de Iowa. Según este artículo y otro de Fred LaBour publicado como secuela en un periódico de la Universidad de Michigan, Paul McCartney sufrió un mortal accidente de tráfico con su Aston Martin en noviembre de 1966, poco después de que yo le cortara el pelo por primera vez, y fue reemplazado por un doble para evitar una caída en la venta de discos. Por alguna razón, los otros tres Beatles, Jane Asher y sus mejores amigos participaron en aquel plan demente y ultrasecreto, pero durante años se dedicaron a introducir sutiles y muy astutas «pistas» en canciones y discos. Las «pruebas» presentadas con el paso de los años son básicamente las siguientes:

- La portada de *Sgt. Pepper's* representa en realidad un funeral, y la guitarra de Paul es una corona fúnebre. El «Billy Shears» introducido en el corte que da título al álbum es William Campbell, el doble que reemplazó a Paul, tras ganar un concurso de imitadores.

- Durante el segundo *fade* acústico de «Strawberry Fields Forever» se oye decir a John: «Yo enterré a Paul».

- Parece que la «morsa» del *Magical Mystery Tour* es Paul, tal como se revela en la canción «Glass Onion» del llamado *Álbum Blanco*. Y se dice que la morsa es un símbolo de la muerte.

- Si escuchamos al revés «Revolution 9» del mentado *Álbum blanco*, se oyen las palabras: *Turn me on dead man* («Excítame, hombre muerto»), una y otra vez.

- La foto de los cuatro cruzando el paso de cebra de Abbey Road representa el desfile de un cortejo fúnebre, con John de blanco (el sacerdote), Ringo de negro (el empresario de pompas fúnebres), George con vaqueros (el enterrador) y Paul (el difunto) con los ojos cerrados, descalzo y en la mano un cigarrillo, que en *slang* inglés se dice *coffin nail*, «clavo de ataúd».

Etcétera, etcétera, etcétera...

La primera vez que oí hablar de esta teoría estaba en Nueva York, visitando a unos parientes americanos. El artículo original de Tim Harper se había publicado hacía unas semanas. El rumor empezaba a adquirir cierto ímpetu y la prensa buscaba gente que estuviese «en el secreto». Inopinadamente, mientras estaba en casa de mis parientes, recibí un telefonazo de la emisora de radio WABC. No sabía cómo habían conseguido mi número. Quizá hubieran llamado a mi casa de Londres y Louisa les hubiera dado mi número de contacto.

Al principio pensé que era una broma. Y una broma bastante macabra. ¿Paul, muerto? ¿Un Paul falso sustituyéndolo durante los dos últimos años? Qué estupidez. Pero el periodista radiofónico que estaba al teléfono hablaba muy en serio.

—Oiga, espere un segundo —dije en un momento dado, exasperado por la insistencia de aquel hombre—. No me importa lo que se escuche cuando se pone la canción al revés. Puedo asegurarle que el Paul que conozco es el mismo Paul que siempre he conocido.

—¿Cómo puede estar tan seguro? —me desafió.

«¿Que cómo podía estar seguro?», pensé. Durante un momento no supe qué responder. Es decir, el Paul cuyo cabello había peinado pocas semanas antes se parecía al antiguo Paul, y hablaba como el antiguo Paul. Pero era cierto que alguien que se le pareciera mucho habría podido engañarme. De repente tuve una idea.

—Le diré por qué estoy seguro —repliqué—. El pelo de una persona, la forma concreta en que le crece, es tan característico de una persona como sus huellas dactilares. El pelo de cada persona es único. He cortado el pelo de Paul antes y después del supuesto accidente, y si hubiera habido algo distinto lo habría notado. Sencillamente, es imposible que un impostor me haya engañado.

Pero el periodista radiofónico no quedó convencido. Tenía una lista tan larga de indicios de que Paul estaba muerto que, al final, incluso yo empecé a dudar.

Cuando poco después volví a Inglaterra, la oficina de prensa de Derek estaba inundada de llamadas de teléfono de todo el mundo exigiendo pruebas de que Paul McCartney estaba vivo. En Apple, esta estrafalaria tormenta mediática era causa de diversión y contrariedad al mismo tiempo. Derek había emitido inicialmente una nota diciendo que era «un montón de tonterías ya conocidas». Pero las llamadas no cesaban. Así que finalmente envió a un reportero de *Life Magazine* a Escocia, donde Paul pasaba una temporada con su nueva esposa, Linda Eastman, y sus hijos. El artículo resultante, «Paul sigue con nosotros», consiguió detener la marea, pero el rumor no llegó a morir por completo.

Fue un alivio cuando mi cliente favorito volvió de su retiro del norte y me llamó para que me diera una vuelta por St John's Wood. Por fin mi espíritu pudo descansar.

Mientras instalábamos el «salón» en el dormitorio, charlábamos como de costumbre. Pero en cierto momento me quedé callado y le pasé los dedos por el pelo, fijándome en cómo le caía sobre la frente.

—¿Qué haces, Leslie? —preguntó al notar mi repentina reserva.

—Oh, solo estoy comprobando si estás vivo o muerto —respondí.

Lanzó una carcajada. Era obvio que habían llegado a sus oídos los insistentes rumores de su fallecimiento.

—¿Y cuál es el veredicto? —preguntó.

—Estoy encantado de confirmar que eres el único e inimitable Paul McCartney.

—Vaya, gracias, Leslie —comentó riendo por lo bajo—. Me tranquiliza mucho oírlo. Ahora quizá deberíamos contárselo al resto del mundo…

Se lo conté a todo aquel que sacó a relucir el tema. De hecho, ante mi asombro, aún sigue surgiendo de vez en cuando. Fred LaBour admitiría finalmente que había apañado muchos «indicios» enumerados en su artículo original, que había concebido como una broma. Pero supongo que los teóricos de la conspiración nunca quedaron totalmente satisfechos. Después de todo, dicen, Fred LaBour pudo haber recibido amenazas para que se retractase. En cuanto al peluquero de los Beatles, ¿por qué no iba a estar metido en el complot, junto con Jane Asher y el resto? «Pues claro que está compinchado —decían—. ¡Asegurar que seguía cortándole el pelo a Paul McCartney solo podía ser beneficioso para él! Y seguro que le pagaron generosamente por su silencio abriéndole una peluquería propia en los sótanos de la Sastrería Apple...».

Pueden creer lo que quieran. Pero, antes que nada, grábense a ustedes mismos diciendo «*number nine*» varias veces y luego pongan la grabación al revés. ¿Verdad que oyen algo parecido a «*turn me on, dead man*»?

12
Cómo la fama estuvo a punto de matarme

Creo que fue en la fiesta de David Clarke. Su inmensa residencia de Mayfair estaba llena de gente moderna con pantalones acampanados y camisas de flores, bailando al ritmo de las luces parpadeantes de la máquina de discos u observando las fibras de la moqueta blanca con la atención propia de los drogados con LSD. A diferencia del sencillo hogar de Paul, el ático de Dave se parecía al apartamento de una auténtica estrella del pop. Yo había estado allí varias veces, ya que Dave era cliente regular mío desde 1968 y llamaba a menudo a su puerta para pasar un rato charlando amistosamente. Pero aquella era la primera vez que me invitaba a ir a una de sus famosas fiestas del mundillo del espectáculo.

En un momento dado, salí a la terraza y me apoyé en la barandilla para mirar Curzon Street. De repente oí una voz femenina, profunda y aterciopelada.

—¿Te apetece un porro? —preguntó.

Levanté la cabeza y mis ojos se posaron en una llamativa señora negra a la que reconocí inmediatamente. Era Nina Simone.

—Por supuesto, me encantaría —respondí, recogiendo con dos dedos el canuto liado a mano.

Supongo que fue entonces cuando caí en la cuenta: yo ya no era aquel chico de Burnt Oak. Tampoco era solo un peluquero que trabajaba en las peluquerías más de moda. Era un invitado de Dave Clarke. Estaba charlando con Nina Simone. En un rincón estaba Paul McCartney, que había acudido a la fiesta con Jane. Richie Havens, que pronto estaría en el acto inaugural del festival de Woodstock, había estado hablando conmigo poco antes. El lujoso ático estaba totalmente lleno de rostros famosos. Y finalmente acepté que yo era uno de ellos. Yo también era una especie de celebridad.

Hasta entonces me había resistido a la idea, aunque había visto mi nombre en los periódicos. La gente que estaba más en la onda no solo llevaba el «corte Cavendish» de manera creciente, sino que hablaba de él y me recomendaba a sus amigos y colegas como a un peluquero privado de las estrellas en el que se podía confiar. Pero yo me seguía sintiendo como un extraño, incapaz de creer realmente que perteneciera a aquel paisaje. Pero mientras estaba en aquella terraza, mirando la ciudad, reconocí que habían cambiado muchas cosas en un par de años, desde que Suzanna Leigh se había sentido demasiado avergonzada para presentarme a sus amigos famosos. Y ahora estaba allí, con mi propio grupo de famosos. ¡Yo mismo, un famoso! No una estrella del pop, desde luego, pero sí todo lo famoso que un peluquero puede llegar a ser.

Pero la fama tiene un precio.

* * *

Ya antes de dejar Vidal Sassoon para abrir mi propia peluquería, había aprendido que subir como un cohete a las alturas del éxito puede ser un viaje peligroso. Como he dicho en varias ocasiones, mi jefe Roger envidió mi trabajo con Paul McCartney desde el principio. Con el tiempo, y dado que llegué a ser conocido en todo el país como el peluquero de los Beatles, su envidia aumentó.

Roger nunca me dijo nada. Nunca mencionó a Jane Asher, a Paul McCartney ni a cualquiera de los otros. Pero podía ver el resentimiento bullendo dentro de él. Lo sentía cada vez que corregía ostensiblemente mis soluciones delante de toda la peluquería. Luego, cuando me despidió a raíz de lo del Magical Mystery Tour, su triunfo quedó en agua de borrajas porque Vidal lo obligó a readmitirme. Tras aquel golpe humillante, apenas soportaba mirarme a los ojos.

Cuando finalmente explotó fue por culpa del artículo del *Evening Standard*. Hasta entonces él había sido el único peluquero, aparte de Vidal Sassoon, que había salido en los periódicos y en las revistas de moda. Roger Thompson había sido la estrella prometedora del estilismo, el artista venerado, el «arquitecto del pelo». Pero, de pronto, Leslie Cavendish, su aprendiz, que apenas había salido del cascarón, era entrevistado nada menos que por Ray Connolly, el famoso periodista de la música pop. Fue demasiado para Roger. No pudo soportarlo.

Una tarde le corté el pelo a Chris Stamp en el piso de arriba del salón de Grosvenor House, fuera del horario laboral. A los clientes varones aún no se les permitía mezclarse con la clientela normal de Vidal Sassoon's, pero mi actividad en el pequeño laboratorio del piso de arriba aumentaba día tras día. Cuando se fue el mánager de los Who, bajé la escalera y me sorprendió ver que Roger me estaba esperando con cara de pocos amigos. Cada vez que nos habíamos cruzado el último año, la tensión entre nosotros era palpable. Pero aquella vez iba a salir a la superficie definitivamente. No había clientes en la peluquería, solo las dos recepcionistas de la entrada. Estábamos solos.

—¡Se acabó, Leslie! —me gritó—. Esta no es una peluquería de hombres! ¡A partir de ahora, no volverás a cortarle el pelo a un hombre en este local!

—¿Cuál es tu problema, Roger? —pregunté, también empezando a enfadarme.

—Estás cobrando unos precios escandalosos por cortar el pelo a los hombres —continuó—. ¿Dónde va a parar todo ese dinero, eh?

—¡A la caja de Vidal! —respondí a gritos, ofendido—. ¿A qué otro sitio crees que va, so..., so...?

Bien, no soy un tipo violento. Incluso antes de leer *Siddharta*, escuchar a Joan Baez o fumar hachís, ya era un tipo pacífico. Cuando era niño me encantaba ir los domingos al Shoreditch Town Hall para ver combates de boxeo, con mi padre, mi abuelo y el tío «Pinky». El tío Pinky tenía algo que ver en la organización de los combates, junto con su cuñado Archi Kasler y Bernie Grossmith, y su mujer, mi tía Sophia, solía preparar estofado para todos los boxeadores en su casa de Shoreditch, como una buena mamá judía. En aquella casa de Hanbury Street, muy cerca de donde Jack el Destripador cometió su segundo asesinato, conocí a muchos de los principales boxeadores de la época, a campeones del mundo como Terry Downes y John Conteh. Un día en que estaba en el gimnasio intenté practicarlo, pensando que conocía todos los movimientos. Pero tras recibir el primer puñetazo en la cara, decidí que aquello no era para mí. La única ocasión que recuerdo haber participado en una pelea de verdad fue aquella vez en el colegio en que terminé con un ojo morado y Lawrence y yo fuimos castigados por el director. Supongo que aprendí bien la lección, porque nunca jamás volví a recurrir a la violencia física.

Pero las injustas acusaciones de Roger me sentaron en esta ocasión como un puñetazo en el estómago y no tuve más remedio que devolvérselo. No pude evitarlo. De hecho, ni siquiera fui consciente de que lo hacía. Parece que mi puño izquierdo se cerró solo, como si tuviera voluntad propia, y surcó el aire hasta dar en el ojo de Roger. Fue un puñetazo tan fuerte que lo tiró al suelo. Es posible que fuera una forma de sacar provecho de todas aquellas veces que fui al boxeo con mi tío Pinky.

Roger se quedó atónito, como es lógico. Pero yo también. ¿Qué había hecho? ¿Cómo podía haberle dado un puñetazo a mi jefe? Y no a cualquier jefe, sino a Roger Thompson, el brazo derecho de Vidal Sassoon, su estilista más aclamado. A pesar de lo mal que me había tratado en los últimos meses, yo admiraba a aquel hombre y le estaba inmensamente agradecido por todo lo que me había enseñado. Nunca habría llegado a ser peluquero, y mucho menos el de Paul McCartney, si no hubiera sido por sus pacientes lecciones. Era el gurú de la peluquería por derecho propio. Y yo acababa de propinarle un puñetazo en la cara.

Roger estaba tendido en el suelo, aturdido y gimiendo. Una de las chicas de recepción lo ayudó a arrastrarse hasta un sillón mientras yo me disculpaba torpemente por mi inexcusable acto. Vi que el ojo se le empezaba a hinchar. Mientras tanto, la otra recepcionista había telefoneado al cuñado de Roger, el gerente de la peluquería de Bond Street.

—Joshua está en camino —anunció sin aliento.

Malas noticias para mí. Joshua no solo tenía la complexión de un boxeador de peso medio, sino que además había practicado el boxeo durante un tiempo. ¿Qué podía hacer yo? ¿Echar a correr? ¿Enfrentarme a Joshua? ¿Tratar de calmar a Roger? Me quedé allí, petrificado, viendo a las recepcionistas atender el ojo hinchado de mi jefe y repasando mentalmente las técnicas de boxeo que tanto habían entusiasmado a mi abuelo.

Finalmente, Joshua entró en la peluquería, con los músculos a punto de reventar el elegante traje que llevaba.

—Mira, Joshua... —balbucí, dando un paso atrás—. No sé qué decir... Roger la tenía tomada conmigo... Llevaba siglos pinchándome... Al final he perdido la paciencia y le he golpeado... Eso es todo.

Mientras avanzaba hacia mí con una cara que no presagiaba nada bueno, me preparé para lo peor. Las recepcionistas nos miraban horrorizadas. Joshua echó el brazo atrás y lo estiró hacia mí... para estrecharme la mano. Al apretar mi extremidad con sus gordos dedos, me miró a los ojos y dijo:

—Gracias, Leslie. ¡Si no lo hubieras hecho tú, lo habría hecho yo!

Aunque sorprendido, comprendí por qué Joshua habría querido darle un puñetazo a su cuñado. Yo sabía de primera mano que Roger, que estaba casado con su hermana Shirley, no era el más fiel de los maridos. Durante mi adiestramiento como aprendiz, en las noches de modelos, mi mentor me pedía a veces que llamara a su esposa y le dijera que iba a salir tarde del trabajo... aunque ya hubiera terminado la faena. Aunque Joshua y yo nunca habíamos hablado de ese tema, creo que ambos estábamos al tanto de lo que ocurría.

En cuanto a mis relaciones con Roger, la pequeña escaramuza terminó afortunadamente con la tensión que había habido entre nosotros. Creo que desde la mañana siguiente se resignó al nuevo estado de cosas. Yo ya no era su aprendiz en Vidal's: me había convertido en un peluquero de éxito por derecho propio y, en cualquier caso, no iba a permitir que me tratara a empujones solo porque fuera mi jefe.

En 1969 Roger Thompson fue ascendido al recién fundado papel de Director Creativo Internacional de Vidal Sassoon y se trasladó a Nueva York para dirigir el salón de Madison Avenue. Por entonces yo ya estaba al frente de mi propio negocio en Apple, en King's Road, pero antes de irse fui a verlo a Grosvenor House y le di las gracias por enseñarme a ser peluquero. Nos estrechamos la mano y le deseé toda la suerte del mundo. Desde mi punto de vista, Roger siguió siendo el mejor artista de peluquería que había salido de Vidal Sassoon. Sus cortes de pelo y sus estilos nunca han sido olvidados.

* * *

Sufrí otro peligroso efecto colateral de la fama a mediados de 1968. En mi peluquería de la Sastrería Apple recibí un telefonazo de una secretaria con voz pija que trabajaba para un tal señor Stigwood, que «solicitaba mis servicios privados» en su casa de Stanmore, un acomodado barrio del norte de Londres. Aquello me sonó a cosa de la flor y nata de la sociedad. ¿Quién era aquel Stigwood? ¿Algún hosco aristócrata? ¿Un empresario rico? ¿El mafioso más poderoso de la ciudad?

Derek Taylor no podía creer que fuera tan ignorante.

—Es el hombre del momento en el negocio del pop, amigo mío —me dijo el agente de prensa, con un vaso de whisky en una mano y un teléfono en la otra—. Lleva a Eric Clapton, a los Bee Gees... Es el que ha traído *Hair* al Shaftesbury Theatre.

Córcholis. ¡*Hair*! En mi opinión, ese musical tribal de amor y rock era el espectáculo más alucinante que había subido a un escenario en toda la historia. Aunque aún no lo había visto, ya me sabía la música de memoria, un compendio de todo el repertorio hippy: amor, desnudos, sexo, drogas, música, flores, pacifismo, espiritualidad, rebelión, psicodelia, igualdad racial, ecologismo y, por supuesto, pelo largo, suelto y salvaje. Por lo que había oído, al final del último acto, inmediatamente después del famoso clímax de «Era de acuario», se invitaba al público a subir al escenario para participar en un acto coral con los actores e interpretar todos una versión colectiva de canto y danza de «Let the Sunshine In». ¡Qué viaje! De hecho, *Hair* parecía estar tan a tono con lo que hacían los Beatles que incluso tuve la osadía de llevar mi ejemplar importado del álbum a casa de Paul McCartney para ponérselo tras una sesión de peluquería. Por desgracia, no pareció muy impresionado...

—Podría ser un buen cliente —dije a Derek.

—No estaría mal, no. —Derek levantó el vaso en mi dirección—. Cortar el pelo de los Beatles y de los Bee Gees.

El día de la cita subí al coche y pasé por Burnt Oak camino del barrio residencial de Robert Stigwood. Cuando llegué a las altas puertas de su residencia, al lado de las cuales mi Mini parecía un coche de juguete, comencé a sentirme un poco intimidado. «Esto no es una casa —pensé—, ¡es un palacio!» Nunca había visitado una casa tan lujosa. Cerca de la entrada había una colección de karts, que Robert y sus amigos debían de usar para moverse por la finca. En la puerta me recibió un joven mayordomo de uniforme.

—Buenos días —dije, sintiéndome fuera de lugar—. He venido a cortarle el pelo al señor Stigwood y... Esta es la casa Stigwood, ¿no?

—Oh, sí —respondió el mayordomo—. El señor Stigwood arde en deseos de conocerlo. Está arriba, en el dormitorio principal.

Dicho aquello, giró rápidamente sobre los talones y se alejó a zancadas por el suelo de mármol. Yo ya había visto muchas conductas amaneradas, tanto en el trabajo como en mis círculos sociales. Puse a aquel mayordomo en lo más alto del «amanerómetro». De hecho, mientras me dirigía a la escalinata que se abría entre dos grandes columnas que llegaban hasta el techo, vi que todo el personal masculino que iba de habitación en habitación se movía de un modo igual de femenino.

Cuando llegué a la primera planta, el corazón me latía a toda velocidad, y no por el ejercicio. ¿Dónde me estaba metiendo? Otro joven criado vio mi vacilación y señaló con el brazo la puerta ornamentada y medio abierta del dormitorio principal. Llamé un par de veces a la puerta antes de entrar.

—Pase —dijo una voz dentro.

Entré en el dormitorio, magníficamente decorado y dominado por una inmensa cama de cuatro columnas. Robert Stigwood estaba acostado con el pecho desnudo entre sábanas de raso rosa, como si fuera un miembro del triunvirato romano. El empresario se bajó de la cama cuando me acerqué y se puso en pie delante de mí, vestido solo con el pantalón de seda del pijama y con una inconfundible expresión de «venga acá».

Me quedé helado. Aquello no estaba bien. Aunque no quería ofender a mi rico e influyente cliente, desde luego no pensaba animar las fantasías que parecía haber preparado para nuestra sesión privada.

—Señor Stigwood —dije, tratando de parecer lo más profesional posible—. Por favor, vuelva a llamarme cuando esté vestido.

Di media vuelta y volví sobre mis pasos, sintiendo un gran alivio en cuanto salí al pasillo. Esperé unos minutos con mucho nerviosismo, apretando la caja de herramientas para armarme de valor, mientras los criados me miraban con curiosidad.

Al final, Stigwood me indicó que entrara. Esta vez no estaba en el dormitorio, sino en el inmenso baño interior. Me saludó totalmente vestido y de una forma mucho más propia de una transacción comercial..., como si nuestro primer encuentro no hubiera sucedido nunca. Esto me pareció bien. Saltaba a la vista que había captado el mensaje y el resto de la sesión transcurrió normalmente. De hecho, fue bastante rápida, ya que Stigwood no tenía mucho pelo.

El poderoso director no pareció ofendido por mi falta de interés. Aunque nunca volvió a llamarme a su residencia, empecé a trabajar para los Bee Gees poco después, primero en fotos de moda y luego en los estudios de la BBC, donde se grababa *Top of the Pops*, y finalmente también en casa de los músicos. Las sesiones con ellos fueron mucho más agradables que la que había tenido con su mánager y que me había puesto los pelos de punta. Yo era un gran admirador de su música y me fundía con la tierra cada vez que Barry Gibb sacaba su guitarra de doce cuerdas y me tocaba un tema. El único peligro al que tuve que enfrentarme fue el peinado de Robin Gibb. Su frente despejada y la fina textura de su pelo eran una auténtica pesadilla para un estilista que se preciara.

* * *

He leído en alguna parte que las estrellas de cine y del pop tienden a vivir menos de lo que se espera, unos siete años menos. En efecto, puedo confirmar que mucha gente que conocí en el Londres de la revolución sexual murió prematuramente. En la mayoría de los casos se debió al estilo de vida hedonista que se permitían. Jayne Mansfield murió de madrugada en un accidente de tráfico, tres años después de que me quedase atascado en un ascensor con ella y con Diana Dors. Brian Jones fue encontrado muerto en su piscina pocos meses después de su última incursión en la Sastrería Apple. Keith Moon, Jimi Hendrix y Brian Epstein murieron por sobredosis de drogas. Y muchos otros nos dejaron antes de lo que prometía la esperanza de vida, incluidos Neil Aspinall, Mal Evans y Derek Taylor.

En cambio, John Lennon fue víctima de la fama. Tímido por naturaleza, aborrecía especialmente el acoso y los manoseos de sus fans adolescentes y a menudo le preocupaba que algún día lo «desgarraran». Al final no se equivocó mucho. Mark David Chapman, un problemático joven que al principio idolatraba a Lennon, empezó a estar crecientemente encolerizado con el cantante tras convertirse al cristianismo. Su furia se avivó mucho por culpa de la expresión «más popular que Jesucristo», por la letra de la canción «God» y por la «hipocresía» que veía él en las llamadas de Lennon a la paz y el amor cuando vivía como un rajá. Finalmente, el 8 de diciembre de 1980, Chapman esperó a Lennon delante del edificio donde estaba su apartamento, le pidió que le firmara su último álbum, *Double Fantasy*, y volvió pocas horas después para descerrajarle cinco tiros con un Smith & Wesson 38 especial.

El asesinato de Lennon fue quizá la muerte de un famoso que más conmocionó a mi generación. Aunque no era la primera vez que los Beatles habían incitado a una mente trastornada a cometer un asesinato. Una década antes, las letras de su *Álbum Blanco* se habían tergiversado hasta el punto de convertirse en justificación enfermiza de uno de los asesinos en serie más truculentos de América. Y yo, Leslie Cavendish, debería haber estado allí.

Esta espeluznante historia comienza en el verano de 1969, cuando recibí un telefonazo inesperado de Estados Unidos.

—Hola —dijo la voz—. ¿Hablo con Leslie Cavendish?

Por el acento, habría jurado que el joven era de la costa del Pacífico.

—Sí. ¿En qué puedo ayudarlo?

—He oído que es usted el peluquero de los Beatles.

—Tengo ese honor, sí.

—Bien, encantado de conocerlo, Leslie. Me llamo Jay Sebring y, al igual que usted, soy estilista aquí, en California. Quizá haya oído hablar de mí.

—Por supuesto —mentí. Jay era famoso, como yo, pero no *tan* famoso—. Encantado de hablar contigo, Jay.

—Sí, bueno, el caso es que aquí en Estados Unidos tengo una posición parecida a la tuya. Le corto el pelo a Sinatra, a Sammy Davis júnior y a Jim Morrison, ya sabes, el de los Doors.

—Sí, por supuesto —dije, sintiéndome instantáneamente conectado con aquel lejano colega.

—Y también a muchas estrellas de cine: Steve McQueen, Warren Beatty, Kirk Douglas...

—Una buena colección —dije, con creciente curiosidad—. ¿Y qué puedo hacer por ti, Jay?

—Ah, sí. Volvamos a los negocios. Escucha, tengo unos cuantos inversores por aquí que quieren que abra salones, de diseño de calidad, clientes de alto nivel... y bueno..., me encantaría que trabajases conmigo. Si unimos nuestras reputaciones, haríamos un buen equipo, ¿verdad?

—Sí..., claro, podría ser —contemporicé, sin querer comprometerme.

—Bueno, tendríamos que hablarlo con más calma, por supuesto. Y conocernos. De hecho, esto es lo que estoy pensando, Leslie. Algunos de nosotros vamos a ir a LA, a reunirnos en casa de Sharon Tate, ya sabes, la actriz. La mujer de Polanski. Es muy buena amiga mía.

—Sí, conozco a Sharon —informé—. Era cliente de Vidal Sassoon cuando vivía en Londres.

—Estupendo, tío, eso es sincronización. Iremos a su casa en un par de semanas. ¿Por qué no te unes a nosotros? Un poco de trabajo, un poco de diversión, ya sabes de qué va esto...

Como mínimo, era tentador. A mediados de 1969, el mundo de los Beatles estaba comenzando a deshacerse. A pesar de vender millones de sencillos y LP, la total falta de control de Apple Records estaba empujando a la compañía a la bancarrota. Cuando a principios de año le pidieron a Allen Klein, el mánager de los Rolling Stones, que restableciera el orden, descubrió que los gastos no se limitaban a las 600 libras al mes que la oficina de Derek invertía en licores, sino que incluían filetes de ternera y caviar en la cocina de las oficinas, una montaña de facturas de los restaurantes más caros de Londres, vuelos intercontinentales sin justificar y largas conferencias telefónicas con Canberra, Katmandú y Acapulco. Por no mencionar los miles de libras en televisores, máquinas de escribir eléctricas, calculadoras, cajas de vino, cajas de discos e incluso plomo de los tejados que los desaprensivos se llevaban de las tiendas.

Klein impuso inmediatamente un estricto sistema de contabilidad, redujo el número de artistas promocionados por Apple y despidió a todo aquel que no fuera estrictamente necesario, incluidos Ron Kass, Alistair Taylor y Neil Aspinall. Apple Electronics, entre otras filiales de la empresa, se cerró cuando quedó claro que «el mago Alex» era incapaz de fabricar una tecnología revolucionaria; en realidad, ni siquiera fue capaz de organizar un estudio que funcionara apropiadamente. Fue inevitable que estos cambios causaran muchas fricciones, sobre todo entre los Beatles. De hecho, Paul McCartney se había negado a contratar al mánager americano, prefiriendo al padre y el hermano de su nueva novia, Lee y John Eastman. Derrotado en el grupo por tres a uno, Paul cada vez se alejaba más de los otros, y yo tenía la sensación de que las cosas no tardarían en venirse abajo. John Lennon acababa de publicar «Give Peace a Chance». Como primer sencillo en solitario de uno de los miembros del grupo, sonaba más a declaración de guerra... o, al menos, de independencia.

En cuanto a mi salón, también las cosas se estaban poniendo difíciles. Mi relación con John Crittle siguió deteriorándose desde que Apple se separó de nosotros, y ahora nos enfrentábamos a más competencia por parte de otras *boutiques* y peluquerías de moda. Además, los recortes de Apple habían afectado a mis ingresos, ya que tenía menos clientes a causa de la reducción del personal y de los artistas promocionados por la compañía de discos. Así que parecía un buen momento para moverse a nivel profesional. La propuesta de Jay Sebring prometía un comienzo nuevo al otro lado del Atlántico, con clientes nuevos y una peluquería que no estaría situada debajo de la tienda de nadie. Dos años después de que Vidal me invitara a trabajar en su estudio de Nueva York, llegaba una segunda oportunidad de conquistar Estados Unidos.

Sin embargo, la idea de conocer al peluquero californiano dos semanas después en la fiesta de Sharon Tate no me atraía por razones que no habría sabido concretar. Quizá fuera mi sexto sentido. Quizá se tratara de mi instinto para estar en el lugar apropiado en el momento idóneo... o, en este caso, para no estar en el peor de los lugares cuando menos convenía. Fuera lo que fuese, decidí que no iba a dejarme arrastrar a un cambio de tantas consecuencias. Los Beatles habían vuelto al estudio, esperaba que la situación de la peluquería mejorase y, en general, tenía que meditar seriamente si estaba preparado para irme de Londres.

—Ostras, Jay —dije—. Todo eso suena genial, y sí, estoy interesado. Pero tengo que confesarte algo, y es que en este preciso momento estoy muy ocupado con los Beatles. ¿Crees que podríamos hablar de nuevo dentro de un mes?

—Pues claro que sí, Leslie, estupendo —respondió Sebring—. Llámame cuando estés listo.

Tras colgar, hice algunas averiguaciones y comprobé que Jay Sebring era realmente el peluquero más de moda de Estados Unidos. Unos años después, su excliente Warren Beatty protagonizaría la película *Shampoo* interpretando a George Roundy, un personaje inspirado en la figura de Sebring. En una época en que cortar el pelo y peinar a un hombre costaba en Estados Unidos unos dos dólares, él cobraba 50. Su compañía, Sebring International, tenía franquicias y productos capilares con su marca. Desde luego, sonaba como un avance perfecto para mi trayectoria profesional.

Pero dos semanas después casi me dio un síncope. Paseando por King's Road, miré un periódico y los titulares me llamaron la atención de inmediato: MATANZA EN LOS ÁNGELES: LA ACTRIZ Y ESPOSA DE ROMAN POLANSKI ASESINADA. *¿La mujer de Polanski? ¿No era la misma Sharon Tate de la que había hablado mi futuro socio?* Compré el periódico y leí el artículo con creciente horror. La historia describía los atroces asesinatos con todo detalle: cuerpos mutilados, señales de tortura y una palabra garabateada en la puerta principal con la sangre de Tate: CERDO. Entre las víctimas se encontraban dos amigos de la actriz, su futuro hijo (estaba embarazada de ocho meses) y un famoso peluquero llamado Jay Sebring. Miré la fecha de los asesinatos: 9 de agosto. Se me heló la sangre en las venas. Si hubiera aceptado la oferta de Jay, habría estado en la casa de Sharon Tate durante aquella fiesta, la misma que se convirtió en matanza. Tardé semanas en recuperarme del susto.

Pero la historia aún tendría un giro posterior, siniestro y sombríamente irónico a la vez. Pocos meses después, en diciembre de 1969, detuvieron por fin a los culpables de la matanza de Tate, sospechosos de otros asesinatos en los que habían dejado mensajes similares escritos con sangre en las paredes. Pero lo más extraño es que aquel grupo de psicópatas no eran, como se había creído al principio, traficantes de drogas ni delincuentes de baja estofa. Por el contrario, la «Familia Manson» era un alegre grupo de hippies de pelo largo y fumadores de hierba que habían vivido juntos en una comuna de Haight-Ashbury durante el Verano del Amor. Más tarde hicieron su particular «Magical Mystery Tour» desde San Francisco hasta Los Ángeles, en un autobús escolar redecorado con vistosas alfombras y cojines en lugar de asientos. Charles Manson, un músico que tocaba la guitarra y el gurú del grupo, estaba obsesionado por los Beatles y esperaba publicar música igual que ellos, para «programar el amor joven» y encender la chispa de la revolución.

Solo que la revolución de Manson, que él profetizaba inminente, tenía que ver con una «próxima guerra de razas entre blancos y negros». Creyéndose la reencarnación de Jesucristo, había ordenado los asesinatos en serie como una operación estratégica para iniciar el conflicto, al que llamaba «Helter Skelter», título de una canción de los Beatles. De hecho, la primera vez que Manson escuchó el *Álbum Blanco*, se convenció de que los Beatles habían canalizado su propio espíritu (es decir, la verdad) y compuesto todo el disco como una versión codificada de sus dementes profecías. «Sexy Sadie» era, según esto, Susan Atkins, una de las asesinas de Tate, que había sido bailarina *topless* y era conocida dentro del grupo como «Sadie Mae Glutz». El *blackbird* («mirlo», literalmente «pájaro negro») que estaba esperando «el momento de levantar el vuelo» confirmaba la inminente rebelión de los negros. Los «Cerditos» de la canción (y de los grafitos con sangre de la matanza) eran los blancos que iban a recibir «una derrota colosal». Las dos canciones sobre «revolución» predecían la inminente lucha, y «Happiness is a Warm Gun» («La felicidad es una pistola caliente»), bueno, era una incitación directa a la violencia. En resumen, Manson pensó que los Beatles lo habían animado a él y a sus seguidores a seguir adelante con su locura.

Seguí los juicios de la Familia Manson con el horror hipnótico que incita a mirar un accidente de tráfico. Yo había sobrevivido, pero mi colega americano estaba muerto. Y en cualquier caso, la Familia Manson había matado una parte de mí. Habían asestado cien puñaladas al sueño hippy de una nueva era de paz y amor. Y no era solo impresión mía. Nadie podía quitárselo de la cabeza. ¿Cómo podía haber ocurrido? ¿Cómo era posible que aquellos hippies colgados, con sus ropas de colores y sus flores en el pelo, hubieran perpetrado unos crímenes tan atroces? ¿Y cómo podían las letras de los Beatles haber inspirado aquella carnicería? ¿Significaba que nuestra generación estaba tan confundida como cualquier otra? ¿Que la Era de Acuario había ido mucho más lejos de lo que habíamos previsto? ¿Que todo era mentira?

Para empeorar las cosas, el 6 de diciembre de 1969, la misma semana en que fueron detenidos los miembros de la Familia Manson, se celebraba en California el famoso Festival de Altamont. Seis meses después del legendario festival de Woodstock, tenía en cartel a muchos grupos que habían participado en él, entre ellos Santana, Jefferson Airplane y Crosby, Still y Nash. Pero, sin que se supiera cómo, terminó en desastre. Como en otros espectáculos parecidos, habían contratado como servicio de orden a los Ángeles del Infierno de San Francisco, entre ellos a mis «amiguetes» Frisco Pete y Sweet William. Por lo que parece, les habían pagado con cajas de cerveza, que consumieron mientras se celebraba el festival. Delante mismo del escenario estallaron violentas peleas, entre ellos un incidente en que uno de los Ángeles del Infierno dio un puñetazo a Marty Balin, un cantante de Jefferson Airplane. Como resultado, los Grateful Dead, a pesar de haber organizado el festival, cancelaron su aparición y abandonaron el concierto. Finalmente, cuando llegaron los Rolling Stones, la situación subió de tono y un asistente que iba drogado, Meredith Hunter, saltó al escenario y sacó una pistola. Uno de los Ángeles corrió hacia el intruso y lo mató de una puñalada, delante mismo de Mick Jagger y de 30.000 espectadores. En otras partes del recinto murieron tres personas a causa de accidentes y muchas más resultaron heridas. El espectáculo fue una pesadilla generalizada: el mal viaje que acaba con todos los viajes. La calidez, el color y los frutos del

Verano del Amor habían sido reemplazados por un viento frío que trajo un Invierno de Muerte.

Y así terminaron los años sesenta, con Richard Nixon en la Casa Blanca, Timothy Leary en la cárcel y todas nuestras esperanzas y fantasías idealistas hechas añicos. Pero aún quedaba por clavar otro clavo en el ataúd pintado de arco iris de la contracultura. El diez de abril de 1970, coincidiendo con el lanzamiento del primer álbum en solitario de Paul McCartney, mi cliente de tantos años anunció que iba a dejar los Beatles, un irónico golpe para el grupo, si tenemos en cuenta que él siempre había sido el miembro más comprometido.

No voy a comentar aquí todas las causas, versiones y teorías de la separación. Francamente, creo que se ha hablado demasiado del asunto a lo largo de los años. Se pueden amontonar muchas razones para explicar las crecientes fricciones que había entre los Beatles, pero creo que la verdad es mucho más simple. En mi humilde opinión, John, Paul, George y Ringo eran cuatro personas de inmenso talento que cada vez tenían menos ganas de ser definidos por el proyecto inicial que los había lanzado a la fama mundial. Desde que dejaron de hacer giras, cada uno había explorado sus propios intereses y había intentado subir a su barco al resto del grupo. Pero, inevitablemente, la corriente arrastró a los barcos por distintos caminos. También es posible que su Submarino Amarillo fuera demasiado pequeño y agobiante para los cuatro. En cualquier caso, creo que la separación del grupo fue una consecuencia natural del orden de las cosas. Como el pelo de sus cabezas, creció según su propia forma y textura. Podías darle forma, cepillarlo o incluso cortarlo, pero no podías impedir que creciera. Los cuatro músicos habían intentado enterrar a los Beatles desde que habían encarnado a la banda de Sgt. Pepper y al final lo consiguieron. Como fui testigo de incontables tensiones entre bambalinas, supongo que ya era hora.

Digo todo esto ahora, con la sabiduría que da la madurez. Pero en la primavera de 1970 estaba tan destrozado como todo el mundo. Más aún porque su separación significaba para mí el fin de una era, profesional y personalmente. Desde luego, todavía tenía mi peluquería y podía seguir trabajando con Paul y quizá con alguno de los otros en privado. Pero nunca volvería a ser «el peluquero de los Beatles». Al menos, todos tuvimos un premio de consolación, y fue una última novedad del grupo al completo. El título del álbum llevaba un mensaje de despedida para todos nosotros: *Let It Be*, «que así sea».

13

«Cuando sea viejo y me quede calvo...»

Louisa y yo rompimos más o menos cuando los Beatles. Al recordarlo ahora, puedo decir que nuestro romance fue tan melodramático y desgarrador como una de las óperas italianas que he empezado a apreciar en los últimos años. Juro que no invento nada..., ni siquiera los nombres.

El peluquero de Chelsea

ACTO I
Lugar: las impresionantes oficinas del señor Rabaiotti

Leslie y Louisa, soñadores hippies del London de la Revolución de las Flores, han descubierto por fin el verdadero amor. Por primera vez, el chico de clase obrera que había querido ser peluquero simplemente para estar rodeado de mujeres guapas, ha decidido casarse y fundar una familia.

Leslie visita al padre de Louisa, un empresario católico, en sus oficinas del centro de Londres, para comunicarle sus intenciones. Al señor Rabaiotti, que había simpatizado con el régimen fascista de Mussolini, no le gusta la idea de que su hija se case con un judío. Además, ya tiene sus propios planes para casar a Louisa con Rocco, el hijo de su socio de la empresa y tan rico como él.

—¿Qué piensa hacer con el dinero que heredará mi hija cuando cumpla veintiún años? —pregunta con desdén a Leslie.

—¡Eso lo decidirá ella! —canta el joven idealista—. A mí no me interesa el dinero.

El viejo ríe con amargura.

—No cometas el mismo error que cometí yo —advierte misteriosamente.

Leslie se va, alterado por la reunión. Sigue empeñado en casarse con Louisa, pero corre hacia oscuros nubarrones de tormenta.

ACTO II

Lugar: domicilio de Leslie y Louisa en Chelsea

Louisa ha descubierto las delicias de la cocaína y la heroína, que ayudan a aliviar el tedio de su consentida existencia. Su madre irlandesa era alcohólica y ella empieza a caer por el tobogán de la adicción. Cuando Leslie llega a la casa, Louisa trata de esconder las drogas, pero él se enfrenta una vez más a ella por aquellos hábitos destructivos. En el calor de la discusión, el joven decide renunciar a sus planes de boda, aunque se le rompa el corazón.

ACTO III

Lugar: un convento católico en Hertfordshire

Louisa había pasado los últimos meses recluida en un convento rural con objeto de desintoxicarse. Ahora está limpia, pero deprimida, y lo único que dirá a las monjas que la cuidan es «por favor, traedme a Leslie». Al señor Rabaiotti no le queda más remedio que llamar al desdeñado chico judío y pedirle ayuda.

Leslie llega al convento una noche de verano. Las monjas le aseguran que Louisa se ha liberado ya de las garras de las malvadas drogas y la muchacha le suplica: «¡Casémonos ahora mismo!» Pero Leslie le dice que es imposible. Para entonces ya ha encontrado otra novia, Jocelyn, que está loca por él. Leslie está preparando una fiesta para celebrar la mayoría de edad de Jocelyn. Recibe la visita del señor Rabaiotti, pero debe volver con su nueva novia. Sin embargo, Leslie descubre que sus sentimientos por Louisa son más fuertes de lo que creía. De hecho, empieza a sospechar que Jocelyn solo es su forma de olvidar a su verdadero amor. Finalmente, en un momento de debilidad, accede a casarse con Louisa.

ACTO IV
Lugar: Julie's Restaurant, Notting Hill

Poco antes de la fiesta de cumpleaños, Leslie anuncia a Jocelyn que tiene algo importante que decirle. La pobre chica está convencida de que la proposición de matrimonio que lleva tanto tiempo esperando está por fin a punto de llegar, precisamente el día en que cumplirá 21 años. Pero en lugar de eso, Leslie le confiesa que Louisa ha vuelto a su vida y que ha decidido casarse con ella. Jocelyn llora amargas y desesperadas lágrimas mientras da comienzo la frustrada fiesta de cumpleaños, a la que asisten amigos y familiares.

ACTO V
Lugar: una playa de la Riviera francesa

Louisa y Leslie parecen felices juntos y planean su inminente boda. Pero cuando pasan por delante de la bonita terraza de un bar, Leslie toma conciencia de una terrible realidad. No puede llevar a su amada al bar para tomar algo o fumar un cigarrillo, ni pedir vino en un restaurante, sin tentarla a que caiga otra vez en el pozo de la adicción. De hecho, si se casa con ella, pasará toda su vida haciendo de niñera de una drogadicta recuperada. Louisa ve su tristeza y le pregunta el motivo, y el joven le anuncia su definitiva y trágica decisión. Romperá de nuevo con Louisa y renunciará al amor completamente.

Supongo que una ópera auténtica habría terminado peor. Louisa o su padre habrían matado a Leslie en un arrebato de cólera con el poste de una sombrilla de playa y ella se habría ahogado en el Mediterráneo atándose en los pies el ancla decorativa que adornaba el bar. Pero ya fue bastante mal tal como sucedió. Mi verdadero amor me odiaba, Jocelyn y toda su familia tuvieron buenas razones para maldecir a Leslie Cavendish hasta el fin de los tiempos y yo había renunciado a la esperanza de encontrar a mi verdadero amor... Y encima, los Beatles se habían separado.

Como siempre he sido un optimista inveterado, nunca he entendido que alguien pueda quitarse la vida. El suicidio no encaja en mi forma de pensar. Normalmente, sea cual sea el problema, me basta con ir a mi club y quitármelo de encima sudando en un buen partido de tenis. Pero durante unos terribles momentos de 1970 coqueteé con esa solución operística. Por las noches sufría pesadillas en las que bregaba por salir de una estrecha, oscura y resbaladiza lata de pelotas de tenis, absurdamente alta, y trataba de llegar al diminuto agujero de arriba por el que se veía el cielo. Cuando despertaba, me veía delante de aquella espantosa pregunta: ¿merece vivirse la vida?

Por suerte, aún tenía en casa a mi perro *Ernie*. Aunque no podía responder a mis dudas existenciales, necesitaba urgentemente salir a la calle todas las mañanas. Fuera, respirando el aire fresco, las cosas no parecían tan malas. Y finalmente conseguí salir de aquella asquerosa lata de pelotas.

* * *

Cerré mi salón en 1972.

Todavía seguí ocupándome de algunos trabajos de peluquería, pero no daban para un sueldo normal, así que vendí el Mini y el piso de Chelsea, me mudé a una casa de Fulham, un barrio más barato, y abracé mucho a *Ernie*. Lo mejor de los perros es que les importa un bledo la condición social, la riqueza y todas esas tonterías que tanto nos preocupan a los humanos. Así que, mientras trataba de adaptarme a mi nueva y reducida existencia, él fue el mejor compañero que podía haber tenido.

Por entonces viajaba gratis a veces con el chófer de Barry Gibb, Billy, con quien había trabado amistad gracias a mi trabajo con los Bee Gees. Cuando me apunté al paro, para cobrar el subsidio, Billy solía llevarme a la oficina de empleo, lo cual me venía muy bien, salvo por el hecho de que su coche era un enorme Rolls-Royce. No podía ir a cobrar el subsidio en un Rolls, así que aparcaba a la vuelta de la esquina. Supongo que esa imagen resume en qué se había convertido mi vida tras la separación de los Beatles. Estaba atrapado en un ridículo punto medio entre la pobreza y la ostentación.

Aparte de los Bee Gees y algunos otros clientes leales, aún era el peluquero favorito de Paul, y me sentí privilegiado por poder visitar al ex-Beatle durante aquel periodo, cuando raramente lo veían fuera de su casa de Cavendish Avenue. Se había dejado una espesa barba y una larga cabellera, y en general se había vuelto bastante desaliñado. En las muchas ocasiones en que me peleé con su cabello cada vez más rebelde, lo encontré relativamente sereno. Pensativo, sí, y sin duda triste, pero no en el estado desesperado que sugerían los rumores. Como yo, Paul era un eterno optimista y estoy seguro de que conservó el equilibrio con ayuda de su nueva familia…, incluida su fiel pastora *Martha*.

Linda, su mujer, estaba colaborando con él en la formación de un nuevo grupo, Wings, con el guitarrista de los Moody Blues, Denny Laine. En marzo de 1973 la banda dio un concierto benéfico en el recién abierto Hard Rock Cafe de Londres para el lanzamiento de su álbum *Red Rose Speedway*. Cuando mi cliente me invitó al acontecimiento, pude volver a ver a Paul McCartney en el escenario desde aquel temprano concierto en el Club Pigalle. Me alegró comprobar que había vuelto en plena forma y no dudé ni un segundo de que los Wings serían un éxito…, y con el tiempo lo fueron.

Poco después, sin embargo, Paul y Linda se mudaron a otra casa de Peasmarsh, en East Sussex. Aunque Paul mantuvo la casa de St John's Wood, la pareja no visitaba Londres tan a menudo, así que finalmente perdí el contacto con los McCartney, al igual que *Ernie* con *Martha*.

He elegido un último recuerdo de aquel periodo. Estaba cortándole el pelo a Linda mientras Heather, su hija, repartía su atención entre mi trabajo y un dibujo que hacía con sus lápices de colores. Antes de irme, Linda me preguntó si podía cortarle el pelo a la pequeña Heather. Cuando terminé el trabajo con mi joven cliente, bajo la estricta supervisión de su madre, Heather echó a correr hacia la mesa.

—¿Te gustaría ver mi dibujo ahora?

—Sí, por favor —respondí.

Heather estaba a punto de enseñármelo cuando se lo pensó mejor. La niña puso el papel sobre la mesa, escribió algo y luego me lo alargó orgullosamente. Había escrito: «Esto es una princesa. Con cariño para Leslie. Heather McCartney». El dibujo, que muestra varias cabezas con el pelo más largo y más corto bordadas en el vestido de la princesa, es una de mis posesiones más preciadas.

* * *

Una vez que cerré el salón ya no soportaba la idea de volver a dedicarme a peinar a tiempo completo. ¿Qué haría ahora? ¿Volver de nuevo a Vidal Sassoon? En mi profesión, trabajar para los Beatles fue como escalar el Everest. En comparación, cualquier otra cosa parecería un cerro pelado. Así que la idea de entrar en otra peluquería, aunque fuera la más de moda, no me entusiasmaba. Lejos de ello, mis padres me ayudaron a abrir una tienda de ropa masculina al lado de su zapatería de East Street Market. Había aprendido mucho oficio con John Crittle y además era una forma de quedarme en territorio familiar, precisamente donde mi abuelo había situado su zapatería tirada por caballos muchos años antes. Además, con la ayuda de mis padres, salía adelante con la tienda y ocasionales trabajos privados de peluquería.

Durante los años sesenta, la zapatería de mis padres en Elephant and Castle había prosperado mucho. Zapatos Alex, llamada así por mi abuelo, estaba solo a unas calles de Aylesbury Estate, uno de los mayores complejos de viviendas subvencionadas de toda Europa, así que mi familia suministraba botas de trabajo, zapatos de colegial y zapatillas a la mayor parte de sus diez mil residentes. Mi abuelo, con su proverbial vista para los negocios, se había instalado cerca de los lavabos del mercado, de modo que siempre había una cola de gente delante de su muestrario, lo que aseguraba a la tienda un desfile incesante de clientes potenciales. Además, East Street era uno de los dos únicos mercados de Londres con permiso para abrir los domingos, mucho antes de que pudieran hacerlo las tiendas y los centros comerciales. Por si esto fuera poco, mi abuelo se había asegurado el derecho exclusivo de vender botas Dr Martens en South London, precisamente cuando empezaron a ponerse de moda.

En Leslie Cavendish's Boutique empecé a vender elegantes trajes de dos colores, abrigos Crombie y botas DM a los mods de clase trabajadora que recorrían el East Street Market con sus curvilíneos escúteres italianos. Así que supongo que en cierto modo, desde los años setenta, me las arreglé para seguir estando en la vanguardia de la moda. A pesar de todo, mi clientela era muy diferente de las ostentosas celebridades de King's Road con las que había tratado.

* * *

¿Cómo me adapté a la nueva situación tras haber caído de las alturas de la fama y el éxito? No demasiado mal en general. Sin duda echaba de menos mis salvajes correrías con los Beatles. Cada vez que escuchaba su música, o alguna de las nuevas canciones que John, Paul, George y Ringo lanzaban en solitario, se apoderaba de mí la nostalgia de aquel sueño de los sesenta que retrocedía, año tras año, hacia los archivos de la historia. «Yesterday» adquirió especialmente un significado totalmente nuevo para mí. Pero al final me las apañé, como mis queridos Queens Park Rangers, que habían bajado a segunda división tras su breve momento de gloria en el Verano del Amor. Obladí, obladá, la vida realmente sigue su curso... y me había llegado la hora de crecer con el resto de mi generación. Supongo que durante aquella década tuve golpes de suerte suficientes para llenar toda una vida. En cualquier caso, yo siempre había sido un poco ajeno al mundo del estrellato del pop y me sentía tan cómodo en un pub de South London como en las deslumbrantes fiestas que organizaba Dave Clark en Mayfair. Llegué a la conclusión de que podía seguir siendo un tipo guay de una manera más callejera, más doméstica, que por otra parte era la dirección en la que se estaba moviendo la cultura juvenil. *Lo justo es justo, ¿no? Arreglado. No hay problema, colega.*

A pesar de todo, seguía teniendo momentos de añoranza. Viví uno especialmente triste con un anciano de aspecto frágil cuyo rostro me pareció extrañamente familiar, visto a través de mi escaparate. Era una fría mañana de invierno de 1975 cuando vi a aquel distinguido caballero apoyado en su bastón delante de mi tienda, mirando al interior, con el cano cabello peinado pulcramente hacia atrás bajo un sombrero de fieltro. Cuanto más miraba los gruesos labios de aquel hombre y su rostro sabio y arrugado, más me parecía conocerlo. ¿Por qué, si no, miraba mi tienda con tanta curiosidad? Puede que fuera algún antiguo y olvidado amigo de la familia, o uno de los viejos clientes de mi abuelo. Así que salí a la puerta.

—Buenos días, señor —dije—. ¿Qué le trae por aquí?

—Ah —respondió sonriéndome. Era más bien bajo, y el ir tan encorvado hacía que pareciese aún más pequeño. Pero tenía una alegre chispa en la mirada—. Bueno, hace mucho tiempo que no estaba en esta calle, pero nací muy cerca de aquí. Exactamente, en la casa de al lado. Y me trae muchos recuerdos…

Así que no era un viejo conocido. Su cálida y amable voz tampoco me resultaba familiar. El acento era del otro lado del Atlántico, así que supuse que, si el caballero era inglés, debía de haber vivido en Estados Unidos buena parte de su vida. Sin embargo, había algo en su sonrisa y en la forma en que movía las cejas bajo el sombrero que instintivamente me invitaba a reír. Y me convencí de que de alguna manera yo había conocido a aquel hombre en alguna parte. Pero cuando estaba a punto de preguntarle, hizo un gesto extraño. Se llevó el dedo a los labios, dijo «chist» y me guiñó el ojo. Cuando me di cuenta, se había ido renqueando por la calle sin más explicaciones.

Mientras lo veía alejarse, lentamente y con gran dificultad, me fijé en su distintivo modo de andar. Al principio lo había achacado a su edad y, de repente, caí en la cuenta. Supe dónde había visto antes aquel modo de andar. Aunque no girase el bastón como en sus películas, no había error posible. Aquella figura marchita era nada menos que Charlie Chaplin.

El legendario actor había viajado a Londres para ser nombrado caballero por la reina Isabel, ceremonia que tuvo lugar unos días después, el 4 de marzo de 1975. Siendo niño, yo era más de los hermanos Marx, pero me encantó *El gran dictador* mucho antes de saber que iba a trabajar en el ramo de la peluquería, como el barbero judío que interpreta en esa película. Ahora, años después, resulta que me identificaba con él. Como yo, Chaplin había ascendido desde unos inicios humildes hasta la cima del éxito, y luego, con la llegada del cine sonoro y la avanzada edad, su estrella se había apagado. De hecho, su última gran película fue la melancólica *Candilejas*, una historia autobiográfica sobre un actor acabado, muy parecido a él. Aquella imagen de Chaplin mirando por el escaparate de mi tienda, recordando su infancia, me parecía que reflejaba a la perfección mi nostalgia de aquel periodo, de mis días de gloria, más recientes que los suyos. El cálido sentido del humor de aquel gran hombre también me pareció la actitud idónea para enfrentarse a los altibajos de la vida: un guiño y una sonrisa.

* * *

No llegué a perder totalmente el contacto con el mundo de los famosos. Durante la siguiente década seguí acudiendo a algunos de los locales nocturnos más de moda de Londres, incluido Tramps, uno de los clubes más exclusivos del mundo y donde solo se admitía a los socios. Gracias a un antiguo cliente, me había hecho amigo del propietario, Johnny Gold, que me dio una tarjeta de miembro vitalicio para entrar en aquel antro de iniquidad, de roble y lámparas de arañas, solo para famosos. En el ínterin seguía en contacto con varias personas de la escena del Londres de los viejos tiempos, por ejemplo con Ray Connolly, Pattie Boyd y Chris O'Dell, que había abandonado a los Beatles para viajar con los Rolling Stones y Bob Dylan.

Por extraño que parezca, estas amistades me permitieron frecuentar a uno de los Beatles hasta entrada la década de los ochenta: Ringo Starr. Pattie Boyd solía dar cenas multitudinarias, y en varias ocasiones acudió Ringo con su nueva esposa, la actriz Barbara Bach. Aquellas veladas que pasamos juntos fueron siempre muy divertidas, me recordaban los viejos tiempos. Fue entonces cuando conocí el lado más cálido y divertido de Ringo, sofocado en las sesiones de grabación de las que fui testigo en Abbey Road. Descubrir esta nueva faceta de su personalidad me hizo llegar a la conclusión de que la separación del grupo había sido un alivio para el batería. Ya no tenía que demostrar nada a los demás y podía seguir con su música y su carrera de actor, así como con su vida familiar.

Fue en Tramps donde conocí a mi primera esposa, Ellie Smith, una modelo americana de un metro ochenta a la que no dejaban de deportar del Reino Unido por hacer sesiones de fotos sin permiso de trabajo. Era divertida y guapa, y cuando la rescaté en el aeropuerto por décima vez decidimos que sería más fácil si nos casábamos. Siempre un ingenuo romántico, me convencí a mí mismo de que aquello era amor, y me emocioné una vez más con la idea de fundar una familia.

—Si nos casamos —dije a Ellie—, quiero tener hijos.

—Lo que quieras, Leslie —respondió, y me dio un beso.

Celebramos una boda aparatosa en un club de Mayfair, con más de cien invitados, y unos meses después descubrí que tomaba la píldora en secreto.

—Eres demasiado inmaduro para tener hijos —fue su explicación.

Aquellas seis palabras acabaron al instante con mi fantasía romántica. No había sido amor. Ellie había encontrado su permiso de trabajo y el avispado Leslie Cavendish había hecho el tonto. A partir de entonces, nuestra relación se convirtió en una discusión constante que duró hasta los últimos y amargos detalles de los trámites de divorcio.

—Podría habértelo dicho hace seis meses —comentó mi madre cuando se lo conté.

Cuando cumplí los cuarenta años, y los clientes de mi tienda ya no eran mods, sino punks y neorrománticos, había abandonado la idea de formar una familia. Mi vida siguió avanzando mal que bien en la era de Thatcher y Reagan, en la que el bonito y pequeño Submarino Amarillo de nuestra juventud pareció desaparecer de un bombazo. «No existe nada llamado sociedad —nos había dicho Maggie—. Solo hay individuos, hombres, mujeres y familias.» Aquello estaba a años luz de lo que prometían las utópicas concentraciones de la época hippy, que mi generación había esperado que fuera el comienzo de una nueva era colectivista.

Al mismo tiempo, la gente que me rodeaba empezaba a desaparecer. Mi padre había fallecido de un ataque al corazón poco antes de que John Lennon muriera de un disparo y mis abuelos también nos habían dejado ya. Incluso *Ernie* había muerto. Solo quedábamos mi madre, sus dos hermanas y yo para dirigir la zapatería familiar de East Street Market, y la proliferación de centros comerciales se estaba llevando un buen pellizco de nuestro volumen de negocios. Aunque seguíamos viviendo bien, solo era cuestión de tiempo que tuviéramos que cerrar.

Fuera del trabajo me concentraba en mis dos pasiones: la música y los deportes. Seguía siendo devoto de los Queens Park Rangers, por supuesto, y en los años ochenta mi querido equipo había vuelto a primera división bajo la dirección de Terry Venables. Además, se me despertó un gran amor por el deporte típicamente inglés, el críquet, y seguía jugando al tenis en el Hurlingham Club, del que me había hecho socio.

Mientras iba a un torneo de tenis en el exclusivo Queen's Club conocí a una mujer que transformaría por completo mi existencia. Charlotte Stridh estaba con mi amigo Dympna, un agente de televisión que vivía a tres puertas de mi domicilio en Normand Mews, muy cerca del club. Al pasar por casa de Dympna, me dejó tan fascinado aquella belleza de veinticinco años, procedente de Helsingborg, un pueblo del sur de Suecia, que no llegué al torneo. Fue un flechazo instantáneo, nos casamos en 1989 y, antes de darme cuenta, ya era padre de dos chicos maravillosos, Aidan y Oliver. Además, después de vender la última tienda de mi familia a finales de los noventa, Charlotte y yo decidimos mudarnos a la pequeña ciudad española de Alhaurín el Grande, cerca de la costa malagueña, y pasé a ser amo de casa a tiempo completo. El nuevo y responsable Leslie Cavendish incluso dejó de fumar, el último de mis malsanos hábitos de hippy. Sorprendente, pero incluso mi alocada amiga Chris O'Dell, después de haber abusado de todas las sustancias ilegales del mundo, se había hecho consejera sobre drogas en Tucson, Arizona.

Durante unos años Charlotte dirigió una cafetería cerca de Málaga con unos amigos suecos, mientras yo llevaba a los niños al colegio. Como en la temporada que pasé en el kibutz, recuperé el sueño mediterráneo, cocinando verduras que plantábamos en casa, recogiendo naranjas del huerto y fabricando aceite con nuestras propias aceitunas. Amanecía un nuevo milenio y, aunque no era la Era de Acuario, al menos parecía que Charlotte y yo estábamos construyendo nuestra propia utopía internacional. ¿Qué podía salir mal?

Bueno, pues resultó que el sueño mediterráneo no era para mí. Cuando pasó la emoción inicial, la tranquila vida que llevaba en la pequeña ciudad rural de Alhaurín, con todas aquellas horas para mí mismo, empezó a ponerme nervioso. Finalmente, me cansé del desriñonante trabajo del huerto y de pasar tantas horas al volante de mi 4x4. Tampoco llegué a encajar en la cultura nativa, ni en la de los británicos que vivían por la zona, muchos de los cuales eran insoportablemente intolerantes y de mente estrecha. Incluso los Queens Park Rangers, cuyos partidos seguía por la televisión vía satélite, acabaron por abandonarme con una cadena de malos resultados, caos financiero y escándalos de corrupción. Como resultado, el Leslie Cavendish de cincuenta y cinco años se fue convirtiendo en un viejo malhumorado y gruñón. No es solo que Charlotte no pudiera aguantarme. Es que no podía aguantarme ni yo. Supongo que en el fondo era demasiado urbanita. Echaba de menos el bullicio de Londres. Echaba de menos el ruido. Echaba de menos la agitación, el tumulto, el *helter-skelter*.

Así comenzó mi segundo divorcio. Por suerte, esta vez las cosas fueron mucho más civilizadas. Charlotte y yo aún nos queríamos y nos apreciábamos: simplemente, nos habíamos distanciado. Siempre le estaré agradecido por el privilegio de haber criado a mis hijos, que son mucho más importantes para mí que cualquier estrella del pop que haya conocido. No lamento ninguna de las decisiones que tomé con ella. Como en el caso de la separación de los Beatles, creo que fue resultado del curso natural de las cosas. A pesar de todo, como todo divorcio, personal o profesional, fue doloroso… como todas las canciones de amor trágico decían que sería.

* * *

Cuando Charlotte y yo nos separamos, estaba a punto de cumplir los sesenta años e imaginaba que habían pasado para siempre mis días de romance. Sentía algo de lástima por mí mismo y, francamente, también estaba algo avergonzado por aquel nuevo fracaso de mi vida. Me inquietaba cómo contárselo a mi madre, que se sentiría decepcionada por su caprichoso hijo o quizá me dijera que ya sabía que ocurriría. Aún escuchaba de vez en cuando mi vieja música, en una máquina de discos Wurlitzer de 1964 que había adquirido, y no sé ustedes, pero cada vez que escucho «Here Comes the Sun», renace esa parte de mí que todavía espera una tercera, una cuarta o una vigésima oportunidad. Sorprendentemente, fue Betty Botas quien vino a rescatarme.

Mi madre seguía viviendo en Burnt Oak, ya jubilada, pero aún fuerte con sus ochenta años. Por la mañana temprano se bañaba en una piscina local y luego se iba al bingo con sus amigas de East Street. En una reciente visita a Londres, le pedí las llaves del garaje para poder desenterrar mi viejo sillón de barbero de la peluquería de King's Road. El precio de los recuerdos de los Beatles parecían haberse disparado en el cambio de siglo y los objetos que les habían pertenecido, incluidas púas de guitarra y micrófonos, se vendían en Sotheby's por miles de libras. Estaba seguro de que mi bonito sillón de terciopelo rugoso del salón de peluquería de Apple en el que se habían sentado George Harrison, Keith Moon, Dave Clark y tantos otros costaría una fortuna.

—Ah, esa cosa comida por las polillas —rezongó mi madre—. Hace años que la tiré.

—No, no la tiraste, mamá —dije, convencido de que bromeaba.

—Sí, la tiré, Les. Era basura y estaba estorbando. Se la llevó el basurero.

Incapaz de hablar, irrumpí en el garaje para comprobarlo. Aquel enorme sillón siempre había estado allí, en un rincón. Pesaba una tonelada y una de sus ruedas estaba rota, así que moverlo no era nada fácil. Sencillamente, me negaba a creer que mi madre se hubiera librado de él. Pero cuando abrí el garaje, mi maravillosa antigualla no estaba en ningún sitio. Se había desvanecido en el aire, como si mi peluquería de Apple no hubiera existido jamás..., como si no hubiera conocido a los Beatles tantos años antes y mis preciosos recuerdos no fueran más que fantasías de un viejo iluso.

Pero me recompuse. Aquel sillón de barbero había existido, *claro que sí*. Había estado exactamente allí, en el rincón, cogiendo polvo durante años.

—¡Mamá! —grité—. ¿Te das cuenta de lo que has hecho? ¡Las cosas de los Beatles se venden por cientos de miles de libras! ¡Has tirado a la basura una fortuna!

—Bueno, pues ya no está, Les —señaló con total naturalidad—. ¿Qué quieres para cenar?

Creí que nunca se lo perdonaría. Pero estaba equivocado. Poco después de romper con Charlotte, mi madre me compensó por la pérdida de aquella reliquia histórica de incalculable valor... por quintuplicado.

Cuando era niño, había una preciosa niña que vivía al otro lado de nuestra calle en Burnt Oak. Recordaba que Susan era brillante y cordial, pero, como tenía ocho años menos que yo, solo la veía como la mejor amiga de mi prima Lynn. Cuando Lynn tuvo su precioso disco firmado y el mechón de cabello de Paul McCartney, aquellos regalos del «primo Leslie» debieron de causar una gran impresión en la pequeña Susan, de doce años, que ya había gritado como una loca en un concierto de los Beatles en el Finsbury Park Astoria Theatre, en 1964. Cuarenta años después, la pequeña Susan se había convertido en una empresaria de éxito que vendía géneros de punto a las mejores tiendas minoristas del Reino Unido, y daba la casualidad de que además tenía una casa en Marbella.

Mi madre, sin saber que me había separado de Charlotte, sugirió a Susan que me llamara la siguiente vez que viajara a España. Quedamos para tomar un café y, al poco rato, Sue y yo estábamos haciendo bromas de un modo extrañamente familiar, como si nos conociéramos desde siempre, algo que, en cierto modo, era cierto. Teníamos en común el ser judíos y haber crecido en el mismo barrio, la experiencia de los años sesenta y setenta, nuestro trabajo en el mundo de la moda y el gusto por pasear por la ciudad. ¡Y encima descubrí que Sue admiraba a los Beatles aún más que yo! No creo que se pueda decir que fue amor a primera vista, pero no por eso fue menos nuevo y emocionante. En este momento llevamos juntos once maravillosos años.

Gracias a esta relación descubrí por fin lo que mi madre había estado contando a sus mejores amistades sobre su hijo durante toda mi vida. Por increíble que parezca, si tenemos en cuenta lo poco impresionada que parecía por mis conocidos famosos cuando le hablaba de ellos, Betty Botas había estado presumiendo de «Mi Les, que les corta el pelo a los Beatles, ¿sabes?», a mis espaldas, durante años. Por otra parte, Sue tenía la impresión de que yo era una especie de *playboy* incorregible. Aunque sea algo embarazoso, supongo que entiendo que alguien pudiera tener esa, ejem..., *completamente errónea* impresión.

Mi viejo amigo Lawrence, que vivía entre Londres y la Riviera francesa tras retirarse de la peluquería, no podía creerlo. Después de tanto perseguir estrellas de cine, modelos y famosas, Leslie Cavendish había encontrado a su alma gemela enfrente de su casa de Burnt Oak. Paul McCartney me lo había dicho cientos de veces, pero ¿le había escuchado? *Get back to where you once belonged!*, «¡Vuelve al lugar al que perteneciste!»

* * *

Hablando de Paul McCartney, en 2012 recibí una invitación del British Film Institute, en London's South Bank, para asistir a un pase especial de un documental de BBC Arena titulado *The Beatles' Magical Mystery Tour Revisited*. Me emocionaba sobre todo la idea de ver metraje inédito de aquella aventura, incluida la escena de la freiduría en la que yo salía en primer plano. Paul también estaba invitado, por supuesto, y se había anunciado a la prensa que asistiría.

Fui con mi hijo Aidan, que esperaba conocer al antiguo cliente y amigo de su padre. Naturalmente, a mí también me emocionaba la idea, pero sin darme cuenta ocultaba el entusiasmo, como en los viejos tiempos. Por si acaso.

No quería sufrir una decepción, entiéndanme.

—Papá —me preguntó Aidan cuando íbamos hacia el BFI—. ¿Crees que te reconocerá después de tantos años?

—No seas tonto —respondí—. Pues claro que sí.

«O no», pensé. Cuatro décadas es mucho tiempo. Había visto envejecer a Paul McCartney en la prensa, pero él no tenía ni idea de mi aspecto actual. Aparte de las arrugas, había engordado un poco desde la última vez que nos habíamos visto; mi rostro era más redondo y mi corte de pelo más formal. Además, imaginaba que el ex-Beatle habría conocido a mucha gente en todos aquellos años. Y aunque me reconociera, ¿se acercaría a saludarme? ¿Cuando los dos habíamos rebasado los *sixty-four* de la canción?

Cuando llegamos al cine, me alegró encontrarme con gente que hacía siglos que no veía, como Pattie Boyd y algunos de los miembros que quedaban del autobús del Magical Mystery Tour. También vi que Liam Gallagher, de Oasis, estaba allí, entre otros famosos más recientes. Aidan y yo seguíamos buscando a Paul, pero no lo veíamos por ninguna parte.

Finalmente, cuando ya nos habíamos sentado y la película estaba a punto de comenzar, mi viejo cliente recorrió el pasillo central con Giles Martin, el hijo de George Martin, que por entonces era un productor discográfico de reconocido prestigio y que había arreglado la banda sonora del nuevo DVD del *Magical Mystery Tour*. Paul y Giles encontraron sus asientos, las luces se apagaron y la pantalla cobró vida.

Ver aquella extraña obra de arte fue como un viaje en el tiempo, un regreso a los sesenta…, no a los auténticos sesenta que yo había vivido día tras día en Vidal Sassoon's, Abbey Road, Apple Corps y el marchoso ambiente de Chelsea, sino a la fantasía en tecnicolor que mi generación había inventado: la utopía de los hijos de las flores, el despertar espiritual mundial, la revolución pacífica que haría que los policías bailasen cogidos del brazo.

Cincuenta años más tarde pensaba que quizá no todo había ido realmente mal. Desde luego, habíamos sido unos ingenuos al pensar que aquellos cuatro músicos pop, con sus baratos disfraces de mago, podían cambiar el mundo de la noche a la mañana moviendo su varita mágica, con unas melodías pegadizas, marihuana de buena calidad y la ayuda de sus muchos amigos melenudos. A pesar de todo, muchos sueños idealistas de la contracultura se habían hecho realidad, aunque quizá tardaron más tiempo del que habíamos pensado al principio. América había pasado de la segregación racial a tener a Barack Obama de presidente, los gays ahora celebraban bodas legales y las mujeres tenían más libertad y oportunidades que nunca. A pesar del 11 de Septiembre y sus repercusiones, el mundo era un lugar más pacífico en general, y el peligro nuclear parecía ahora un lejano recuerdo de la Guerra Fría. Muchas ocurrencias extravagantes de la contracultura (ecologismo, meditación, libertad sexual) se habían convertido en ideas dominantes en las décadas siguientes. Internet había permitido que cualquier músico, cineasta o pintor que tuviera talento consiguiera fama mundial con un solo vídeo que se hiciese viral, haciendo realidad el objetivo de Apple Records de una forma que nadie habría podido imaginar entonces. Incluso el uso de drogas había sido total o parcialmente legalizado en algunos países, una medida que se estaba planteando seriamente el gobierno del Reino Unido. El siglo XXI no era la Era de Acuario, bastaba fijarse en las desigualdades económicas, el terrorismo, los ecosistemas que colapsaban y mil otros problemas. A pesar de todo, tuve la impresión de que, durante los últimos cincuenta años, nos habíamos acercado un poco a aquella utopía psicodélica. Y aquellos fantasiosos magos de la pantalla del BFI habían hecho su papel como portavoces de nuestra generación.

Al margen de estas sesudas reflexiones, me reí a gusto, y lloré, y flipé muchas veces con aquella evocación que ahora duraba dos horas, junto con todos los que también habían participado en aquel ridículo Magical Mystery Tour. En cuanto a mi hijo Aidan, que entonces tenía la misma edad que el peluquero melenudo de la pantalla, creo que estaba totalmente estupefacto al ver aquella nueva faceta del «aburrido y viejo papi» que creía conocer.

Cuando salíamos de la sala vi a Paul otra vez, hablando con un grupo de gente que no reconocí.

«¿Debería ir a saludarlo? —me pregunté con nerviosismo—. ¿Y si no se acuerda de mí?» Mi vieja costumbre de no querer parecer un molesto fanático se disparó automáticamente. «Mejor no molestarlo», pensé.

Pero en aquel momento se cruzaron nuestras miradas.

Paul enarcó las cejas de un modo que yo conocía bien y su rostro expresó alegría y sorpresa.

—¿Eres... Leslie?

—¡Sí! —respondí, totalmente aliviado.

En un momento que nunca olvidaré, Paul me rodeó con el brazo mientras salíamos del cine. Le dije lo mucho que me había gustado el documental y cambiamos impresiones, sorprendidos de que casi hubiera pasado medio siglo desde que se rodaron aquellas escenas.

—Enhorabuena por tu reciente matrimonio —dije en cierto momento.

—Gracias, Leslie, ¿y qué tal te va a ti?

—Estoy bien, gracias —respondí—. Me he divorciado dos veces, pero ahora tengo una feliz relación, y dos hijos encantadores. Este es el mayor, Aidan.

Recordé que debía pasar por alto que los QPR habían vuelto a primera división. Luego, cuando estábamos a punto de irnos, le señalé la cabeza con el dedo.

—Ya lo ves, Paul. Yo tenía razón...

—¿A qué te refieres? —preguntó.

—Cuando nos conocimos, me tocaste aquella canción tuya. «Cuando sea viejo y me quede calvo...». Pero te dije que nunca se nos caería el pelo. ¡Y no se nos ha caído!

Los dos nos echamos a reír y nos tiramos del pelo, como si estuviéramos recostados en su sala de música de Cavendish Avenue 7 y no hubiera pasado el tiempo.

Como si todo, en los últimos cincuenta años,
  no hubiera sido más que una alucinación momentánea
    inducida por una bocanada
      de humo
        mágico

        o o o o

Agradecimientos

Me gustaría dar las gracias a Jane Asher (por haber posibilitado todo esto), a Lawrence Falk (*boy scout*), a Vidal Sassoon (el director de orquesta), a Chris O'Dell (las rubias son más divertidas), a Neil McNaughton (mi imán), a Susan Kaye (por haber estado ahí para mí), a Eduardo Jáuregui (el motor), a Aidan y Oliver Cavendish (por haber soportado educadamente mis cuentos para dormir), a Ernie Sutton y Terry Bloxham (de la revista *British Beatles Fan Club*), a mis muchos amigos y a los miembros de mi familia que hicieron posible este libro (y mi vida); y, por supuesto, a los *Fab Four*, Paul, John, George y Ringo: sin vuestro pelo, no habría habido una historia tan mágica que contar.

A Neil McNaughton le gustaría dar las gracias a su profesor de escritura Hud Saunders, por su experiencia y sabiduría; y a Ed Potton de *The Times*, por leer el manuscrito y darle ánimos.

A Eduardo Jáuregui le gustaría dar las gracias a Leslie y a Neil por su tiempo y su paciencia, y a Emanuela Lobardo por su apoyo y sus comentarios.

A los tres nos gustaría dar las gracias a Lorenzo Rulfo, a Pierdomenico Baccalario, a Antonia Reed, a Alessandro Gallenzi, a Andrea Cavallini («Dr. Bestia») y a todos los de las editoriales Book on a Tree y Alma Books por creer en este proyecto, y por su continuo apoyo y sus ideas.

Finalmente, damos las gracias a los creadores de las siguientes fuentes de información sobre los Beatles y el estilo de vida de los años sesenta, que hemos utilizado para estimular la memoria de Leslie y llenar los huecos:

PÁGINAS WEB

The Beatles Bible (www.beatlesbible.com)

The Internet Beatles Album (www.beatlesagain.com)

The Beatles Interviews Database (www.beatlesinterviews.org)

Archivo de *Jewish Chronicle* (www.thejc.com/archive)

Spotify

IMDb

Wikipedia

LIBROS

Bugliosi, Vincent, y Gentry, Curt, *Helter Skelter: The True Story of the Manson Murders*, W. W. Norton, Nueva York, 1974. [Versión española: *Manson*, Bruguera, Barcelona, 1976].

Davies, Hunter, *The Beatles,* W. W. Norton, Nueva York, 2004. [Versión española: *The Beatles, edición ilustrada y ampliada de la biografía*, Ediciones B, Barcelona, 2005].

DiLello, Richard, *The Longest Cocktail Party,* Playboy Press, Chicago, 1973.

Gould, Jonathan, *Can't Buy Me Love: The Beatles, Britain and America,* Three Rivers Press, Nueva York, 2008.

Loker, Bradford E., *History with the Beatles,* Dog Ear Publishing, Nueva York, 2009.

Miles, Barry, *Paul McCartney: Many Years from Now*, Harvill Seeker, Londres, 1997.

Norman, Philip, *Shout! The Beatles in their Generation*, Touchstone, Nueva York, 2011. [Versión española: *Gritad: Beatles. La verdadera historia del legendario grupo*, Ultramar, Barcelona, 1982].

O'Dell, Chris, *Miss O'Dell: Hard Days and Long Nights with The Beatles, The Stones, Bob Dylan and Eric Clapton*, Touchstone, Nueva York, 2010.

Selvin, Joel, *Altamont: The Rolling Stones, the Hells Angels, and the Inside Story of Rock's Darkest Day*, Dey Street Books, Nueva York, 2016.

Schaffner, Nicholas, *The Beatles Forever: How They Changed Our Culture*, Fine Communications, Nueva York, 1997.

Spitz, Bob, *The Beatles: A Biography*, Back Bay Books, Nueva York, 2006.

Thompson, Hunter S., Hell's Angels: *The Strange and Terrible Saga of the Outlaw Motorcycle Gangs*, Random House, Nueva York, 1966. [Versión española: *Los ángeles del infierno, una extraña y terrible saga*, Anagrama, Barcelona, 2009].

Wolfe, Tom, *The Electric Kool-Aid Acid Test*, Farrar, Straus and Giroux, Nueva York, 1968. [Versión española: *El coqueto aerodinámico rocanrol color caramelo de ron*, Tusquets, Barcelona, 1997].

ARTÍCULOS

Boucher, Caroline, «John Lennon is likely to go bald», *Disc and Music Echo*, 26 de abril de 1969.

Carpenter, Julie, «The Father who Darcey Bussell Rejected», *The Daily Express*, 26 de abril de 2012.

Cohen, Allen, «The Gathering of the Tribes», *The San Francisco Oracle*, vol. 1, 5, 1967.

Connolly, Ray, «Don't Call Leslie a Barber, He Believes in Hair», *The Evening Standard*, 17 de Agosto de 1968.

Hickey, William, «Ernie Hopes for a Hit - We Think», *The Daily Express*, 1968.

Lacey, Hester, «Elvis and Me? Now There's a Story', *The Independent*, 7 de febrero de 1999.

Música

The Beatles, *Please Please me*, Parlophone, 1963.

The Beatles, *With the Beatles*, Parlophone, 1963.

The Beatles, *A Hard Day's Night*, Parlophone, 1964.

The Beatles, *Beatles for Sale*, Parlophone, 1964.

The Beatles, *Help!*, Parlophone, 1965.

The Beatles, *Rubber Soul*, Parlophone, 1965.

The Beatles, *Revolver*, Parlophone, 1966.

The Beatles, *Penny Lane / Strawberry Fields Forever* (sencillo doble), Parlophone, 1967

The Beatles, *Sgt. Pepper's Lonely Hearts Club Band*, Parlophone, 1967.

The Beatles, *Magical Mystery Tour*, Parlophone, 1967.

The Beatles, *The Beatles («Álbum Blanco»)*, Apple, 1968.

The Beatles, *Yellow Submarine*, Apple, 1969.

The Beatles, *Abbey Road*, Apple, 1969.

The Beatles, *The Ballad of John and Yoko* (sencillo), Apple, 1969.

The Beatles, *Let It Be*, Apple, 1970.

The Grateful Dead, *Anthem of the Sun*, Rhino Entertainment, 1968.

Harrison, George, *All Things Must Pass*, Apple, 1970.

MacDermot, G., Ragni G. y Rado, J., *Hair: An American Tribal Love-Rock Musical*, RCA Victor, 1968.

PELÍCULAS

Lester, Richard, *A Hard Day's Night*, United Artists, 1964 [*¡Qué noche la de aquel día!*].

Harrison, George, Lennon, John, McCartney, Paul and Starr, Ringo, *Magical Mystery Tour*, Apple Corps / BBC, 1967.

ECOSISTEMA DIGITAL

www.edicionesurano.com

2 AMABOOK
Disfruta de tu rincón de lectura
y accede a todas nuestras **novedades**
en modo compra.
www.amabook.com

3 SUSCRIBOOKS
El límite lo pones tú,
lectura sin freno,
en modo suscripción.
www.suscribooks.com

DISFRUTA DE 1 MES
DE LECTURA GRATIS

1 REDES SOCIALES:
Amplio abanico
de redes para que
participes activamente.

4 APPS Y DESCARGAS
Apps que te
permitirán leer e
interactuar con
otros lectores.